名人故踪

人文苏州

潘文龙 著

苏州大学出版社

图书在版编目(CIP)数据

苏州名人故踪/潘文龙著. —苏州:苏州大学出版社,2012.10
(人文苏州/陈嵘,张建初主编)
ISBN 978-7-81137-966-2

Ⅰ.①苏… Ⅱ.①潘… Ⅲ.①名人—故居—研究—苏州市 Ⅳ.①K878.2

中国版本图书馆 CIP 数据核字(2012)第 212267 号

书　　名: 苏州名人故踪

主　　编: 陈　嵘　张建初
著　　者: 潘文龙
策　　划: 刘　海
责任编辑: 刘　海
装帧设计: 吴　钰

出版发行: 苏州大学出版社(Soochow University Press)
出 版 人: 张建初
社　　址: 苏州市十梓街 1 号　邮编:215006
印　　刷: 苏州工业园区美柯乐制版印务有限责任公司
网　　址: www.sudapress.com
E - mail : Liuwang@suda.edu.cn　　QQ: 64826224
邮购热线: 0512-67480030
销售热线: 0512-65225020

开　　本: 630 mm×960 mm　1/16　印张:14.75　字数: 208 千
版　　次: 2012 年 10 月第 1 版
印　　次: 2012 年 10 月第 1 次印刷
书　　号: ISBN 978-7-81137-966-2
定　　价: 29.00 元

序

范小青

苏州的文化，是一种浸润的文化，苏州的文化，是一种渗透的文化。苏州文化，浸透在大街小巷的每一块青砖、每一片瓦砾里，渗入在园林古宅的每一座亭台、每一处楼阁里；苏州文化，更是浸润在苏州人的血液里、骨子里。人文苏州，就是要从苏州人的故事中，让我们看到苏州的精神气是怎样地遍布和穿行于苏州的每一个缝隙每一脉经络的。

因为如此深入的渗透，苏州的文化，才会如此的经久不衰，因为如此执着的浸润，苏州的文化，才会如此的弥漫升腾。在从前的很漫长的日子里，我们曾经是身在其中的，那个古旧却依然滋润的文化苏州，就在我们的身边，就是我们的窗景，是我们挂在墙上的画，是我们伸手可触摸的，我们能够听到它们的呼吸，我们能够呼吸到它散发出来的气息，我们曾经十分的奢侈，十分的大大咧咧，我们的财富曾经太多太多，多到让我们忽视、轻视了它们的存在，在漫长的年岁中，它们似乎在渐渐地丢失，渐渐地疏离了。

其实没有。

它们始终就在这里。

今天，这套《人文苏州》，让我们再一次真切地听到了苏州文化的呼吸声，再一次亲切地感受到了苏州文化的精神气质。《人文苏州》的编者，对于苏州的人文特色，对于苏州的文化底蕴，可谓是如数家珍。于是，丛书带着我们，又一次穿越，又一次重温，使得苏州文化成为挂在我们每一个人心头的永不褪色的长幅画卷，它常温常新，常挂常新，常说常新。古老的苏州文化，就是这样，焕发出崭新的生命力。

看到这套丛书，念叨着各个分卷的书名，诗与画，河与桥，名人与故居，园林与老街……我们的心中，激起感动，泛起涟漪，似乎听闻到，在沉睡了的历史的碑刻上，飘散出了人物和故事的清香。这些书名，就像是我们熟悉的一个亲人，一个故友，一个挚爱，一看到它们，立刻让人有了阅读的冲动，有了触摸的激动。其实，对于生于斯长于斯的苏州人来说，其中的某些内容，也许早已经了解，甚至早已经了然于胸，但是，苏州的文化、人文苏州的丰富内涵，那是读它千遍百遍也不够的。

苏州是一个能够让人时时感动、永远感动的具有浓郁人文情怀人文精神人文内涵的地方，而苏州文化的内容丰富庞杂，它像是许许多多大大小小的珍珠。只是，面对这许许多多的宝贝，我们一方面可以如数家珍，另一方面，似乎又有点心中无数，这人文苏州的珍珠到底有多少，到底是什么样的情况，像是无数颗散落了一地的珍珠，到处可见，东一颗西一颗，面对这些散点，我们有些手足无措、甚至有点无从着落的感觉。现在，《人文苏州》丛书做了一件大好的事情，好像是替我们理了一理家当，全面地清理了一下，看一看家里到底有多少好东西，散落的珍珠，串起来了，集中起来了，一起呈现出来了，让我们在一套书中，一下子看个够，让我们能在相对集中的时间和空间里，走遍苏州的大街小巷和山山水水。

如果你是苏州人，阅读这部丛书，就像是重新走进你的童年，就像是重温美好的旧梦，因此会对苏州更加了解，更加热爱；如果你不是苏州人，阅读这部丛书，你如同走进了一个既已经逝去又是全新的异彩世界，你同样会因为了解苏州而爱上苏州。

这座城，那些人（自序）

如果把苏州比做一棵枝繁叶茂的老树，那么这些街巷自然就是它的枝干，粗细不均，枝桠纵横。而点缀在这些枝叶间的老宅，就像是老树上的果实，每个果实里面都装着许许多多的秘密。

苏州，这座城市还保留了许多可触可感的温度，昨天，并未走远，在小巷里，你还追得上章太炎、沈从文、周瘦鹃，还听得到吴歌与昆曲的悠扬，还品得出茶香与琴韵的滋味……

一个人和一座城市是有缘分的，不信，你看——

郁达夫来了，他在观前街上盯着几个买箫的女生不住神地看。他说：苏州城竟还是一个浪漫的古都，街上的石块，人家的建筑，处处的环桥河水和小小的街衢，没有一件不在那里夸示过去的中华民族的悠悠态度。

周作人来了，他到马医科曲园去，说俞平伯有这样好的老屋在此，何必滞留北方呢？还说：由我看去，南京、上海、杭州，均各有其价值与历史，唯若欲求多有文化的空气与环境者，大约无过苏州了吧。

俞平伯来了，都说他是浙江人，其实那是籍贯。他长在苏州，十六岁出门远行，回到故里，最喜欢家乡的苏式小吃。

曹聚仁来了，在网师园暂住，喝茶吃酒，专门去光裕书社听杨乃珍的评弹，琵琶一响，呖呖莺声。他说，要不是我太年轻，真可以在那儿终老了。

林语堂来了，他到苏州不逛园林，不访旧书，而是到荒山野岭专门去找一个叫沈三白的墓。他说，芸，我想，是中国文学中最可爱的女人。

叶圣陶在北京，和朋友们喝酒，嚼着薄片的雪藕，忽然就怀念起苏州来了。想到了藕，就想到了莼菜，正所谓莼鲈之思。他说，因为在故乡有所恋，而所恋又只有在故乡有……

那些人们，或许就在翻转的书页之间。

那一颦一笑之间的岁月，也许是另外一种风情。

目录

浮生六记行迹考

沈复（1763—1825年）：字三白，号梅逸，长洲（今江苏苏州）人。清代文学家，著有《浮生六记》。工诗画、散文。

近代以来，喜欢读《浮生六记》的人实在太多。

《浮生六记》是沈复著于嘉庆十三年（1808年）的自传体散文。“浮生”二字典出李白诗《春夜宴从弟桃李园序》中“夫天地者，万物之逆旅也；光阴者，百代之过客也。而浮生若梦，为欢几何？”七十年后杨引传在苏州的冷摊上发现了只有四卷的《浮生六记》残稿，交给妹夫、当时在上海主持《申报》闻尊阁的王韬。1877年，王韬以活字版刊行，很快受到追捧。

《浮生六记·闺房记乐》

沈复写作《浮生六记》是以自己的家庭生活为主线，既有对平凡而又充满情趣的居家生活的记录，也有对浪游各地所见所闻的记载。最打动人心的是，作者和妻子陈芸情投意合，一心想过布衣蔬食简单快乐的生活，但由于封建礼教的压迫与贫困生活的煎熬，美好生活的理想最终破灭，芸娘也早夭。可谓始于欢乐、终于忧患，飘零他乡，悲切动人。

关于芸娘，将《浮生六记》译成英文的林语堂在该书英汉对照本的序言中有这样的评论:“芸,我想,是中国文学上一个最可爱的女人”。芸娘的美貌并非出众,但她的性情绝对是那个年代超凡脱俗的。比如她与夫君伉俪情笃,一起月夜闲饮,侍弄盆景;女扮男装,出入水仙花会;与丈夫浪游吴江,不受礼法拘束。甚至在朋友来家里与丈夫谈诗论画的过程中,朋友困倦瞌睡时,她会悄悄给披上一条毯子……

芸娘姓陈,自幼丧父,擅女红,全家生计都凭她一双巧手。生性聪颖,自学诗文,亦能写出“秋侵人影瘦,霜染菊花肥”这种句子来。沈复描绘她“削肩长颈,瘦不露骨,牙齿有微瑕,更有缠绵之态”,可见芸娘虽无绝色美貌,但是却有一种令人心折的气质。有人把芸娘当做贤淑知礼、亲切可人的苏州女子代表,其实芸娘不是苏州人,是嫁到苏州的南京姑娘。但她身上却具备了那个时代苏州女子最难得的美德。更重要的是,做一个以教书卖画、习幕作贾为生计的穷酸文人的妻子,而能在时饥时饱中甘守贫病、毫无怨言,真的是非常不容易。这样一个通文、入情、解颐的添香知己,是多少文人士子梦寐以求的啊!

俞平伯在《校点重印〈浮生六记〉序》中赞许《浮生六记》“俨如一块纯美的水晶,只见明莹,不见衬露明莹的颜色;只见精微,不见制作精微的痕迹”。许多“六记”迷都以“六记”不完整为遗憾,因为完整保留的只有四记,其余二记有人认为是后人续貂之作,拼凑了曾国藩等人的养生和域外游历,文字粗陋,令人难以卒读。看来,美好的东西都会留下些遗憾,一如《红楼梦》,一如维纳斯。

不管那么多了,如果有暇,带上一本《浮生六记》,按照三白的叙述,在苏州沿着今天还依然可循的街巷,一起来寻找他与芸娘的履痕。

其一:沧浪亭爱莲居

沈三白夫妇住在什么地方?

近来有人说是人民路西侧大石头巷的吴宅,此说缺乏足够证据。按照书中说法,新婚后三月,暑热难捱,二人“幸居沧浪亭爱莲居西间壁。板桥内一轩临流,名曰:我取,取‘清斯濯缨,浊斯濯足’意也。”如此说来,这对夫妇似应住在沧浪亭附近。沧浪亭在今苏州人民路南段东侧,自北宋苏子美草创至今地址未有大的变化。到了清代康熙年间,巡抚宋荦无意中发现了一幅旧的沧浪亭图,于是就在南园老的亭园旧址上修复了沧浪亭。当时这个亭园不但达官显贵可以游玩,连附近居民百姓也可以在此吟咏啸傲。沈复生活在乾隆时代,距修复时间不远。

根据“六记”的记载可知,沧浪亭原来西有小溪通盘门,与护龙街有小门出入。估计沈复一家当时就是住在沧浪亭园子里面。史料记载,现在的五百名贤祠也是后来才纳入沧浪亭庭院,可能那附近就是沈复居住的位置,因为沧浪亭在道光和咸丰年间也屡有修葺和增补。有一个景物可以佐证,那就是五百名贤祠前的几株百年老树,它们应该就是“板桥内一轩临流”所在地。从人民路西门进园,过板桥小溪,正好到五百名贤祠的位置。房屋可以变迁,而数百年的老树一般不动。沧浪亭临水处有二,一为北向和东向,二就是西向小溪(该溪废后被填),而后者为沈复所述向西通向盘门的小溪的可能性较大,如此说来,三白夫妇很有可能就住在园子西部。

沧浪亭观鱼台

沈复是这样描写他和芸娘的消暑感受的:“檐前老树一株,浓荫覆窗,人面俱绿。隔岸游人,往来不绝。”所以,如果是夏季游沧浪亭的话,别忘了体会一下沈复夫妇的绝妙感觉。

在沧浪亭边,这对夫妇度过了一段如胶似漆、让人艳羡的时光。新婚那年的七夕,就像今天的年轻人过情人节一样,沈三白和芸娘设下香烛瓜果,同拜天孙于“我取轩”中。沈三白还刻了两方图章,内容都是“愿生生世世为夫妇”。丈夫用的是朱文,妻子执的是白文。一阴一阳,夫唱妇随,真是神仙眷侣!

其二:仓米巷宾香阁

沈复夫妇曾迁居仓米巷居住过一段时间。这条巷子今天还在,位置在饮马桥北,东起人民路口西至东美巷,与道前街平行。《吴郡志》上记载说宋明两代这条巷子南侧有府仓，因而被称做仓米巷。

沈复时期的仓米巷附近还是比较荒凉的。但在金姆桥东有一对老夫妇，耕种于竹篱菜圃，有田园之乐。老夫妇所住地方在元末张士诚王府的废基附近（今王废基），房子西面有碎瓦乱土堆积的荒堆，可以登高远眺。为避秋暑，沈复夫妇把老妇人的房间分隔出一半，租赁下来带着被褥就搬了过来。原来三白夫妇找的就是灌园垂钓的野趣。老夫妇俩热情地摘了蔬菜瓜果款待这对少年夫妻，巧手的芸娘也给老太太做鞋作为感谢。

七月的时候，绿树浓荫，这对神仙夫妻又做了钓叟。日落时登上土堆远望，吟诗联句，日子过得要多潇洒有多潇洒！到了晚上，月印水中，虫声四起。老妇人已经热好了酒菜，在篱笆旁安放一个小竹榻，沈复夫妇便就着月光对饮，一直喝到微醺。洗过澡后凉鞋蕉扇或坐或卧，听听邻居老人讲讲因果报应，恍恍惚惚间就睡着了。

两个人住得习惯了，还让老妇人在篱笆前种满菊花。等到秋天的时候，邀请母亲一起来持螯赏菊，游玩终日。到后来，芸娘说：将来我们有了钱，把这周围十亩地都买下来，种瓜点豆，你做画来我刺绣，咱们虽然生活简单，但是布衣饭菜，也可乐终身。

布衣饭菜，可乐终身。真是简单得不能再简单了。可惜的是，由于家事变迁，贫病来袭，芸娘的美好愿望到底没有实现。

其三：醋库巷女扮男装

芸娘在清朝中期的社会肯定是个不为流俗所欣赏的女子。

宋代时官府曾在今醋库巷所在地设立监酒厅，并置储醋处，巷因醋库而得名。后来新的醋库搬迁到今天的观前街东，长发商厦附近的醋坊桥就是以醋库新址而名。从凤凰街西侧的邮局门前进入窄窄的醋库巷，巷子里面有个小园子叫柴园，现在是苏州市聋哑学校的一部分。

醋库巷里有个水仙庙，别的文献记载很少，只有在《浮生六记》里说得最清晰。水仙庙也叫洞庭君祠，里面供奉的是太湖龙君，也就是《柳毅传书》里的洞庭龙君。据说原来还有龙女与柳毅的塑像，只是早已湮灭了。

醋库巷

在清代，每逢龙君生日，水仙庙里是很热闹的。按照苏州民俗，那一天，庙里会点亮琉璃灯，还配有宝座。旁边设立瓶几，插上好花，也算是清供。白天庙里演戏，晚上大家都把蜡烛点在白天摆好的花瓶中间，光影摇曳，高低参差，十分好看，俗语谓之"花照"。"花照"，听起来就是美得不得了的词语，在古诗词里我们也经常能看到这个词汇。水仙庙里有这么好玩好看的地方，谁不想来呢？

可是按照祭祀的规矩和礼教的要求，妇女是不能随便出入庙宇的，而芸娘又特别想和丈夫一起到水仙庙一乐，她充满遗憾地对三白说："可惜妾不能前往！"三白便想了个办法道："你可以穿上我的衣服，戴上男人的帽子，女扮男装嘛！"

于是，芸娘就穿戴上丈夫的衣帽，稍微装扮了一下，趁着夜色，两个人就出门了。临出门，芸娘揽镜自照，还对自己的新模样窃笑不已。

那天晚上在水仙庙，三白碰到了好几个朋友，大家都没有认出来与他同行的是芸娘。遇到好奇打问的，三白便机灵地遮掩道："这是我表弟。"于是芸娘和客人拱拱手，也就过去了。这天夜晚还闹了个小花絮：快游赏完的时候，在花瓶宝座后，有个少妇带着女儿坐在那，她是庙里祭祀的妻子。芸娘经过时，不小心按了一下少妇的肩膀。旁边一个老太当即怒道："哪里来的狂生，敢调戏妇女？"芸娘赶紧摘下帽子，露出头发解释说："我也是女的。"这可把大家都吓了一跳，对方见芸娘憨态可掬的俏皮样，怒竟然也就消了。

芸娘的率性自然在今天看来十分可爱，但在当时还是冒天下之大不韪的。芸娘不被公婆所喜欢，和她的这些小节有很大关系。毕竟在当时，年轻女子女扮男装夜逛庙会是有违礼法的。她与翁姑的关系也在这次夜游之后明显有了裂痕，终于竟闹到了分家的地步，夫妇二人只得与三白的父母分开居住。

如今，醋库巷这个名字至少已有六百年的历史，走在这条幽窄的小巷里，想象着三白夫妇在这里游玩的情景，真是恍如回到前世。

其四：山塘及虎丘

山塘至虎丘一带本来就是明清苏州的繁华烟粉之地，文人与商贾都爱来此冶游。董小宛、陈圆圆、柳如是、冒辟疆们都曾在这里留下过香艳的生活痕迹，这里也是芸娘为丈夫纳妾寻妓之地。

山塘河

芸娘虽然敢于打破禁忌夜游水仙庙，但是她毕竟是旧时女子，对于丈夫纳妾还是持宽容乃至支持的态度。开始小家庭生活之后，生活虽清苦，芸娘却数次跟沈复提出要为之纳妾，都被沈复拒绝，可是她竟然未改初衷。既然夫妻感情和谐深厚，芸娘为何再三要为丈夫纳妾，而且还乐此不疲？据考证，其中一个原因是芸娘婚后一直未育；还有一个可能是迫于当时社会风气的压力，因为看了朋友都带妾来，做妻子的会觉得丈夫没有面子，在她们心中，丈夫必须有妾，就像今天的交际场上有些人认为应酬时必须带小蜜才有面子一样。当得知三白在半塘和浙江籍歌妓温冷香相识后，芸娘竟亲往与歌妓晤面，结果没有看上已步入中年的温冷香，却看中了温冷香的女儿、同是歌妓的憨园，芸娘还拿出翡翠钏赠与憨园。但是这名歌女最后被豪强抢走，没能与三白得成好事，芸娘因此还大病了一场。三白在一记结尾说，憨园被掠是芸娘病故的一个原因，但却又语焉不详。

其五：南园野炊

三白夫妇虽然生活在三百多年以前，但是生活观念和生活方式已经和现代人有相通之处。比如，现代人热衷的郊游和野炊，三白和朋友们就尝试过，当然，这也离不开芸娘的精心安排。

当时苏州有南园和北园两块市郊，平时种植蔬菜供城内市民享用。到春天菜花摇金的时候，三白一直想和朋友们去看花喝酒，却又为农田附近并无酒家而遗憾。要是端着食盒去呢，对花冷饮，也没有趣味。要是看过花后再回来喝酒，兴致却又过了，也没有什么意思。正在为难的时候，聪慧的芸娘道："这个好办，你们明天每人出点钱，我给你们担炉火过来。"

第二天，沈三白果真约了一帮朋友到田间赏春，只见芸娘已从市场上雇了一个卖馄饨的鲍姓老汉，挑了个担子随行，还带了炉火。待三白他们兴致高了的时候，芸娘便吩咐鲍老汉拿了沙锅架在铁叉上悬挂起来，再把事先准备好的菜品热起来。这群风雅之士便就着炉火大快朵颐，还煎茶暖酒，先喝茶，后痛饮，真是畅快极了。朋友们都对芸娘的这场"策划"惊叹不已，三白也暗暗赞佩芸娘的聪慧。

三白是这样记录此次南园野炊的：

> 是时，风和日丽，遍地黄金。青衫红袖，越阡度陌，蝶蜂乱飞，令人不饮自醉。既而酒肴俱熟，坐地大嚼。担者颇不俗，拉与同饮。游人见之，莫不羡为奇想。杯盘狼藉，各已陶然，或坐或卧，或歌或啸。红日将颓，余思粥，担者即为买米煮之，果腹而归。芸问曰："今日之游乐乎？"众曰："非夫人之力不及此。"大笑而散。

真该感谢沈三白，这个既通点文墨又颇具浪漫情怀的幕僚兼商人，是他用细致的笔触，让后人在重温美妙文字的同时，感受如此雅致的生活。当然，更应该感谢的是那个精心策划这一切的一切的、温柔贤淑的江南女子芸娘！

其六：终老何处

20 世纪 30 年代，林语堂专程到苏州来游玩。他请东吴大学的学生周劭做向导带自己到苏州郊区光福的山上去考察。逢到有墓碑的坟，他都要稍作逗留，仔细研究。周劭很纳闷：林语堂在找谁的坟墓呢？

事后才知道，林语堂要寻访的是沈三白夫妇的墓。

林语堂最好的文章是用中文写西方文化和用英文写中国文化。林语堂既如此关注沈氏夫妇，最早把《浮生六记》传播到西方的当然也是他了。林语堂的译文发表在当时的英文杂志《天下月刊》上，并印成中英对照的单行本刊行。因为译文优美，又被许多学校选作课本。西方人从林语堂翻译的这本英文版《浮生六记》里了解了18世纪中国夫妇的平凡生活，认为《浮生六记》具有浓烈的人本主义色彩，还有人权思想和男女平等观念。

林语堂是个认真的人，为了把《浮生六记》翻译得尽善尽美，他特地到苏州寻访。周劭陪他在苏州的大街小巷里穿行了两天，最后无功而返。周劭后来说，沈复是一介寒儒，毕生潦倒，从其去世到上世纪30年代，历时至少已一百多年，即使是中产人家的坟墓和遗屋，大半也都已湮灭和倾颓，寒儒沈复哪里还会有遗迹可寻？

事实上，林语堂的寻访还是有点小问题。沈三白的祖坟和墓地根本不在光福。沈家祖茔在西跨塘福寿山，西跨塘在苏州的东北郊，而光福在城西面，相距甚远。且芸娘病逝在扬州邗江，墓也在那里，三白还曾专门去吊唁过。

但是不管怎么说，林语堂的痴绝和认真劲儿还是非常可爱的。

为了表示对沈复夫妇的怀念，林语堂在英文版《浮生六记》的序言里写道：

> 三白，三白，魂无恙否？他的祖坟在苏州郊外福寿山，倘使人们有幸，或者尚可找到，果能如愿，我想准备点香花鲜果，供奉跪拜祷祝于这两位清魂之前，也没什么罪过。

在序的最后，这位浪漫的作家说：

> 因为在他们之前，我们的心气也谦和了；不是对伟大者，是对卑微者，起谦恭敬畏，因为我相信淳朴恬适自甘的生活（如芸所说"布衣菜食，可乐终身"的生活），是宇宙间最美丽的东西。

蒋经国与林彪的南园旧梦

丽夕阁：位于带城桥路99号南园宾馆内，南园宾馆曾是苏州市国宾馆，为涉外五星级饭店。

蒋纬国（1916—1997年）：幼名建镐，号念堂，生于日本，蒋介石次子。1997年9月23日在台湾病逝。

林彪（1907—1971年）：湖北黄冈人，中华人民共和国十大开国元帅之一。

十全街上的南园宾馆可不是一般意义上的宾馆，它一直笼罩着神秘的光晕。1949年前，老苏州们习惯把这里称做"蒋公馆"，"蒋"就是大名鼎鼎的蒋介石，不过他从来没有在这里住过。住在这里的是蒋介石的侧室姚冶诚和蒋介石的儿子蒋纬国，蒋纬国是姚冶诚的养子。这对母子，在苏州度过了一段非常难忘的日子。

新中国成立后，让南园宾馆再次神秘莫测的是林彪。

今天，蒋家在台湾已风光不再；而"副统帅"，也早已随着三叉戟的坠毁，在温都尔汗折戟沉沙。

光阴荏苒，南园依旧，惟有那幢被编为7号楼的老房子，向天南地北的旅客默默诉说着城南旧事。

一

1929年，在苏州城东南十全街一块名为十字圩的荒地上，一座洋房刚刚落成。这所新洋房靠近蔡贞坊，屋主姓姚。新居"竖屋"那天，姚氏的亲属纷纷送馒头、糕团来"抛梁"添彩头，凑热闹。周围的邻居都觉得蹊跷：造这所房子的工匠都来自宁波，院子内有花园和假山，还挖了荷花池，苏州香山匠人工艺也算高超了，为啥不用呢？这个姚家有什么来头？不久，周边的邻人就知道了内情：原来这洋房是赫赫有名的北伐军总指挥蒋中正的别业，不用苏州本地的香山匠人而用宁波帮匠人造屋也就有了答案。

蒋公馆的女主人叫姚冶诚，是苏州北桥镇冶长泾百家村人。冶长泾是苏州通往无锡的一条河塘，据传，当年孔子的高足公冶长在此筑塘并终葬于此，塘也因此得名，原来叫公冶长泾，时日久了就简化成了冶长泾。当地水土好，盛产美女，上海滩闻人杜月笙的夫人沈月英、实业家虞洽卿的如夫人秦新宝都来自在这里。因为上海青帮头子黄金荣家的女管家张桂英是从这里走出去的，因此才有了杜月笙沈月英、虞洽卿秦新宝的姻缘。

蒋介石与姚冶诚的姻缘也颇有传奇色彩。姚冶诚原名姚怡琴，小名阿巧。姚家祖籍安徽，因避战乱迁居苏州，族谱称谓是吴兴郡南薰堂。姚怡琴早年命运多舛，因父母早亡，独生女的她只好依靠叔叔姚小宝为生。她的第一个丈夫是漕湖边方港村的沈天生。因为家贫，沈天生经人介绍入赘到姚家，并改名为姚天生。这对夫妇婚后不久便一起到离家不远的上海谋生，姚天生做体力活，姚怡琴则到有钱人家做娘姨。可是好景不长，姚天生渐渐染上了酗酒、吸鸦片的坏习气，喝醉了酒还常常殴打姚怡琴，家中的积蓄也被他耗费一空。万般无奈之中，姚怡琴只得到上海五马路的“群玉芳”里当细做娘姨。

关于蒋、姚相识乃至结合的经过，1927 年 10 月 18 日的天津《益世报》是这样报道的：“女士出身寒微，当南北和议告成时，蒋氏随陈其美居沪，陈每过北里，蒋亦与偕往，怡琴在法租界某妓处做房侍，在筵席间见蒋氏，终至以身相托，被蒋纳为妾室。”婚后蒋介石还给姚怡琴改名为姚冶诚，另外还给了姚天生一笔钱作为补偿。

姚冶诚皮肤白净，身材姣好，心灵手巧，更为可贵的是，她识大体顾大局。辛亥革命后，蒋介石参加反袁护法斗争时，姚冶诚不仅紧密随从，照料蒋介石的生活，还把平时省下的积蓄拿出来资助蒋介石。因此，蒋介石一直对姚冶诚心怀知遇之恩的感念，后来蒋纬国到台湾时，姚冶诚也得以随行。相比之下，蒋介石的另外一位夫人、同样是苏州人的陈洁如结局就没有姚氏好，她只能孤身远走美国了。

姚冶诚在蒋家最重要的贡献是抚养蒋纬国。婚后第二年，蒋介石便将姚氏送回奉化溪口和发妻毛福梅同住。民国八年(1919 年),蒋介石把蒋纬国从上海送到奉化交由姚冶诚抚养,这时蒋纬国才 4 岁。据蒋介石 1921 年 3 月 11 日的日记记载,蒋纬国的生母系因生蒋纬国时难产亡故。膝下无儿女的姚怡诚对蒋纬国视如己出,蒋纬国从姚冶诚那里得到了无微不至的关怀和母爱。

1927 年 12 月,蒋介石与有特殊背景的宋美龄联姻。根据蒋纬国的口述自传,蒋下决心娶宋美龄也离不开姚冶诚的支持:

> 母亲说:"我不是跟你开玩笑,现在革命的成与败就在一个人手上。现在宋家老太太与三小姐正在东京,如果你愿意,我跟你就在此地分手,你去找孔家大哥(孔祥熙),请他陪着你到东京向宋老太太、三小姐求婚,如果你肯这样做,重新把广东帮整合起来,那么以后的革命还有希望,我能够帮你的忙就到此为止。……你如果愿意,就把孩子交给我,我一定把他培植为可用之人,或者你要带去也可以。如果你把孩子交给我,我就把培养这孩子作为下一段的革命事业,我唯一能帮你忙的就是这件事。如果你要把孩子带去,我就重新开展我的革命工作。"父亲听了以后说什么都不肯,最后母亲就用了一个杀手锏,她说:"我没有想到你对革命工作还犹疑不定。如果你不想革命,我要革命,我们还是得分开,我做我的事情。如果你想革命,就照着我说的去做,我们理智地分开,如果你不革命,我们就是情绪性的分开,我继续去参加革命,你走你的。"

举办婚礼前夕,蒋介石在上海发行量最大的报纸《申报》上刊登了两则启事,一是蒋宋联姻,另一是蒋介石的离婚声明:"毛氏发妻,早经仳离;姚陈二妾,本无契约。"

1928 年,蒋介石把姚氏与蒋纬国托付给好友吴忠信。吴忠信,安徽人,是蒋介石留学日本时的同学,此时正在苏州休养。吴家住在孔付司巷,姚氏母子便在吴家隔壁租了一间房作为过渡,两家房屋并排,仅一墙之隔,而且院子相通。不久,姚冶诚看中了南园的一块空地,就以每亩一百块银洋的价格买下后造屋。具体负责该工程的是民国江苏首位督军程德全的幕僚颜芝卿,因为是蒋介石所托,所以监工督办非常认真,所用砖瓦都是专门定制的。造此屋总共花费银洋两万元。

丽夕阁

新居落成后，取“丽霞目难尽，夕阳无限好”的意境，定名为“丽夕阁”，姚冶诚则低调地称之为“蔡贞坊七号”。这处建筑有前后两个大门，朝西的后门是两扇厚木黑漆大门，为一家人寻常出入处。主建筑为中西合璧三层楼三开间的青砖洋房：底层中间是大客厅，东厢为书房兼宾客接待室，西厢乃西餐厅和食品间。二层为三间大卧室及附房，三面都有大阳台可观览园子的内外景致，三层则放存杂物。原来主楼二层的北面还有天桥走廊联通一幢女佣卧室和炊事房的二层附楼，现在已经改造连成一体。园内还有一个三开间的小佛堂，供姚冶诚礼佛之用，至今尚存。主楼四周环有三个大小不等的荷花池，点缀着假山、亭子，园中遍植桃、李、杏、梅、枇杷等树和各种花卉。为了保护这对母子的安全，丽夕阁四周建有高高的围墙，苏州警察局还特别派员站岗值班，可谓戒备森严。

姚冶诚

姚冶诚有高血压，只能吃素和那种孵不出小鸡的素鸡蛋。丽夕阁雇来的三个女佣都是苏州本地人，就连下厨房做饭的娘姨也是吴县（现苏州）光福人。在这里，姚冶诚虔心向佛，深居简出。她闲暇时非常喜欢摄影。今天，重新布置成蒋纬国故居的七号楼里，还悬挂着不少老照片，这些照片大多是姚冶诚在园子里拍摄的。

二

12 岁的蒋纬国到苏州后，考入东吴大学附中念初一。中学毕业后，本来蒋纬国已经考上了军校，不巧因暑假里做扁桃腺割除手术时失血过多，医生叮嘱三个月内不能做剧烈运动，蒋纬国无法参加入伍军训，只得放弃军校重新考大学。在蒋介石看来，做一名优秀军人必须懂数理，他要求蒋纬国先学好数理。蒋纬国学业还是比较好的，他分别考取了交通大学和清华大学，还拿到了美国麻省理工的入学通知。当时国民党要人给子女选择高校多会放弃学费低廉、师资较好的国立大学，而有意识地送到学费昂贵的洋学堂就读，他们认为学费贵了，贫民子弟就少了，自己的子弟就会减少一些因与“共党分子”接触而被赤化的“危险”。身为人父的蒋介石也不例外。他认为北方尤其北京闹“共产”正烈，而上海又太繁华，担心蒋纬国会学坏，权衡之下，便叫蒋纬国既不要北上、也不要到上海，更不要去美国，而是回苏州，到洋教士办的东吴大学理学院主修物理、辅修数学。入学后不久，蒋纬国又加修了政治、经济、历史、社会等课程。1936 年，蒋纬国大学还没毕业，就被蒋介石送到德国和美国学习军事。在苏州长达 8 年的宁静生活让蒋纬国后半生经常回味和念想。

因为蒋介石在奉化溪口的堂号是“丰镐房”，为纪念祖地，蒋介石给长子经国取学名建丰，给次子纬国取学名建镐。在苏州求学期间，蒋纬国的名字叫蒋建镐，东吴大学的档案中记载的都是这个名字。

在蒋纬国的同班、同室、同乡周劭的记忆里，苏州时期的蒋纬国也是热血青年。1935 年冬，北平的大中学生发动反对华北自治的“一二·九”抗日爱国运动，各地学生纷纷表示声援，东吴大学的学生也受上海交通大学学生的鼓舞，准备到南京请愿。当局得知消息后调走了火车头，但是交通大学的学生准备自己开火车到南京去。苏州的学生听到消息后也到火车站参与行动，蒋纬国便是这其中的一员。学生们乘车到了无锡后，被警察困在了车站。经过谈判，蒋纬国和一帮学生被教育部派来的人护送回校，请愿行动于是夭折。

研究蒋纬国的地方文化专家沈伟东根据蒋纬国在东吴大学时的老师张梦白（已去世）的回忆，记述了蒋纬国在苏州上学时的不少趣事：

> 蒋纬国生性活泼，调皮而不出格，尚能遵守各项校规；日常对人也有礼貌，并不显现蒋家“二公子”的骄横神气。他喜欢体操、拳击、骑马、划船等体育项目，也爱好演话剧等文艺活动，使人最为称道的是，每当学校演出戏剧、举办音乐会时，总能看到他不是在门口认真负责地值岗、检票，就是在引导进场的师生对号入座。最使蒋纬国“风光”的要数学校举行100米、200米短跑和跳栏比赛，因为在这样的场合，一般都有蒋纬国承担“通讯传递员”的工作。每次在起跑处抽签决定赛者跑道后，在起跑处待命的蒋纬国，立即骑上自行车，把各跑道上的运动员号码送到终点，交给那里的裁判和计时员。那时自行车尚属“稀罕”和“名贵”，蒋纬国骑了自己的自行车，娴熟地来回奔跑，师生看了注目，他则踏得更是得意和起劲。

东吴大学筹建体育馆时，有6名学生捐款在千元以上，其中就有蒋纬国。为纪念这6名捐资者，体育馆的6对门就以他们的名字命名，其中一对门名“冶诚”，正是蒋纬国以养母名义捐赠的，可见蒋纬国对姚氏之情深。

丽夕阁里还养着一条黑狮子狗，蒋纬国放学后经常与同学牵着狗外出玩耍，有时还会迟迟不归。姚冶诚很不放心，总是派人去寻找他。到周日，蒋纬国会到观前街东脚门的五芳斋点“油炸排骨”，享受苏帮菜的美味。

为了蒋纬国的安全，也为了不让他在外面过分贪玩，姚冶诚专门雇用了一辆黄包车每天接送。蒋纬国很淘气，他有时一到家即与同学拉着黄包车往街上跑，四处“横行”。到底是年少单纯，有时蒋纬国看到黄包车夫拉得累了，便索性叫黄包车夫坐在车上，由他来拉上一段。有一次，黄包车夫身体不适，蒋纬国便将黄包车夫拉到家中休息。苏州市民为此给他起了个“少爷车夫”的雅号。还有一次，黄包车夫在送蒋纬国上学的路上不慎撞了一位老太，老太篮子里的点心也被碰翻了。蒋纬国见状忙跳下车询问老太是否被撞伤，并连连向她赔礼道歉，又随手拿出两块大洋给老太，叫她去另买点心。他还对老太说：“如果回去后发了伤痛，就到木杏桥蔡贞坊来。”看热闹的市民熟悉蒋纬国的养母姚冶诚，知道她是个虔诚的佛教徒，都“怂恿”老太上门去看伤。当天下午，那位老太果真去了蔡贞坊。姚冶诚一听是蒋纬国撞了人，赶紧热情地请老太进屋，知道了事情的经过后，一再向老太道歉，并且又送了20块大洋给老太补身体。

蒋纬国的身世一直很神秘。他在口述自传中证实自己是戴季陶在日本期间与日本护士重松金子所生，金子难产去世，戴季陶惧内，便由好友蒋介石认蒋纬国做儿子，带回国内交由姚冶诚抚养，戴则担任义父，蒋纬国一直称呼戴季陶为“过房爷”(即干爹)。在苏州读书期间，蒋纬国曾经得意地向同学炫耀“过房爷”送了自己一架莱卡照相机，配置的是德国全套蔡司镜头，价值1000大洋。

姚冶诚居住在苏州，蒋介石虽然不能直接来看望，但是经常有书信往返。蒋介石十分关心蒋纬国在苏州的情况，他经常向东吴大学寄信，厚厚的大信封上都是落款“军事委员会蒋缄”，因为信中大多讲的是蒋纬国的学业与生活，蒋纬国也就不避讳地拿出来给同学们看。当时国民党有信件检查制度，这些信件也没有逃过驻邮局检查官的大剪刀。检查官检查完毕，用薄纸一封，再盖上“验讫”字样继续投递。如果蒋介石路过苏州，姚氏便带着蒋纬国赶到车站与之会面。有时，姚氏也会陪着蒋纬国到南京与蒋介石会面。她还会借着蒋纬国的口吻写信给蒋介石，制造与蒋介石见面的机会。

1936年，“西安事变”爆发，担心蒋介石安全的姚冶诚不仅整日在家烧香，还踩着小脚亲自走到十里以外的灵岩山去烧香，并请求高僧印光法师斋戒念佛，保佑蒋介石平安。蒋介石平安返回南京后，姚冶诚又专门派人送重金答谢印光大法师。

1937年，苏州沦陷，蒋介石派人将姚冶诚和蒋纬国接到重庆避难。抗战结束后，姚冶诚又回到了南园丽夕阁。1947年冬，姚冶诚奉命将全家搬离苏州到了奉化。1949年，在蒋纬国的亲自护送下，姚冶诚迁居台湾，从此再未回过苏州。1966年，79岁的姚冶诚因高血压在台中病逝。蒋纬国在其墓碑上镌刻“辛劳八十年，养育半世纪”的铭文，以表示对姚冶诚养育之恩的感念。蒋纬国晚年时曾多次计划将养母归葬苏州，因种种原因未果。离开大陆的蒋纬国对自己的青春岁月十分怀恋。1986年，他在给苏州同学的信中写道：“俗语：‘山与山永久不会碰头，人与人终有相逢之日’，料吾等重逢言欢，相叙旧时情，为期不远矣！”限于当时的政治环境，蒋纬国的期望一直未能实现。1997 年，蒋纬国病逝。

三

1952 年，丽夕阁被改造成南园国宾馆，共和国的缔造者刘少奇、贺龙、陈毅等人以及不少国外政要都在这里留下过足迹。林彪的入住使南园再度进入历史的视野。

据曾经历南园“国宾馆期”全过程的原南园宾馆负责人王福康回忆，林彪曾于 1965 年、1969 年、1971 年三次入住南园，中间一次入住时间最长，从 1969 年 10 月一直住到了 1970 年 4 月，就住在改造后的丽夕阁内。从事外事工作 40 余年的王义华已 80 多岁，他当年曾参与接待林彪工作。他回忆说：“当时林彪对于苏州南园的居住还是非常满意的，甚至有一种住家的感觉，因此称这里是‘半个家’。”每次林彪到来，总是伴随着浓重的神秘气氛，所有工作人员都不能回家，与外界处于隔绝状态。林彪入住期间，工作人员在南园内也不可随意走动。

王义华介绍，林彪并没有住在原先房主所住的卧室，而是住在改造后靠西边的那一部分卧室。当时叶群住在新建的房子里，就是现在与 7 号楼相隔 300 多米的吴中谊宫，林彪一开始也住在吴中谊宫，但并不与叶群住在同一个房间，后来林彪就搬到了改造后的 7 号楼住。现在，林彪所住的房间已经被分隔成若干小间，当时室内的一些设施和用具也不复存在。7 号楼的三楼阁楼原来是两间大仓库，现在被改造为一间豪华的大卧室，还有一间大型的餐厅和厨房。

在这幢别墅楼的底层西侧处则是一个车库，门楣上写着“五七一工程遗址”字样，里面停着一辆黑色的老式红旗轿车，这是林彪在苏州乘坐的专车，苏州外事部门将之捐赠给南园展览。墙上还有几张林彪在苏州时的老照片和文字介绍。红旗轿车当年可是尊贵的象征，平民百姓是没有资格乘坐的。车厢内很宽敞，前两排座椅上罩着土黄色的丝绒椅套，花纹已经磨损难辨。头排座椅背后有两个折叠椅，需要时可以打开，车内很宽敞，加上司机，能坐 8 个人。汽车后面是车库的后门，走下 18 级台阶，穿过一扇门就进入了长约 600 米的暗道，里面光线昏暗，空气中还散发着霉味。暗道里有几道厚重的铁门，呈圆弧形、厚度约有 15 厘米，近 3

米高，门上还有6个钢栓，显得颇为笨重结实，铁门上方的混凝土墙约有1米厚。据称此门可防水、防原子弹、防生化武器，足见安全级别之高。

地下通道连接各个房间，在与暗道相连的地下室内，还有当时遗留下来的储备箱，原先里面放着弹药、空气净化剂等东西。宾馆工作人员发现，一些木板箱里装的是铁皮箱，铁皮箱里面又装着更小些的铁皮箱，而且是密封的。箱子上写着“储备箱”“小心轻放”“禁油水热”等字样，还标明“药重：9.7公斤”“总重：23.4公斤”，还有一只铁皮箱上写着里面装的是“钠”，不知是要作何用途，引人猜想。

走出通道，对面还有几个泵房，里面装有手摇的和电动的抽风机，机器上注明为“1961年式通风机”。顺着通风机的管道，继续下行11级台阶，再穿过两道厚重的钢铁门，就走进了传说中的“林彪地下指挥中心”。这个地下指挥室的陈设和布局比较简单，两间相连的房间面积加起来约有40平方米，四周墙壁上都围着高高的红漆杉木护壁板，显得暗沉沉的。有一间像是办公室，对着门摆放着一张油漆斑驳的旧写字台和木转椅，据说都是林彪在南园宾馆用过的旧物。隔壁房间似乎是会客室，中间放着一张红色的三人沙发和两张同色的座椅，墙边还有一个带玻璃门的博古架。两个房间的电线排列整齐，开关也是当时老式的，现在，墙壁上都被布置上了当时的资料图片和人物历史介绍。

林彪的指挥中心有暗道通往叶群住的吴中谊宫总统套房，现在已经被封掉；还有一个向上通到自行车库旁的小房子，可能是作紧急逃生用的，保留在绿地中的隐藏玻璃盖下面。

林彪于1970年4月26日离开苏州时，以“林办”名义给南园宾馆布置了“四二五”工程，由当时的总后勤部营房部承担设计和施工任务，还用专列运来了大量的器材、木材、钢材等。负责施工的解放军战士最多时达到1个营的兵力。他们在南园宾馆里的主要建设项目有地下通道、地下指挥中心、林彪卧室、叶群游泳池和学习室、电影放映室以及直通林彪卧室的汽车库等。通往汽车库的门原来隐藏在衣橱里，现在已被封闭。

四

林彪在南园住久了，宾馆工作人员都近距离地观察和接近过这位神秘的“统帅”，也多少感受到了他的个性和生活习惯。林彪有“五怕”，怕光、怕声、怕冷、怕水、怕风，这可能是他受伤后在苏联治疗时用药不当给神经方面留下的后遗症。为了适应他这“五怕”，南园宾馆可是费了不少心思。

南园宾馆里曾流传着“七层窗帘”的故事。据 1952 年就到南园宾馆(当时是苏州市人民委员会外宾招待所)工作的王福康介绍，考虑到林彪怕光，南园宾馆在他卧房及走廊窗户的外面挂上了两幅遮光窗帘，而且每幅遮光窗帘都有两层遮光布，这两层遮光布之间另有一层黑色羽绒内胆，这样，再加上窗内还有一道白纱窗帘，加起来就有七层窗帘。

光的问题解决了，林彪怕声音尤其怕流水声这个习惯可难住了不少人。警卫秘书李文普跟随林彪多年，深受林彪信赖，他负责林彪的日常起居。一次，李文普对王义华说：“首长的住处包括房间、室内卫生间以及与此相配套的会客室等，凡有水龙头的都要拆除，反正首长也不洗澡，否则一开水龙头就会有声响，会刺激到首长。”于是，南园不仅拆了若干水龙头，为了让工作人员走路声响降到最低点，又在宾馆地上铺上了一层特制的地毯。南园宾馆南面就是运河，当时船只往来繁忙，汽笛不断。为了不吵到林彪，苏州市政府还派公安人员到运河西头采取临时管制措施，规定大小船只通过这一段河道时一律禁止鸣笛。林彪也不能见到水，而 7 号楼东面就有一个荷花池，所以林彪喜欢住靠西的房间，因为这里离水远点。

“五七一工程”遗址

要解决林彪“怕冷”问题，先要解决恒温。林彪在北京的住所毛家湾室内的温度必须保持在 21℃，高低相差半摄氏度都不行。叶群说，低了“首长”嫌冷，高了怕出汗。当时南园宾馆还没条件安装中央空调，完全要靠烧锅炉来控制室温，难度相当大，为此锅炉工一直处于高度的紧张状态，宾馆、市外事组直至市领导也都为温度能否达标而提心吊胆。经过一番努力，室内温度总算达标了。但是，林彪外出兜风时从房间到车库乘车的通道以及车库内的恒温问题又难住了大家。经过上下商议，终于想出了个办法：在林彪的卧室开一扇小门直通车库，又在车库的墙壁上安装上暖气片——难题终于解决了。

此外，林彪还有个奇怪的爱好，那就是玩火柴，他会不停地擦火柴，一擦亮即吹灭，然后将熄灭的火柴梗放到鼻子前闻那硫黄味。不知这是否和他久在硝烟弥漫的战场鏖战的经历有关？

林彪和叶群很喜欢吃苏帮菜。国家特一级厨师、南园宾馆总厨师长吴涌根因能烧出一手正宗的“苏帮菜”，成了林彪夫妇在苏州的专职厨师。叶群曾说：“吃遍天南海北，还是苏州吴师傅的苏帮菜最可口，吃上去最安全。”为此，吴涌根还曾被调到林彪在北京毛家湾的家里，专门为林彪夫妇烧菜。据吴涌根生前介绍，林彪平时伙食上并无苛求，一般是两菜一汤，轮番吃肉饼、鱼片、青菜、豆腐这几道菜，主食是馒头，蒸熟后用白开水泡着吃。他喜欢吃野兔和对虾。野兔常常是部队在苏皖的山区打来后送到苏州的，对虾则是从连云港专程运来。叶群爱吃苏州的大闸蟹。王义华回忆说，叶群和一般人的作息时间不同，她习惯在晚上十一二点后才出去逛，“经常半夜来电话，说要去逛园林。”她事先也不打招呼，每次要去的地点也是临时决定，搞得大家很被动，工作人员只好和园林方面打招呼说是有海外华侨回来要看看园林。

1971 年 2 月 12 日，林彪第三次从北京来到苏州南园，这一次非常仓促，林彪和叶群情绪极端低落，林彪一次也没有乘汽车兜风。3 月 7 日早晨，林彪和叶群匆忙离开苏州，之前却又毫无要离去的征兆，离开时也没有和苏州市的领导打招呼。在这次短暂停留苏州期间，与林彪、叶群深居简出不同的是，他们的儿子林立果与几个穿军便服的人前后数次进出苏州，在上海、杭州、苏州三个城市之间逡巡，气氛既神秘又紧张。“九一三”事件后官方公布的审判材料终于揭开了谜底：原来在那段时间里，林立果、周宇驰、李伟信等人在苏州、上海和杭州三地密谋策划，制定了反革命武装政变计划。3 月 22 日至 3 月 24 日，“五七一工程纪要”正式定稿出笼（“五七一”是“武装起义”的谐音）。

有人说，林彪在南园宾馆建地下通道和指挥所就是为了密谋“五七一工程”，也有人说那是为了自身的安全，甚至还有别的用意。其实，林彪同期在杭州浙江宾馆也同样建造了一个更大的军事秘道和指挥中心。看来不能简单地把林彪在苏州时使用过的地下室和后来宣布的“五七一工程”直接联系起来。历史风云变幻莫测，在没有更多证据和档案解密的前提下，很多事物让人无法清晰作出判断。

1971 年 9 月 12 日晚，林彪、叶群、林立果等人匆忙乘三叉戟飞机从山海关机场起飞，9 月 13 日凌晨在蒙古的温都尔汉坠落，机毁人亡。

2007 年 4 月，蒋纬国夫人邱爱伦一行带着蒋纬国的遗愿，专程从台湾来到苏州南园，造访这座留下蒋家印记的宅园。虽然邱爱伦是初次来这里，但是蒋纬国一定经常跟她提起这座房子，因为她对丽夕阁的情况是那么熟悉，二楼房间里的原有布局，姚冶诚的佛堂善庆禅院以及洋房东侧能打出活水的古井等，邱爱伦竟都了如指掌。那一天，邱女士还开玩笑地说：“这房子的地契我们到现在还保存着。”

（本文写作参阅了《现代快报》记者王彪的相关采访、《姑苏晚报》的有关报道，以及沈伟东先生的文章，在此一并致谢。）

萧退庵、沈德潜与张大千的苏州遗踪

阔家头巷：位于带城桥路北段东侧，东接网师巷南端，西出带城桥路。网师园正门为阔家头巷11号。26号为沈德潜宅。

萧退庵（1876—1958年）：名蜕，字盅孚，一署退庵、蜕庵，号南园老人。江苏常熟人，著名书法家。1931年后定居苏州阔家头巷圆通寺内。

沈德潜（1673—1769年）：字确士，号归愚。江苏长洲（今苏州）人，清代诗人。

张大千（1899—1983年）：原名正权，后改名爰，字季爰，号大千，别号大千居士、下里巴人。四川内江人，著名画家。

阔家头巷，是一条很不起眼的小巷子。长不足两百米，西接带城桥路，东到网师巷。

阔家头巷原来并不叫这个名字。因此地有南宋淳熙时所建圆通寺，旧称圆通巷。到清代时居住在这条巷子里的多是封疆大吏和富商巨贾，在普通百姓眼里，他们可都是有钱的阔人家，所以慢慢就叫成阔家头巷了。用现在的说法，这里曾经是高档住宅区。旧时王谢，而今已是野草闲花。现在住在阔家头巷里的大多是城市平民，他们在巷子里过着寻常市井的生活。

一

走进阔家头巷，就会被巷两旁的古董摊拦住脚步，这是在国内旅游景点常见的场景。因为毗邻世界文化遗产网师园，所以巷子里经常一队队肤色迥异的老外，操着天南地北的语言穿行，间或掺杂着自行车铃声，而小巷中的居民也早就习惯了这样的生活。

如果时光倒流七十年，阔家头巷也许没有这样热闹。那时的阔家头巷居民经常能看到这样的场景：当斜阳把一抹血色映照在旧宅的山墙上时，巷子尾的一户小门忽然开了——一个身着棉褛的老人勾着背、蹒跚着走到巷口的老酒店去沽酒。这是他每天的功课，手里的锡酒壶也因为磕碰太多而变得坑坑洼洼的，满身伤痕。

老人叫萧退庵，如今恐怕只有书法圈里的老人才知道他。当年萧老可是享誉苏沪金石书法界的“江南第一书家”，如今老矣，多病故人疏，加上子孙先亡，所以形单影只，卖文粜墨，以酒消愁。很多老苏州在回忆文章中都提到了上述的场景，阔家头巷也曾经因萧老的存在而为人所熟知。

萧退庵篆书

作家薛亦然曾经这样描述萧退庵：

> 他戴玄巾，披黑氅，着僧衣，身上常挎着一只书囊，里面放着笔墨纸书，胸前挂着他的学生邓散木镌刻的“本无”羊脂玉印一方、须梳一柄、门钥匙一把，走起路来，颈下挂着的东西便会发出叮当之声，小巷子里的人们只要听到有这样的声音，就会恭敬的让在一边，等老先生慢慢走过去。萧退庵也不客气，仰首前行，目不斜视。

且看老先生的胸前颈下所挂物件，便知其人：羊脂玉印定是老人常佩之爱物，一是挥毫之后，玉印一盖，便显名士之气；二是纪念弟子情谊，随身把玩。身上可以鄙旧邋遢，但须发必须纹丝不乱，须梳常备足见其好洁的心性；一把门钥匙，表明老人独居，一人吃饱，全家不愁。

闲暇时，萧退庵常在茶馆独自小坐，虽然认识他的人会和他寒暄几句，但真正求墨者却不多。一来时局动荡，米价日涨；二来真懂萧老书境者无几。鬻文卖墨不得，萧退庵的生活自然拮据，真是居住在阔家巷里的穷人。直到解放初，江苏省政府相关人士获悉萧老先生的晚景后，安排他到省文史馆做馆员，才解决了老人的生计问题。

萧退庵年轻时参加过南社，也是激扬文字、粪土王侯的人物。他博通经史，兼精小学、训诂，还精医术，曾经担任过上海中医公会副会长。

萧退庵的医术如何，所传不多，只知道他曾经为弘一法师治过病，效果还不错。原来萧退庵早年曾经在上海城东女学任教，与李叔同同事。经好友杨白民牵线，彼此有过往来。那时李叔同还没有出家，一次偶然得了病，咳嗽不止，看了几个医生都无效，最后请萧退庵诊治，几副药吃下去，就痊愈了。后来，已经是弘一法师的李叔同还曾专门写信详细询问萧退庵的药方情况，并专门写了一幅字作为谢忱，托人转给萧退庵。

不过，让萧退庵真正名世的还是他的书法，其书法名气不仅遍及大江南北，更远达日本、朝鲜。真、草、隶、篆、行五体皆工，尤以篆书见长。萧退庵亦自许颇高，他自认篆书成就在前辈名家吴昌硕等人之上，对篆书也有自己独到的体会：

> 篆书贵圆转自如，贵柔中有刚，贵结构紧凑。必须写得方，写得扁，方是好手；吴大徵写得是方了，可是不够圆转，不够流丽；杨沂孙呢，又嫌圆而无骨，结构松弛；吴昌硕则刚有余而柔不足，尤其他那种缩项耸肩的样子实在太怪了。

萧退庵有一副篆书对联，内容是："碎诸人，作不得李长史脚趾；聊一笑，想足神王都督眉头。"文字倨傲，书风却挺劲敦厚、圆浑苍润，结体灵活自如，化传统的长篆为方篆，但方之后又能保持圆劲的用笔与体势，结字特好，正是所谓疏可走马、密不容针。

萧退庵性高傲俗，不好交游，他生平最相与者仅两人，一为李叔同，一为灵岩山寺住持印光法师。萧退庵经常往返苏沪铁路线上，与同好研讨学问，交流书道，但极反感逢迎权贵和势利场中人。汪伪时期，汪精卫在南京大开寿筵，遍邀当时名家赋诗题字，伪省长李士群为了拍马屁，向萧退庵重金求取笔墨，被萧婉言谢绝。萧退庵后来对别人说："汪同我过去均为南社社友，应知我野性难驯，不善逢迎。"

萧退庵早年师从篆刻名家邓石如，萧自己也子弟众多，其中以邓散木、沙曼翁最有成就。在上海，邓散木享誉书坛，篆刻和诗文都佳；而苏州沙曼翁各体皆精，深得乃师之法，还工于金石篆刻。曾为虎丘“试剑石”题字的越溪和尚、洞庭东山显庆寺闻达和尚是萧退庵的佛门弟子，书法造诣也十分了得。

据沙曼翁撰文回忆：

篆刻名家赵古泥（1873—1933 年）曾为老师镌“虞山第一书家”印，后因缺乏酒资，售与上海王某。嗣由我为先生重刻一钮，惟章法与赵略异，亦为先生常用之印。

萧退庵好酒，为换酒钱宁可把自己的闲章印卖了，也不肯为金钱而给汪精卫题字，骨气可见一斑。

时光如水，洗去漫漫记忆。今天，在巷口伫立，还有多少人会记起这位孤标傲世的书法大师？

二

如果说站在春天的阔家巷口，让人怀想起的是诗酒飘零的书法大师萧退庵的话，那么，寻访沈德潜遗迹，最宜秋夕。

沈德潜故居

江南草木摇香的晚上，华灯初上。阔家头巷口的一所老宅子照例会依依哑哑地传出婉转的昆曲。转过大门，门首赫然垂挂一块“苏州昆曲传习所”的木牌，入户细看，厅堂里衣袂飘飘，几个须眉老者正在一旁拍曲作和。不用打听，这是苏州有名的曲家顾笃璜和几位拍仙在唱曲。

这所老宅曾经的主人便是沈德潜。

沈德潜原住城东葑门，雍正七年(1729 年)迁隐西郊外的古镇木渎，严家花园就是他的旧居，在沈德潜时代名为“灵岩山居”。沈德潜早年即以诗闻世，22 岁开始踏入贡院，一生参加科举考试多达十七次，却屡试不中。灰心失望的沈德潜在 40 岁时写诗道：“真觉光阴如过客，可堪四十竟无闻。”名落孙山的沈德潜因为家境贫寒，只好子承父业，一边设馆授徒，一边准备科举。

正当很多人为沈德潜的遭际感叹时，命运终于向沈德潜展开了锦灿的人生画卷。乾隆四年(1739 年)，67 岁的沈德潜终于考中进士，并被点为“翰林院庶吉士”。据《清史稿》记载，乾隆早就耳闻沈德潜的诗名。乾隆七年(1742 年)四月十九日，庶吉士们参加例行的散馆考试，过了一会儿，皇帝询问：“谁是沈德潜呀?”沈德潜跪下奏道：“臣是也。”乾隆帝问：“你的文章写好了吗?”沈德潜回答：“还没有。”乾隆笑道：“汝江南老名士，而亦迟迟耶?”三日后庶吉士散馆，沈德潜被任命为翰林院编修。

乾隆还在做宝亲王的时候就非常喜欢写诗，登基后诗作依旧不断。就在沈德潜任翰林院编修的那年六月九日，乾隆轮番召见这些新晋官员，并命令沈德潜和自己的《消夏十咏》，很快，沈德潜便和就进呈。乾隆看后十分满意，立即颁赏。不久，沈德潜又奉命和《柳絮》《落叶》等诗，都颇得乾隆皇帝欢心。自此以后，乾隆帝每有诗作便命沈德潜和，帝臣两人开始了诗文之交，已步入晚年的沈德潜也由此开始了飞黄腾达的人生。

袁枚曾经写诗描述自己的同年沈德潜和乾隆皇帝的关系：

确士先生七十余，自删诗稿号归愚。
青鞋布袜金阶上，天子亲呼老秘书。

如果单从数量上看，乾隆皇帝算得上是中国第一诗人。其《御制诗五集》共收录诗作 41863 首，如果从一出生就算起，平均每天要做诗 1.8 首，宋代陆游一生作诗9000多首，已算高产了，但与乾隆相比，还是小巫见大巫。乾隆政务繁忙，又性喜游历，果真有如此多的时间写诗吗？于是，便有了其中必有御用枪手捉刀之作的猜测。根据乾隆对沈德潜的特殊恩宠，沈德潜成了乾隆御用枪手的最大嫌疑人。

乾隆曾自称与沈德潜“以诗始，以诗终”。沈德潜致仕后，乾隆的心中一直牵挂着这位江南老名士，乾隆六下江南，沈德潜以耄耋之躯四次接驾，并随同皇帝南巡，可说是备极荣光。乾隆十六年（1751年），乾隆南下至苏，赐诗与他：“玉皇案吏今烟客，天子门生更故人。”而且非常神奇的是，乾隆两次南巡回来后都擢拔了沈德潜。乾隆二十二年（1757年），沈德潜以77岁的高龄获礼部尚书衔。七轶高龄而任礼部尚书，有清一代也只有屈指可数的几人而已。此时的沈德潜已经从一个落魄不堪的老书生一跃而为天子的近臣和宠臣。

但是，尽管在皇帝身边恩宠有加，沈德潜还是常发莼鲈之思。在多次提出告老还乡的要求终被批准后，沈德潜荣归故里，在阔家头巷建了一处终老之所，堂号名为“教忠堂”。沈德潜带回姑苏的还有乾隆对自己的高度评价——“诚实谨厚”。看到皇帝如此器重沈德潜，许多大臣在送别时也都纷纷赠诗给他。文臣钱陈群在一首诗中写道：“帝爱德潜德，我羡归愚归（沈德潜号归愚）。”

回苏州闲居后沈德潜还多次蒙圣恩到北京参加庆典活动，80岁的时候，拄杖于朝，乾隆皇帝还赠以“鹤性松身”的匾额，并将沈德潜的画像供祀于文人贤士阁。乾隆三十三年（1767年），沈德潜受封太子太傅，死后还被追赠为太子太师——可谓生前身后备极荣耀。

沈德潜的一生除了科举考试略费周折大器晚成外，后半生都在平安富贵中度过。可谁知道他生前平安身后倒出了事。

因为给一本诗集作序，沈德潜被卷了进去。事情的经过是这样的：江苏东台县有一个叫徐述夔的举人，他的《一柱楼集》被检举出有悖逆当朝的语句。“证据”是，在《一柱楼集》中的《鹤立鸡群》诗里有这样两句：“明朝期振翮，一举去清都”。徐举人写作的本意是想日后金榜题名天下知，但是，汉字的多音问题却给他带来了大麻烦。“朝”是多音字，既可读作“zhāo”，也可读成“cháo”。清朝的文字狱是出了名的严酷，于是“明朝（zhāo）期振翮”就被曲解成了徐述夔想恢复明朝(cháo);下句“一举去清都”也被推理成要灭清。乾隆得知这一事情后,龙颜大怒,严令追查。

诗坛耆硕(乾隆御笔)

更让乾隆气愤的是他最钟爱的诗人沈德潜居然曾经给这本诗集作了一个传序,在序中夸奖徐述夔的品行文章都值得别人学习。乾隆很生气,后果很严重。他指责沈德潜对徐氏的悖逆诗句不仅不切齿痛恨,反而记述流传,简直是辜负了大清皇室对沈的宠信。

不过,为“反逆”作序不是沈德潜触怒乾隆的唯一原因。沈德潜生前曾经主编《国朝诗别裁集》,在这部书里,沈德潜不但选了钱谦益的诗,还选了钱名世的诗,乾隆看后大光其火:两钱一为明朝降臣、一为“名教罪人”,将钱谦益的诗置于诗集首位——荒唐;将钱名世的诗入选——荒谬,因为这两个人都是雍正皇帝已经定性的罪人!当时,碍于与沈德潜的友情,乾隆皇帝在处理上就放了沈德潜一马,只是收缴《国朝侍别裁集》了事,这应该是乾隆皇帝与沈德潜矛盾的初始。就在这一年,沈以97岁龄病故。

可这次,沈德潜居然明目张胆地为罪臣的书作序,他置皇恩于何地?乾隆终于无法原谅沈德潜了,虽然此时沈已去世9年,但震怒的乾隆皇帝仍然下令大学士和九卿议罪,处理结果是:一是削谥,褫夺沈德潜赠官,即把赠予他的太子太傅、礼部尚书衔都免了;二罢祠,即取消让沈德潜进贤良祠的待遇,罢撤出来。最狠的是命人“仆其墓碑”,就是把沈德潜的墓碑砸掉、扔掉,然后再劈棺戮尸。看来乾隆是恼火到了极点。

当初,沈德潜归养故里时,乾隆的一句感慨“朕于德潜,以诗始,以诗终”恰似一句谶语！不知乾隆下令碎碑戮尸时是否会想起自己曾为沈德潜的《归愚全集》亲笔作序的往事？

野史记载沈德潜获罪的另一原因是，他把曾替乾隆帝写的诗又收进了自己的诗集里，乾隆皇帝搜出沈德潜的遗诗，读后发现其中确有代作御诗，虽然乾隆在初登帝位时很谦虚，他在《乐善堂全集》的序文中也曾坦言："自今以后，虽有所著作，或出词臣之手，真赝各半"，但是，他还没有大度到任由"捉刀者"自己披露实情的地步，沈德潜身后遭贬也就不足为怪了。

君恩重如山，君恩又薄如冰啊。汉代的司马迁就已看透了御用文人不过是皇帝的玩物，他在《报任安书》里这样评述自己："仆之先，非有剖符丹书之功，文史星历，近乎卜祝之闲，固主上所戏弄、倡优所畜、流俗之所轻也。"饱读史书的沈德潜是不是忘了太史公的遗际？

阔家头巷26号沈德潜故居泯灭民间好多年，直到1982年，经文物部门多方考证，才正式确认此地是沈德潜终老之所。

三

彩霞池

阔家头巷最吸引游人的是名园网师园，而网师园留给世人最新鲜的记忆片断，就是著名画家张大千兄弟在园子里的故事。

网师园始建于宋，清乾隆时为宋宗元所有，辛亥革命后，军阀张作霖以30万两银子购得网师园，但他并无心思南下作寓公，便在1917年将之赠予老师张锡銮作寿礼，易名"逸园"，亦称"张家花园"。巧的是，张家花园住的不是张锡銮，而是画家张大千和二哥张善孖。

张大千是四川内江人，年轻时赴日学习绘画及印染艺术，归国后成名，在20世纪30年代的山水画坛有"南张（大千）北溥（心畬）"之说。张大千与张锡銮的儿子张师黄相交甚密，因此弟兄二人得以借寓网师园。大千的二哥张善孖也是当时的知名画家，尤以画虎最为著名，自号“虎痴”“虎髯”，别人都称他为“虎公”或者“张老虎”。张大千最初就是跟哥哥学画的。

1986年，在网师园的殿春簃院内举行了一个隆重而别致的立碑仪式，参加者有苏州书画名家张辛稼、张寒月、徐绍青、曹逸如、曹大铁等，极一时之盛。碑的主人不是什么名人大家，而是一只小老虎。1986年适逢虎年，给一只曾经在中国画坛上留下特殊印记的老虎树碑，是苏州市园林管理局的创意。与之呼应的是，这一年，中国人民邮政发行了张善孖的《双虎图》贺年明信片。

这只老虎的主人正是“虎痴”张善孖。墓碑上刻的是张大千特意从海外寄回来的题词：“先仲兄所豢虎儿之墓”。原来，远在海峡彼岸的张大千忽然怀念起当年与二哥善孖以及一只小老虎在苏州网师园的岁月，因此特地从台北经香港寄来片纸，聊解思念。因为，在阔家头巷，张大千兄弟与这只老虎曾经一起度过一段非常美好的时光。那时候，住在阔家头巷里的居民经常能看到这样的场景：有两人坐着黄包车一前一后地从园子里出行，前者长须飘飘，后者怀里抱着一只小老虎，好不威风。

张善孖以画虎出名，为了画好老虎，在四川的时候，张善孖还曾专门养过老虎，可能是虎性难驯，那只老虎不幸夭折，张善孖一直引以为憾事。网师园里的这只老虎，据作家蒋晖描述，大概是这样得来的：

> 1935年，国民党师长郝梦麟被调入贵州，参加围剿红军。他的部队在黔岱的深山洞窟里抓到一虎崽，不久带回汉口“绥靖公署”，送给总参议朱伯林，时间长了，乳虎成了小老虎，每日再跟家里的孩子玩耍不免危险，朱伯林知道老友张善孖善画虎，就打个电报到苏州，问送你一头老虎要不要，这样的电报实在好玩，而张善孖接到电报是喜出望外——现在佳音传来，他立刻抱病专门去了汉口，载虎归来，网师园里的假山洞成了幼虎的新家。当他抱着小虎穿过苏州的繁华街道时，观者惊诧，一时轰动。

郝梦麟抓到的这只小老虎最爱喝鲜牛奶，极通人性，张善孖与之朝夕相处亲昵非凡，常以虎姿入画。张大千与张善孖还合作画虎十二幅，名为《十二金钗图》，以虎喻美人，大千还以《西厢记》中十二句艳词作题，刻画和讽刺当道者的丑恶嘴脸。

南京顾莲村在1936年5月2日的日记中曾经详细记载了网师园的一天，从中可以窥见大千兄弟在网师园的生活情状：顾莲村一行到达网师园时，是上午八点半钟。张大千兄弟当时正住在网师园朝南的大厅里，厅内四壁挂满了元明时期的书画，沿着后墙的花架上放着一盆盆盛开的杜鹃。当顾莲村等走进大厅时，张大千正在作画，看见来客，立即放下画笔与他们握手寒暄，并当场为顾莲村指导工笔花鸟画，张大千说："画得很好，不过鸠的嘴巴画得太短太肥了，它和鸽子嘴巴不一样。"说着，他拿起笔来就为顾莲村改正。接着他又说："宋、元人对鸟的形态观察是无微不至的。"张大千还指着墙上一幅元人双鹭图对客人说："你们都看过鹭鸶、画过鹭鸶的，但谁也没有觉察到鹭鸶的脚趾中有一个是反的，指甲在下。画鸟必须掌握鸟的特征。我们应向宋、元学习。"

对于网师园里的那只小老虎，顾莲村这样记述：

> 善孖先生长于画虎。为了对虎的动态和习性有详细的观察和深刻的体验，他在园里养了一只不满八个月的小虎，充当画虎时的模特儿。今天我们来了，大千先生很高兴，把虎从木笼里放出来，要我们和虎同摄一张照片，以为纪念。我们和虎一起站在厅外的走廊上，感到十分紧张，我紧紧地靠着大千先生。先生看到我们见虎色变，便对我们说："现在已是11点多钟，天到正中，虎的瞳孔收缩，视力较差，已无伤人的勇气，你们可以放心。"虽然听到他这两句宽心话，但是我们紧张的情绪，一直到摄影完毕，才安定下来。

虎儿墓

但是，养老虎总不比养猫。抗日战争开始后，张氏兄弟内迁，移虎出园，在陋巷中老虎从人力车上滚下跌死。张氏兄弟感伤不已，将其葬于网师园的冷泉亭、殿春簃之间的假山下，立碑“虎儿之墓蜀郡张善孖张大千立”。“文革”中此碑被毁，也因此才有了1986年张大千重新书写碑文立碑的故事。

张氏兄弟居住在网师园时，给园中画室取名为“大风堂”。这一时期，张大千绘画技法大进，他模仿清代名家石涛的画已达以假乱真程度。据当时和大千弟兄来往密切的苏州装裱艺人回忆，张大千当时仿了不少石涛名作，而且几乎都流到社会上去了。

上世纪80年代中期，中国书画鉴定界的泰斗谢稚柳同一批专家在江苏某博物馆看画。专家们在一幅名为《石溪》的作品前深深赞叹作品之精美，只有谢稚柳看后一言不发。活动结束后，谢稚柳告诉随行人员：那是张大千住在苏州网师园时所仿作十八幅石涛画中的一幅，的确仿得很好，足以乱真。

阔家头巷里的名人还有很多，差不多与张氏兄弟同时，著名作家曹聚仁和叶恭绰也曾在巷子里寓居过一段日子。曹聚仁记得当时住处有一处大枣园，后面一排房子，挂着一副柏木的对联：“庭前古木老于我，树外斜阳红到人”。在苏州的日子里，他晚上会去光裕社听杨乃珍的琵琶，呖呖莺声萦系着“三十年前旧景”，白天则到观前街吃茶……如此难忘的小巷岁月，以至于曹聚仁晚年在香港回忆道：“要不是我太年轻，真可以在那儿终老了”。

李根源：忠孝两全的民国老人

李根源故居：位于十全街111号。十全街位于人民路南段东侧，西越人民路与书院巷相对，东至葑门桥。原名十泉街，传旧有十口古井。乾隆南巡，驻跸今十中校园内的织造府旧址，因乾隆号十全老人，地方官员逢迎改此名。

李根源（1879—1965年）：字印泉，又字养溪、雪生，号曲石，别署高黎贡山人。云南腾越（今云南腾冲）人，近代爱国名士。

李根源像（徐悲鸿画）

上世纪30年代，苏州有著名的五老，当地开明乡绅首领叫张一麐（曾任北洋政府教育总长，抗日战争时曾在苏州组织有名的“老子军”上阵），而知名士人的领袖则非李根源莫属，另“三老”是奉化凤麓学堂的创办人、蒋介石的老师张家瑞，苏州士绅费树蔚和国学文士、地方名贤沈瓞民。

苏州石路自开埠以后，火车一通，旋为闹市。当时，从观前街到石路，再往西面到虎丘，只有阊门一条最近的通道。上世纪二三十年代，苏州人口增加、经济快速增长，古老的阊门周边交通拥堵不堪，时有车马相争之类的事故发生。于是，李根源等“苏州五老”开始奔走呼吁，策划并敦促当局凿门造桥。据说，几位老先生还专门开了个茶话会议研究，然后分工合作，有人去踏勘水陆地势，张一麐和李根源负责说服吴县县长筹措经费。他俩对县长说，如果政府不拨经费，他们就联名到南京找蒋介石要钱。县长一听，哪有这个道理？还是乖乖掏钱罢。城门按计划开出，因在堪舆学上西方属金，所以新城门取名金门。金门至今还是苏州观前到石路的主要通道。

二

寻访李根源故居，要从十全街东段进入。房子面朝北，原来格局依次有门屋、客厅、起居楼、书房、庭园等。起居楼为中西式两层楼，如今这种民国老房子也已成了苏州城里的独特景观。李根源是个孝子，因为母亲姓阙，所以当时称此宅为"阙园"，并有"曲石精庐""葑上草堂""彝香室"等室名。草堂室内墙上原先有李根源遗照，老先生笑容可掬，留着几缕长须。室内曾有一把先生生前拄的拐杖，可惜已不知所终。院内他手书题刻的井栏"九保泉"和碑石多方，仍在原处保存。阙园现已被纳入苏州饭店域内，李根源手植丹桂树和刻有他手迹的湖石仍存。可惜，故居的房子宅院前后都已改建，只保存着中部三开间硬山顶两层楼房一座，破旧不堪，现在则成了多家房客的寓居之所。而故居的最前面一进老宅被隔成了三间，现在是经营服装美发的商铺。

李根源隐居苏州期间深得苏州乡邻的尊敬和厚爱，他在苏州的作为难以细说，这里主要记他所做的三件事，一是买山葬母，守孝隐苏州；二是两次安葬在上海抗日战争中牺牲的中国军人。三是参与吴中保墓行动，遍寻苏州西面诸山的名人墓葬，整理保护历史遗迹。

1905 年，李根源在日本陆军士官生学校留学时就加入了孙中山的同盟会，回国后曾参与领导了重九起义和护国讨袁运动。1923 年，北洋军阀曹锟以 5 000 元一张选票贿选的丑闻发生后，李根源对北洋政府及时局深感失望，愤而辞去代总理的职务，南下苏州在十全街隐居。

李根源选择在苏州隐居最有可能的一个原因是，苏州是交通要道，这里紧靠国民政府首都南京，也紧靠远东第一大都市上海，可谓扼两地咽喉，如此来看，李根源隐居苏州，其实是胸怀国家。

李根源隐居苏州应该还有一个因素，那就是亲朋旧友的吸引。李根源之前到过苏州，对这里的山水人文很喜欢，加上还有不少云南的故旧亲友居住在此，更重要的是好友章太炎的选择。章太炎在给李根源的书札中说：“苏州文化毕竟未衰，前数年颇愿移家苏州”。李根源深表赞同，他复信给章太炎道：“养老以苏州为最宜，应该在苏州购屋，作为永居之计”。不久，章太炎就在苏州购屋讲学安居。两年后，李根源也在苏州定居。

二

在苏州寓居期间，李根源母亲阙氏病逝。基于对母亲的缅怀，他于1928年买下苏州吴县藏书镇小王山百亩山林，安葬母亲，并在小王山守墓十年。李根源在小王山尽孝的十年，是有为的十年，他在那里留下了诸多有益社会的遗迹。

灵　池

小王山位于藏书镇南，是穹窿山脉的延伸。南北长400多米，东西宽300多米，高约50米。穹窿山传说是吴国著名兵圣孙子隐居著述之地，也是汉代名臣朱买臣读书的地方。当年樵夫朱买臣打柴不忘读书，下山卖柴时就把书卷藏到石头后，藏书镇（今改街道划入木渎镇）因此得名，穹窿山上至今还有藏书石遗迹。后来朱买臣被皇帝征召入朝，官至会稽太守，回乡上演了一出“马前泼水羞辱前妻”的经典名剧。

李根源按照自己的心愿构想在小王山植树造林、引道开山，又疏泉凿石、辟景成胜，种植了数十万株松树，辟建了万松亭、听松亭、听泉石、吹绿峰、小隆中、卧狮窝、孝经台、湖山堂、犁云涧、灵池等“松海十景”。章太炎夫人汤国梨游松海后即兴赋诗一首：

探胜不辞远，栖山莫怨深。苍茫松海里，应有蛰龙吟。

李根源和诗道：

苟全于乱世，不觉入山深。高卧小隆中，聊为梁父吟。

诗中李根源借喻梁父吟，在时局纷乱之际颇有自诩诸葛孔明之意，但也充满了对时局的无奈，“小隆中”也因此而得名。这里也确乎有着诸葛亮隐居隆中时的文化氛围，因为李根源吸引了不少好友来此探望相聚，从1927年到1936年，前来小王山会葬、瞻拜、赏景者不计其数，“善书者皆留大笔，善诗者必惠高吟”，黎元洪、于右任、李烈钧、章太炎、叶恭绰、孙光庭（李根源的老师）、张大千、蔡锷、林虎、张维翰、郑孝胥、沈钧儒、程潜等国民党元老、政府要人、名流清客等，都先后到小王山留词题诗，留下了珍贵的墨宝。小王山在短短的几年里汇聚了240余位名人书写的550余条石刻条文，因而也豁然高大起来。比如，小隆中的9间瓦屋中有章太炎的篆书匾额和国民党监察院院长于右任的草书石刻，堂屋里悬挂着冯玉祥将军在泰山绘赠给李根源的巨幅《蜀道难图》等，不一而足。为保存师友们的这些金石书画作品，李根源长年雇请两名石匠，将故友知交的诗文题字刻在小王山各处石崖上，使得荒郊野岭的小王山变成了一座文化山。

章太炎次子章奇与复旦大学创办人马相伯的题书“世外桃源”和“枕涛”石刻在同一石壁上，马相伯还题跋曰：“李侯印泉，退隐吴中，买山植松百万，从此视伏地枕涛辈，不啻上下床。”题书时章奇年方12岁，而马相伯已是97岁高龄。于右任在“卧狮”石上留下了“卧狮窝”的草书，在寒碧石上也有他的墨宝。卧狮窝西侧的石峰上有陈石遗的题款“吹绿峰”三字，而“听泉”和“听松亭”系章太炎手书。

1937年冬日寇进攻苏州西郊，李根源被迫离开小王山，在苏州城里又生活了14年。

小王山虽地处深山僻壤，但是日寇占领苏州后，将李根源苦心经营的松林砍伐殆尽，李根源姻弟马树声在乡亲们的帮助下，使阙茔村舍与阙茔墓容幸免于难，而小隆中一带房屋惨遭日寇破坏，松海风景面貌大为逊色。1950年7月，李根源来祭扫时非常惋惜地赋诗一首：

砍光十万树，毁屋无数间。历此一劫后，松海自万年。

小王山上的残存文物躲过了日寇的轰炸，却没有能够逃过“破四旧”和“文化大革命”的破坏，到了全民经商热兴起的时候，又经历了开山采石的劫难，1979年，金云良披荆斩棘，尚且搜寻得摩崖石刻200余条，而目前仅有100多条石刻幸存。1980 年 4 月,李根源之子李希泌将父母合葬于小王山时,感叹道:小王山“是块瑰宝之地,堪称露天书法艺术博览馆”。1996 年,小王山石刻被列为江苏省文物保护单位。

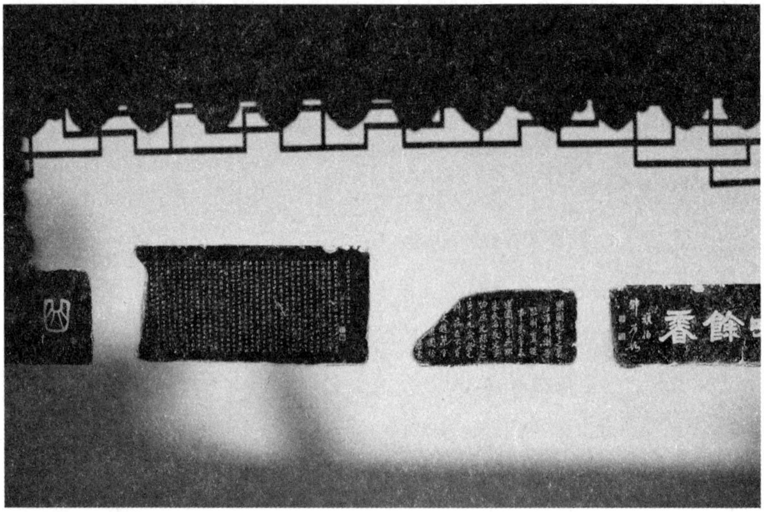

碑　廊

李根源初到小王山时这里还没有小学。1931 年 8 月,李根源在母亲墓旁修建 6 间平房,兴办了阙茔小学,把当年在云南陆军讲武堂兴学的精神又带到了苏州。学校开办之初,因师资、经费短缺,就采用单班复式教学,即一名教师在一间教室内教四个年级的学生。这所小学直到 2000 年才并入藏书镇中心完小。李根源去世后,其妾马氏留有一侄女马彩英在此守墓,她的儿女们也都是在阙茔小学读书长大。

生于 1928 年的金云良是阙茔小学首届毕业生,他记忆中的“李先生身着蓝布长衫、脚穿布鞋,到村民家做客,平易近人”。李根源经常踱到阙茔小学,看到孩子们读书识字,他非常高兴,并热心地为他们起学名,有的起单名,有的按照“志”“祖”“云”等字辈起名。现在藏书还有不少健在的老人,他们的名字都是李根源取的。

善人桥村的村民都很尊敬李根源,因为他为村民做了大量的好事:兴办医院和成人夜校、凿井筑路、绿化山林，开展农村改进会和吴中保墓会等，把新式文明的种子带到了苏州西郊。

李根源寓居苏州期间收集了不少乡邦文献和金石碑文，他与当地文人寻访古迹，参与了《吴县志》的编撰，并撰写了《吴县西山访古记》。

苏州历史悠长，前贤墓葬甚多，留存金石碑版无数。但因年代久远，许多名人墓葬已经淹没无考，很多文献和碑石记载不免以讹传讹，有鉴于此，李根源决心亲自走一走，看一看。按照《吴县西山访古记》记载：1926 年 4 月 12 日上午 10 时，李根源携带两名随从，从胥门枣市桥登上小船，开始了近四十天的访古之游，其间的四次寻访收获非常大。此前，李根源已经作了周密计划，每天都订有具体的日程和目的安排。根据各种诗词典章文献的记录，李根源先后踏勘了吴王夫差、陆逊、钱元璙、范仲淹、魏了翁、韩世忠、郑虎臣、朱柏庐、唐伯虎、祝枝山、都穆、申时行、董其昌、吴梅村、汪琬、王鏊、惠栋、石韫玉、尤侗、金圣叹、赵宧光、刘继庄等数十位吴郡先贤的墓地，并根据村民口述和墓碑作了推测与考证。

探墓并没有想象的那样浪漫，比如一次他准备去东山探宰相王鏊的墓，就因为前一天在长冈被尸臭熏得头痛，当天计划只好搁浅。

如今回过头来看，李根源的访古之游确实很有远见，因为经过多次战争、“破四旧”和“文革”等历次运动，到上个世纪 80 年代吴县再一次进行文物普查时，李根源当年所见已经十不存一。正是他的这次个人探访活动，为苏州保存了重要的史志资料，后人真该感谢李根源的远见卓识和身体力行。

三

李根源，买山葬母，抱守阙庐，读书交友，并开化民众，真有些“达则兼济天下，穷则独善其身”的文人古风。只不过，李根源的独善，非一人之善，而是以自己微薄之力为社会做最大的贡献。

1932 年 1 月 28 日，日本人借机发难，要求上海的中国驻军退出闸北。当时驻守沪上的是国民革命军第十九路军，总指挥蒋光鼐、军长兼副总指挥蔡廷锴虽然没有接到还击的命令，但激于民族义愤，奋起阻敌。英勇的十九路军将士苦守上海月余，击毙日寇万名，迫使日本侵略者四易统帅。后来，日军在太仓浏河潜渡登陆，两面夹击抗日军民。孤军奋战的十九路军被迫退守至苏州的昆山。这场战役最后以南京政府与日本签订《淞沪停战协定》而宣告结束。

当时，上海的十九路军得到了包括苏州人民在内的全国爱国人士的声援和行动支持。李根源不顾疟疾复发，与苏州爱国士绅张一麐等组织红十字会赴淞沪战场，抢救伤员到苏州治疗。他还组织市民捐款，在吴县善人桥马岗山买下坟地，亲笔撰写“英雄冢”墓碑，将在苏州不幸为国殉难的78位抗日将士安葬于此。在纪念抗战胜利60周年时，云南记者杨理锐曾亲自到藏书镇采访，据他了解：

藏书镇善人桥村街边，一位开小店的老太婆，至今仍记得小时候安葬抗日英雄的情景，一个个棺材被村民们背上来，有多少个数不清，气氛令人窒息，至今难忘。经老人指点，记者找到了位于马岗山的英雄冢。

古隶“英雄冢”雄浑字样，是李根源所题。岁月沧桑，至今已无法辨明更多的内容。碑阴镌刻郑伟业手书的王得胜、秦玉卿、梁林等78位抗日阵亡将士英名。

另一碑，由张治中将军撰写碑文，并于碑上题“气作山河”四个径尺大字。还镌刻俞济时篆书和国民党陆军第十八师师长王敬久楷书题记各一段，以表彰死难将士为保卫祖国山河、为国献身的精神。

时隔5年后，在抗日战争进入相持阶段，他又组织掩埋了第二批抗日英魂。

1937年，日本侵略者在上海发动“八·一三”侵略战争，历时达3个月。淞沪会战是中国抗日战争史上损失最惨重的一次战役，须髯飘逸的李根源置生死于度外，冒着枪林弹雨，于8月15日乘汽车径往抗日前线上海真如慰问抗战将士，与时任第三战区司令长官的冯玉祥及张治中、张发奎、杨虎等爱国将领会晤，共商战事。

当时的马岗山墓园已无隙地，李根源遂在藏书镇砚山另辟了一块墓园，营葬阵亡将士，资料统计有1200余具抗日阵亡将士忠骸被合为82棺。李根源亲笔题写高达3米的“无名英雄纪念碑”，并继“一·二八”淞沪战役后，与苏州百姓再次披白致祭，含泪吊英灵。（该无名英雄纪念碑旧址因年久失修，当地政府已经将之迁葬于附近抗日战争将士墓。）

1950年6月，李根源在北京列席政协全国委员会第一届全体会议。会后，他在云南陆军讲武堂时期的高足朱德约其到北戴河小住，李根源婉谢了好意，并要求先回苏州一趟，藉以祭扫小王山母茔。到苏第三天，李根源与随同他一起返苏的五子李希泌等一起驱车来到小王山。为保卫其安全，苏州市政府特派一个排的解放军跟随来到小王山，李根源见状说："我和小王山的乡亲有深厚的感情，不会出什么问题的。你们只管放心就是。"

李根源在小王山住了一周后，经苏州赶赴上海，再坐轮船到四川参加西南军政委员会会议。此后，李根源生前再也没有回过小王山。

1959年，李根源将在小王山存放的全部古籍、书画、文物以及故意沉在附近关庙前小池塘中的唐墓志93方（其中有唐代著名诗人王之涣的墓志），全部捐给苏州市文物管理委员会。

李根源之墓

1965年7月6日，李根源病逝于北京，朱德亲自为恩师主持了追悼会。按照其生前遗愿，李根源被安葬于苏州小王山，一方面是陪伴母亲，另外一方面，也是表达对第二故乡苏州的眷恋。1982年，李根源的夫人去世后，其骨灰也被送到小王山与李根源合葬。

补记：拙著《医药苏州》一书曾经记载过李根源先生的另外一件逸事，一并摘录在这里，与读者分享：

上世纪20年代，在拓宽阊门外的广济路时，有人发现了一块墓碑，上面刻有“明遗臣郝将军太极之墓”字样。这郝太极是何许人也？原来他是云南人，在明代天启年间，因为守战有功，被朝廷嘉奖过。后来清室入关，他流落苏州，凭借原来的医术隐居阊门，以卖药为生。

史料考证，郝太极官职并不到将军，但是因为他的气节，人们更愿意尊称他为郝将军。到了民国时期，时任北洋政府代总理的李根源也是云南人，他为自己的老乡重新立了一块石碑在上津桥畔。修建了碑亭，碑上手书“郝将军卖药处”，以纪念这位“大隐隐于市”的武官。

最好的时光：才女苏雪林的东吴往事

苏雪林故居：位于百步街18号。百步街北起盛家带、正对望门桥，南至吴衙场正对砖桥（今百步桥）。街长约60米，约走百步，故名。

苏雪林（1897—1999年）：原名苏梅，字雪林，笔名绿漪。安徽太平人，现代作家。

1999年4月21日，在台湾省成功大学附属医院，一位银发苍苍的小脚老人为自己103岁的人生旅程画上了句号，她就是苏雪林。

苏雪林集作家、学者、教授和画家于一身，教坛执鞭50年，笔耕80载，著述65部，创作2000余万字。尽管她终生以教师为职业，在教学的同时也进行学术研究，但"教授苏雪林"和"学者苏雪林"都不如"作家苏雪林"闻名。

苏雪林

苏雪林笔名绿漪，曾被作家阿英称为"女性作家中最优秀的散文作者"；《孽海花》的作者曾朴夸她是"闺中大苏"；还曾被光华书局评选为代表时代、冠绝侪辈的五位女作家之一（另外四位是冰心、凌叔华、冯沅君和丁玲）。苏雪林还与冰心一起被称做"冰雪聪明"。

这位中国文坛第一女寿星，虽然享有令人艳羡的天年，但由于政治倾向、个人性格以及婚姻家庭等原因，一生并不顺利，充满了苦涩、矛盾与是非，大陆读者对她也知之甚少。

早在1930年代，苏雪林就以散文集《绿天》和自传体小说《棘心》蜚声文坛，但很多人却并不知道，这两部作品都是在苏州酝酿和创作的。可以说，苏雪林在苏州度过了她一生中才情迸发、生命状态最好的时光。

苏雪林的旧居，就在今苏州大学本部的南校门口。不过因为没有挂牌，知道的人很少。那里有一条长不过百步的小巷，俗称百步巷。北巷口的18号，是一座民国老洋楼，尽管破败待修，但院中的那些老树荒草仍能见证80多年前的绿天往事。

一

苏雪林出生在安徽黄山脚下太平湖北岸的苏村，这一支苏氏系宋代文豪眉山苏辙的后裔。和很多安徽人一样，苏家也是经商起家，到了苏雪林祖父苏运卿的时候，雄厚的经济基础使苏家有了做官的人——苏运卿成了浙江瑞安县衙的掌印者。其子苏锡爵在优越的环境里接受了新式教育，儿媳也出身门当户对的官宦人家，这也许就是苏雪林文艺基因的家庭渊源了。

苏雪林自幼便受私塾教育，打下了传统文化的功底，15岁那年，天性聪慧的她考取了安庆省立初级女子师范；毕业后，考入北京女子高等师范继续深造。1921年，苏雪林在即将毕业时，又考取了域外的中法大学（系中国人创办）绘画系，赴法国里昂继续深造。

1925年中秋节，因为母亲病重，苏雪林从法国留学折返，按照祖母的心愿，与江西五金商人家庭出身的张宝龄在安徽太平老家岭下村举行了传统婚礼。这一年，苏雪林29岁，尽管在法国时她和留学美国的张宝龄有过通信，但结婚却是两个人第一次见面。

张宝龄，生于光绪二十三年（1897年），与苏雪林同岁，但小几个月。张宝龄的父亲张余三生活简朴，家教甚严，最着力培养的是次子张宝龄。张家经济条件优裕，支持张宝龄在美国名校麻省理工学院修完了工程学。张宝龄是工科专业出身，加之受严父的影响，为人刻板而过于理性。

爱好文艺的苏雪林和工科出身的张宝龄在思想和精神交流上截然不同，或许是造化弄人，也或许是婚姻天定，反正两个人在社会和家庭的推动下，走到了一起。两人从结婚到苏雪林离开大陆前,一共 24 年,其间因性格不合,聚少离多,实际共同生活也不过三四年时间。而这仅有的三四年,也有一多半是在苏州度过的。

婚后一个月,苏母去世。安葬母亲后,苏雪林回到了位于上海巨泼来斯路(后改名安福路)巨福新村 12A 号(后改安福新村)的张家。张宝龄在上海造船厂任工程师,离家近 30 里路,每天清晨 6 点上班,晚上 6 点回家。由于张宝龄每天早出晚归,闲居在家、性爱自然的苏雪林十分烦闷,就给在北师大读书时的恩师、正在南京金陵女子大学任教的陈钟凡写了封信。正巧,陈钟凡到苏州东吴大学讲学,了解到苏州缺教师,便举荐她到基督教会办的景海女子师范学校担任中文系主任,并且在东吴大学兼课。不久,张宝龄也应聘到东吴大学成为工程学教授。1926 年,张宝龄、苏雪林夫妇举家迁到苏州生活。

东吴大学在天赐庄给他们安排了一幢两层的小洋楼,与一对美国夫妇合住左右。或许是怕江南低潮,小楼的底部设计成悬空的隔板,堆煤和柴火。楼前有一个四亩多的园子,里面长满了高树杂草。两户人家中间,还有一棵秃了头的梧桐。这棵梧桐,后来被苏雪林写到散文中。

翻开《绿天》,在才女细腻清新的文笔下,夫妇蜜月时期的苏州生活便展现眼前:居所前的园子里几株百年杂树蔽日遮阴,地上荒草丛生,长满了牵牛花和茑萝花,猩红万点,还有白的雏菊和黄红色的大理花。有一株百年古榆树,群枝遮天。"我们的屋子便完全浸在空翠之中,在树下仰头一望,那一片明净如雨后湖光的秋天,也几乎看不见了。呀,天也给它们涂绿了! 绿天深处,我们真个在绿天深处!"

园子里还有个土墩,登上土墩不但可以眺望墙外广场中的青青草色,看到校园师生,甚至还能看到西北方向民居中的秀美双塔!

爱好自然的苏雪林买来锄头等工具开始着手整治荒园,课余当农妇,开荒除草,焚烧施肥,种上四时田蔬。张宝龄字仲康,在书中被称作康,他也来帮忙。到了秋天就分享到了收获的乐趣。夫妻两个手持竹篮一边采撷扁豆,一边感受田园厮守的愉快。闲暇时,苏雪林还拿起画笔,爬上高墩,画老树夕阳,但往往贪恋美景,以至于暮云合璧,也没有画上一笔;他们还在家里养了各色金鱼,观赏取乐。张宝龄喜欢养鱼,还亲自到葑溪河边去捞鱼食,希望小鱼长大,不幸的是,有一天

双 塔

发现几条宝贝金鱼都成了乌鸦的美食！

最好玩的是夫妻两个斗蟋蟀了。苏雪林在园子里捉了几只蟋蟀，"居然养了十来匹。那时吴秀才张胡帅正在南口与冯军相持，而蒋总司令也在积极北伐。我们的瓦盆，便照南北各军将领的名字，缩成了三种号码。我是倾向革命军的，我的第一号盆子，贴了蒋总司令四字，其余则为唐生智何应钦等。康有一匹蟋蟀，本来居于张作霖的地位，但很厉害，不惟打败了阿华的冯焕章，连我的蒋总司令，都抵敌不住。我气不过，趁康出去时，将他的换了来，于是我的蒋总司令，变了他的张大帅，他的张大帅，变了我的蒋总司令，胜负的局势当然也随着幡然改变了。康后来觉察了，大笑一阵，也就罢了。"用蟋蟀比做当时南北军人的领袖，把蟋蟀的争斗比作军阀武力的争斗，一方面可见苏雪林聪明淘气，另外也看出新婚之初两人家居生活的惬意与自在。

不久，张宝龄用父亲分给自己的一笔钱在东吴大学附近买了一块地——葑门12号，学造船出身的他将自己建造的新居设计成了船的模样。苏雪林回沪后，有时还到苏州来生活和写作。

婚姻生活中的温馨与美好，触动了苏雪林心底里最温柔、最甜蜜的部分。刚好，她看到北京友人章廷谦（笔名川岛）为纪念自己的新婚写了一本散文集《月夜》，便仿效他，以一个新婚少妇的口吻，将自己婚后的现实生活融入爱情想象，创作了一组美文，并用笔名绿漪发表。1928 年 3 月，这些美文结集为《绿天》，由北新书局出版发行。《绿天》在文坛上给苏雪林带来了众多赞誉，也使她一举成名。此书先后再版过十几次，叶圣陶还将其中的《扁豆》和《收获》分别编入《高小国文》和《初中国文》课本。今天,《绿天》中的《溪水》仍被编入上海市七年级语文新教材,可见其生命力的持久。

然而好景不长,苏雪林和张宝龄的爱情之舟并未航行很久。1990年底,已入老迈之年的苏雪林追忆道:“苏州天赐庄一年岁月尚算美满,但以后便是维持夫妇名义而已。”由于性格与家庭的原因,两人之间积存已久的矛盾终于爆发,夫妻感情出现裂痕。分析起来大致有这样几个方面因素:一是两人性格志趣不同,工科出身的张宝龄严谨刻板缺少生活情趣,而爱好文艺的苏雪林浪漫随性。有一年中秋节,苏雪林说外面的月亮好圆,张宝龄却回答说,再圆也没有我用圆规画的圆。二是张宝龄虽然接受了西方教育,但骨子里十分传统,他只希望妻子做一个贤妻良母,不要太抛头露面,这显然是苏雪林做不到的。最后,双方经济虽然独立,但婚后苏雪林经常资助大姐和娘家,这也使丈夫很不快:有一天回家,张宝龄因苏雪林又给娘家汇钱气得把她的书扔了一地,为此夫妻大吵一场。苏雪林与娘家的经济纠葛一直持续到她晚年。1973年,苏雪林从台湾成功大学退休,考虑到自己年事已高,便一次性提取退休金,用利息养老,将来自己身后还能留点积蓄给后人。“那时台币二十万还像个数目,身后分给侄辈,岂不更好,便一次领了。”

《绿天》只写了一半,苏张的爱情火焰就熄灭了。几十年后回忆起这段感情时,苏雪林自嘲说那是一个“美丽的谎言”。

母亲去世3年后,苏雪林还在苏州完成了一个心愿——将满心的母爱化作自传体小说《棘心》。她在《棘心》前言里说,题目取自《诗经·凯风》中的诗句“棘心夭夭,母氏劬劳”;又在扉页上写道:“我以我的血和泪,刻骨的疚心,永久的哀慕,写成这本书,纪念我最爱的母亲。”如果说《绿天》是苏雪林的新婚纪念册,那么《棘心》就是她献给已经在地下的母亲最好的礼物,是一部“写实主义”的作品,有着她“自己的身世和人生经验”。

1944年,苏雪林到四川后方教书,张宝龄还曾来四川养病。1948年,苏雪林到香港教会工作,张宝龄不愿与之随行,不久到大连造船厂工作,退休后住在北京。在海峡两岸隔绝期间,他们之间还常有通信。

离开张宝龄后的半个多世纪里,不乏追求者的苏雪林一直独身未婚,与大姐生活在一起,直到百岁终老。其实,尽管是和旧时代有过抗争的新女性,在骨子里苏雪林仍然是旧式婚姻的维护者。在法国留学时，苏雪林遭遇了一个疯狂的追求者，那是一份美好的初恋。但是，想到自己已由家人作主和张家缔结了婚约，她毅然掐灭了爱情的火焰。那个初恋的男主角，真实姓名已无从考证，我们从《棘心》里只知道他叫“秦风”。

《棘心》书影

1960 年 2 月，也一直独身的张宝龄在北京患胃病去世。直到这一年夏天，苏雪林才得知丈夫的死讯。花甲之年的苏雪林，在自传中回忆苏州生活时说：

> 他只是同我无缘，因他所要求是个三从四德、竭忠尽智、服侍他如王太子一般的女子。可怜我虽会弄弄笔头，家事半点不会。我虽敬仰我母亲的德行和才干，母亲的德行并未遗传给我，才干更没有。我至今还不能入厨煎荷包蛋、做一碗青菜豆腐汤。洗衣只能洗手巾和袜子，又何能做他半女仆、半妻子的伴侣！况我偏向母家，协助姐嫂，更令他嫉妒得像心头有火燃烧，一刻也不能容忍。夫妻感情之坏，以此为根源……但我因这些原因，叫张宝龄孤栖一世，不能享他理想中的家庭幸福，也实觉对不住他！

在张宝龄病重期间，他的侄媳妇要为其织一件毛线衣，因线不够，在他箱子中找到一条颜色一样的羊毛围巾，打算拆开用。张宝龄得知后连忙摇手阻止道：“这是你们二婶的东西，我要留作纪念，线不足可以到街上去买。”当时，他还老泪纵横地说：“我过去对你们二婶是太过分了，现在追悔莫及。”不久，张宝龄就病逝了。

二

结婚后的苏雪林很少用学名“苏梅”，而自号“雪林”，这个词出自明代诗人高启的诗:“雪满山中高士卧,月明林下美人来”。

在苏州,苏雪林还有一次美丽的邂逅,那就是亲耳聆听到了著名诗人徐志摩的演讲。其实,之前苏雪林是曾经见过徐志摩一面的,那是在上海著名的文化名人汇聚场所——张家花园,她的老师胡适、潘光旦和张君劢都在座,聚会的时间短,在座客人又多,苏雪林的目力又不济,连诗人长得脸长脸短都没有看清。

在苏州见徐志摩的经过是这样的:1928 年 12 月 17 日,江苏省立女子中学的校长陈淑给苏雪林打来电话,说请了诗人徐志摩来学校讲演,希望她这个中文系主任、知名女作家务必早点到场。那天,天气非常冷,刮着风,疏疏地下着雨。苏雪林和校长以及曹养吾在校长室里等了好久,外面北风呼呼地刮,气温不断下降。苏雪林出门时衣服穿得很少,冻得直发抖。一直到十一点多钟,诗人才姗姗来迟。徐志摩一到场就连连抱歉:不是他的罪过,是火车的罪过——原来是火车晚点了。

在苏雪林的笔下,我们见到了当年徐志摩的风采:他“身穿一件青灰色湖绉面的皮袍,外罩一件中式的大袖子外套”,虽然三四个小时的旅程让徐志摩略有惺忪睡意,但他那“专一追逐幻想”的双眸“炯炯发亮”,引人注目的还有那只具有诗人特征的高高鼻子和长长的脸。

学生们鱼贯地进了大礼堂,苏雪林等老师也随后进去。陈校长致辞后,徐志摩就在学生的热烈掌声中走上了讲坛。那天,徐志摩演讲的题目是《关于女子》,内容是女子与文学方面的。只见徐志摩从口袋里掏出一大卷稿子,开始宣读。原来,知道要到苏州女子中学演讲,他非常认真地准备了讲稿,动笔写了一大篇文章。这篇文章发表在 1929 年的《新月》杂志上。

让我们听听台下观众苏雪林的感受:刚开始他的声音很小,要侧耳才能听清楚。后来,声音逐渐增大,如音乐一样的调子抑扬顿挫。“他那博大的人格,真率的性情,诗人的天分,都在那一声一韵中流露出来了”。

事实也的确如此,徐志摩的这篇演讲,从女子文学的历史讲起,谈到女性的觉醒和解放,在今天看来,都不失为一篇思想非常深刻的文字。我们至今对女性个性的解放也没有超出徐志摩 80 年前的思想范畴。徐志摩认为未来女性对文化的贡献一定会超过男性。他说,中国的“历史长,所以习惯深,习惯深所以解放更觉费力。人家的解放是从思想上做起,我们先得从身体解放起。我们的脚还是昨天放开的,我们的胸还在放开之中”。我们无法知道台下的苏雪林听到这些话后作何感想,因为她的脚就是被狠心的祖母强迫裹起的小脚,留下了深深的时代烙印。

1931 年,在武汉教书的苏雪林听到徐志摩在济南飞机失事的噩耗后,非常哀痛,写下了题为《北风》的怀念文章。她在文中写道:朋友,当你读尽了诗人的作品,却不曾听过诗人的言语,你不算知道徐志摩!

三

在现代文学史上提到苏雪林,就不能不说说她的反鲁。其实,苏雪林也不是一开始就反对鲁迅的。1929 年 5 月,苏雪林曾撰文称鲁迅是“中国最成功的乡土文学家”。直到 20 世纪 60 年代后期,苏雪林在《我对鲁迅由钦敬到反对的原因——鲁迅逝世三十周年纪念》一文中,还直言不讳地表达了她对鲁迅的钦佩之情:“《阿 Q 正传》可真把我们闹疯狂了,大家抱着读这一篇,读后又互相批评。当时我们欢喜的只是文章里的幽默与风趣,……我读了周作人的评价,对《阿 Q 正传》始获得深一层的看法,更觉得这篇小说的价值之高。”

苏雪林与鲁迅结怨也是由《绿天》而起:1928 年 7 月 7 日,北新书局老板李小峰在悦宾楼设午宴招待在北新的作者,因为出版《李义山恋爱事迹考》、《李商隐诗》二书,并《绿天》热卖,所以苏雪林也在受邀之列。出席午宴的还有鲁迅、林语堂、郁达夫、王映霞等文化界知名人士。作为刚刚出道的才女作家,能和北新的名家同席,苏雪林自然是十分激动,她还专门带了一本成名作《绿天》赴宴,并在扉页上用黑色钢笔恭恭敬敬地签上:“鲁迅先生校正,学生苏雪林谨赠。一九二八,七、四”,版权页的留印处还加盖了“绿漪”字样的朱红印章。席间,因为《绿天》的巨大影响,当李小峰把苏雪林介绍给大家时,很多人都向她伸出了热情的双手,就连散文大师林语堂都对她赞誉有加。可是,到鲁迅面前时,苏雪林主动地伸出手,没想到鲁迅既没有同她握手,也没有寒暄,只是象征性地朝她点了点头,这使满腔热望的苏雪林感到非常尴尬,只得也向鲁迅点了一下头,现场热烈的气氛一下子冷了下来。可以想象,那顿饭苏雪林吃得有多么不舒服,席间,她没有和鲁迅说一句话。

事后苏雪林将鲁迅对左翼文坛才女萧红的态度与对自己态度一对比,于是分析得出鲁迅是恨着她的，并推测可能是自己曾经在鲁迅论敌陈源（即陈西滢，苏雪林的好友凌叔华的丈夫）的《现代评论》上发表文章的缘故。

对于这次碰面，鲁迅在1928年7月7日的日记上是这样记录的："午得小峰柬招饮于悦宾楼，同席矛尘、钦文、苏梅、达夫、映霞、玉堂及其夫人并女及侄"，看上去并无别样。

苏雪林原想借赴宴的机会带本书给鲁迅，如得到他一二青眼，或许还能让自己在文坛提高声名，没想到却是这样一个结果。直到晚年，苏雪林仍恨恨地想：假如当初寄给梁启超先生，说不定就不一样了。时至今日，苏雪林送给鲁迅的那本被鲁迅称做"结婚纪念册"的《绿天》，还静静地躺在鲁迅博物馆里，毛边，没有裁开，鲁迅似乎都没有读过。

四

说到底，苏雪林还是一个读书教书写书的女人。她曾经在《忆武汉大学图书馆》一文中写道：

> 我对世间万事一无所好，所爱只是读书。若有一个神仙以三个愿望许人选择，我所选择的第一愿，要有一个完备的图书馆，让我终日獭祭其中；第二愿，有一个和美的家；第三愿，太平时代的中产之家的收入。倘神仙所许的仅一愿，那么，给我图书馆吧。

她接着写道：

> 我的性格外表上好像欢喜热闹和活动，内心实倾向孤独，所爱的是从容的岁月和恬静的生涯。我常和我的朋友袁兰紫说：假如有一花木繁盛、池榭清幽的园林，园中有一藏书楼，万卷琳琅，古今中外皆有，期刊日报，也按时送到，不管这地方是修院也罢，牢狱也罢，我可以终身蛰伏其中，不想念外面的繁华的世界了。

苏雪林的最后那个愿望，无疑是对自己当年在东吴大学度过的青春岁月的纪念。在那幢民国洋楼里，有她绿色的爱情幻梦，有她读书写字的悠闲岁月，更有她初涉文坛的苦乐年华。

对苏州，苏雪林自然也满怀深情。她曾从台湾致函苏州市第十中学（其前身即其曾经工作过的振华女校）：“60年前我是在振华学校兼过几小时的功课，教的是什么今已不忆，那时校长是王季玉先生，留学美国，一生以办学为职志，振华就是她独立经营的，管理严格，功课认真，造就人才蔚然称盛。”不过，因为当年宗教信仰的分歧，信仰天主教的苏雪林在基督教会办的学校里也有过一些不愉快的经历，这一段遭遇曾让她黯然神伤。

尽管如此，苏州留给她的《绿天》和《棘心》仍是苏雪林一生中最骄傲的作品。1999年，苏雪林去世后，骨灰被送回在祖居地安徽太平县（今属黄山市）岭下村，埋在母亲墓的下方，青石碑上刻着“苏雪林教授之墓”，背面刻有“棘心不死，绿天永存”。

而她曾任教过的苏州大学（原东吴大学），也正准备着手修葺苏雪林故居，以纪念她生命中那段最好的时光……

海棠花下:叶圣陶的苏州情怀

叶圣陶故居:位于青石弄5号。青石弄在滚绣坊中段北侧,南出滚绣坊,北段无通路。因巷口道路正中有一块浮雕双鹤的青石,故名。

叶圣陶(1894—1988年):原名叶绍钧,字秉臣,江苏苏州人,著名作家、教育家、编辑家、文学出版家和社会活动家。

国人大多是通过语文课本知道叶圣陶的。和鲁迅完全不同,叶圣陶给我们的印象恰如清淡平和的散文小品,像味道隽永的《苏州园林》《牵牛花》《记金华的双龙洞》《古代英雄的石像》等几乎所有的中国人都读过。叶圣陶的文章冷静、客观、平实、自然,他的童话也比《白雪公主》这样的洋童话离中国孩子们的心灵要近得多。

一

苏州是叶圣陶的故乡。

他出生在苏州城内临顿路东侧的悬桥巷,父亲是一位清苦的账房先生。1906年,苏州籍进士、江苏学务公所议长王同愈和苏州士绅蒋炳章创办第一高等小学堂(即今草桥小学),叶圣陶便从私塾转入该校学习新学,他与顾颉刚、颜文樑、顾廷龙等都是该校的校友。叶圣陶原名叶绍钧,进小学这一年,他请老师章伯寅给自己改个能表示爱国强国的名字,章先生笑道:“你的名字本来就很好啊,古有诗句‘秉国之钧’,你就取字‘秉臣’吧。”1911年秋,辛亥革命成功,封建帝制被推翻,君臣不再,叶圣陶又跟章先生提起改名的事,他对老师道:“清廷已覆没,皇帝被打倒了,我不能再作臣了,请先生改一个字。”章先生见叶圣陶年纪虽轻，却很有志向，便根据“圣人陶钧万物”的诗句典故，给他将字“秉臣”改作“圣陶”。1914 年 6 月 10 日，叶绍钧用“圣陶”的笔名在《小说丛报》第 2 期发表了文言小说《玻璃窗内之画象》。以后他又把姓“叶”与笔名“圣陶”连了起来，从此这个名字和他的作品一起滋养了一代又一代读者的心灵。

1907 年，叶圣陶进入草桥中学。1912 年，不满 18 岁的叶圣陶从草桥中学毕业，进入离草桥中学不远的干将坊言子庙小学开始了教育生涯。

离开苏州后，叶圣陶辗转到上海商务印书馆下属小学任教，并任商务印书馆的小学教科书编辑，开始接触编辑出版工作。叶圣陶是一个成功的编辑，晚年的叶圣陶经常说：“如果有人问我的职业，我会说，我的第一职业是编辑，我的第二职业是老师。”

20 世纪 30 年代初，叶圣陶辞去商务印书馆的职务，转任开明书店编辑，负责出版由夏丏尊主创的《中学生》杂志；这本杂志于 1980 年代复刊，刊名即为叶圣陶所题。叶圣陶和夏丏尊通过被众多学生家长称为“子弟杂志”的《中学生文艺》等刊物对广大中学生进行人性美的教育，学生们则把两位先生尊为“最知心的良师益友”。在开明书店期间，叶圣陶和丰子恺一起策划出版的开明书店版小学课本至今仍受到读者喜爱，2010 年新上市的影印本竟曾被抢购一空。

1934 年，叶圣陶与亲家兼好友夏丏尊合著了一本最抓市场的应用类图书《文心》，也就是今天常见的作文词典和写作指南之类。这本书非常畅销，被青年学生奉为“阅读和写作的宝典”，据说当时的中学生几乎人手一册，看来那个时候写作文就是一等头疼的事。

畅销书让叶圣陶案头笔耕有了很好的经济回报，奔波于苏沪两地的叶圣陶一直怀念苏州的生活，想定居在老家，一次偶然的机缘，他觅得了位于苏州滚绣坊青石弄的一块空地，花费历年积累的稿酬(一说是《文心》的一半版税)购置材料，并请来工人开工修造。1935 年 10 月举家从上海乔迁于此，全家人又恢复了纯苏州式的生活，听评弹、吃焖肉面……好不适意。叶圣陶把书斋取名为“未厌居”，有戒满之意。房子是中西合璧式的建筑风格，有青砖廊道和方形立柱，布局开阔，平房呈丁字形排在庭院的西侧和北侧，其格局是这样的：园前坐北朝南有一排四间平屋，每间 20 平方左右，均一隔为二。最西边的一间是叶圣陶长子至善的结婚用房，后间是全家的餐厅。靠西边第二间前面系叶圣陶老母住所，后间为次子至诚卧室。紧挨第三间前面是叶圣陶夫妇卧室，后间为女儿至美所住。最东间是叶圣陶的书房与会客室。平屋前有长廊与水泥平台。平屋西侧还有三间生活用房。

叶圣陶故居

在《抗战周年随笔》一文中，叶圣陶写道："苏州住的是新造的四间小屋，讲究虽然说不上，但是还清爽，屋前种着十几棵树木，四时不断地有花叶可玩。"现在院中的桂树、梅花和海棠，据说有几株就是叶老亲手种植。从 1935 年至 1937 年，叶圣陶一家都定居于此。那时他还在开明书店任职，每月在沪工作一周，余暇大多是在"未厌居"写作。

叶家居住的这两年，青石弄小院非常热闹。朋友如夏丏尊、沈从文、萧乾、王统照等，都不时从京沪等地来作客，在小院里谈文论艺。叶圣陶在这里完成了散文集《未厌居习作》和小说《一篇宣言》《浪花》和《邻居》等。

1937 年 8 月淞沪抗战爆发，上海沦陷，日寇铁蹄践踏江南沃土，苏州难逃敌手，11 月即告沦陷，叶圣陶只得率全家辗转内迁至四川。据叶至善回忆：抗日战争胜利后，他和至诚返苏时看到青石弄家中曾遭抢劫，一些旧家具上甚至留有枪击痕迹。他们在整理杂物时，意外地发现父亲藏于大橱底下的"生活日记"22 册竟安然无恙。这批叶圣陶早年的日记现在已成为研究现代文学史的重要史料。

关于青石弄故居，还有段野史花絮。据《苏州杂志》编辑黄恽先生考证，当年叶圣陶买迁新居后，不知道是不是露了"富"，还有两个流氓上门敲诈要价五百大洋，吓得叶家惶惶数日，还到上海避了一阵风头。这段逸事刊登在 1943 年《江苏日报》上，名为《叶圣陶造屋趣事》，署名海鸥。此事或可存疑，但当时地方治安之乱却也属实，或者这个消息也只是作者为赚稿费而编排了名人轶事来做噱头。

叶圣陶一共在这所房子居住不到两年，却在解放后不胜其烦。

建国初，叶家就把房产和地交给了苏州市人民政府。但是，不久居委会找上门来，问当时交公时有无保留，听口气是住在青石弄的散户人家发生了点纠纷。叶圣陶听到后很不高兴，就派叶至善回话：绝无保留！不信可到市革委会查档案。"文革"期间，又有话传来说，政府发回私有财产，房子产权又算是叶家的了，如果原房主不愿意收回，政府可以代管。1984 年，叶圣陶主动提出将青石弄的房子捐给国家，好让全国各地来苏州体验生活的作家能有个合适的地方住住。1988 年，《苏州杂志》创刊，主编是叶至诚的挚友、全国作协副主席陆文夫。叶家人就正式把青石弄交给了作协，叶圣陶还亲自立了字据。他对陆文夫说：派什么用处都可以，就是不要空关着布置成故居。1989 年，由苏州文联出面，迁出了在青石弄 5 号居住的五户人家，在社会企业的资助下，经过整修，《苏州杂志》社正式迁入。遗憾的是，那时叶圣陶已经仙逝。叶至善说，他如果来得及知道，肯定会说"得其所哉！"但是，苏州人还是违背了叶老的遗愿，青石弄 5 号虽未空关，但到底还是挂牌成为叶圣陶故居了！

二

苏州园林能有这样的盛名应该感谢叶圣陶的生花妙笔。

虽然没有叶圣陶的推介苏州的园林依然是世界的瑰宝，是中国文人造园艺术的极致，但是，叶圣陶的文章让更多的人从审美的角度上理解了苏州的园林，从文化的视角上认知了自然环境在内心深处的投影。

叶老对园林的感情，也就是对故乡的感情。以前中国的园子都是私家园林，并不对外开放。像拙政园，叶圣陶小时候去的机会也不是很多。入选语文课本的《苏州园林》选自 1979 年第 4 期《百科知识》，原题为"拙政诸园寄深眷——谈苏州园林"。根据《叶圣陶日记》记载，20 世纪七八十年代，叶老几次回乡，在地方教育部门的引领下，参观了不少修复开放的园林。很多人第一次到拙政园的时候，都会专门认真地欣赏园子里地面铺的图案，在《苏州园林》一文中，这是给人印象最深的细节，也是叶老研究园林有心得处。

任职京华后，叶圣陶对故乡的园林仍是梦牵魂萦。1956 年，同济大学教授陈从周编撰出版了有关苏州园林的画册。叶圣陶听说后专门函购了一本。他说："工作余闲翻开来看看，老觉得新鲜有味，看一回是一回愉快的享受。"思乡之情，可见一斑。

多年以后，叶圣陶才和陈从周相识，陈从周送了不少幅松竹兰菊的画作给这位园林知音。作为答礼，叶圣陶填了一阕《洞仙歌》词给陈从周：

园林佳辑，已多年珍玩，拙政诸园寄深眷。想童时常与窗侣嬉游，踪迹遍山径楼廊汀岸。今秋通简札，投赠招琼，妙绘频贻抱惭看。古趣写朱梅，兰石清妍，更风篠幽禽为伴。盼把晤沧浪虎丘时，践雅约兼聆造形精鉴。

词中所忆少年时代与同窗嬉游拙政园、留园和虎丘诸园林的情景，是指叶圣陶在苏州草桥中学读书，曾与同学顾颉刚、王伯祥等组织诗社——"放社"，也效仿文人游园嬉戏、作文互赏，兴致高时还曾向上海的《民立报》等报刊投稿。

和叶圣陶晤识不久，陈从周便邀请他为自己另外出版的一本《苏州园林》图册作序，叶圣陶慨然允诺。这就是《苏州园林》一文的蓝本。文章中，叶圣陶用最简明的语言概括了苏州园林的魅力："讲究亭台轩榭的布局，讲究假山池沼的配合，讲究花草树木的映衬，讲究近景远景的层次。总之，一切都要为构成完美的图画而存在"，从而让游览者得到"如在图画中"的感受。

叶圣陶曾多次陪朋友来苏州逛园林。据叶至善回忆：在上海的最后一年，也许是离苏州近的缘故，从春天起，叶圣陶就回了四趟苏州。其中一次是和周予同一起应苏南社会教育学院的邀请，和学生们开座谈会，报酬是两顿美食和引导游园。中午在松鹤楼聚餐，有鲥鱼、鲜豆板、莼菜汤等时鲜；晚饭是在老金酒店品尝各种苏州小吃；还曾花一天时间游览了狮子林和拙政园。第四次是和郑振铎、吴晗、黄裳等游园登高、吃喝酬酢。因为事务安排得太紧凑，连访书的时间也没留出来，这让郑振铎和黄裳两位老书虫很是失望。

1936 年秋天，叶圣陶曾陪同挚友朱自清游览苏州的几个园林，此事被叶圣陶记在《假山》一文中，文章开头说道：

佩弦到苏州来，我陪他看了几个花园。花园都有假山，作为园子的主要部分。假山下大都是荷花池。亭台轩榭之类就环拱着假山和池塘布置起来。佩弦虽是中年人，而且身子比较胖，却还有小孩的心性，看见假山总想爬。我是幼年时候爬熟了这几座假山了，现在再没有这种兴致，只是坐定在一处地方对着假山看看而已。

叶圣陶觉得苏州园林里的假山毕竟是假山，堆砌的痕迹太重，有匠气；即使是西郊玄墓山的真假山，也不能总体协调。唯一入得他法眼的，是太湖洞庭西山岛上石公山的石头：

那里全山是湖石，洞穴和皱襞俯拾即是，可是浑然一气。又有几十丈高的幛壁，比虎丘“千人石”大得多的石滩，真当得上“雄奇”二字。看了石公山再来看花园里的假山，只觉得是不知哪一个石匠把他的石料寄存在这里罢了。

三

在苏州市第一中学校园里，矗立着一座“建校廿周年纪念塔”。那是 80 年前由该校前身公立苏州第一中学堂（俗称草桥中学）前两届毕业生捐资建造的。塔碑两侧镌刻着捐资学生的姓名，其中就有叶绍钧、顾诵坤、王钟麒、章元善等。

草桥中学师生合影

叶绍均就是叶圣陶，顾诵坤就是著名史学家顾颉刚。他们是小学同学，幼时同在悬桥巷西首的张氏私塾读书，新式教育盛行后一起转入草桥中学读书。除了顾颉刚以外，同学的还有王伯祥、章元善等。其中王伯祥年岁最大，长叶圣陶四岁，顾颉刚长叶一岁，这三人关系非常好，号称“草桥三友”。成年后，叶圣陶与胡墨林的婚姻就是王伯祥做的媒；而顾颉刚原配夫人吴征兰病逝后，续弦的殷履安小姐是王伯祥的学生，当然又是这位老兄玉成的好事。多年以后，叶圣陶、顾颉刚、王伯祥、章元善和俞平伯五人久客北京，雅称“京华苏州五老”。

已步入晚年的老同学同聚京华，过从甚密，叶圣陶说，朋友们如半月内不见书信，“则大可怪矣”。叶圣陶一生钟爱海棠，他一生居住时间最长的是在北京东四八条七十一号的四合院。在那儿，和苏州青石弄5号一样，也种着两株垂丝海棠，春天花开时会映得院子都亮亮的。每年春天叶老在院中的海棠花开时节，总是要邀请在京诸老诗酒一聚，海棠花艳，五老须眉洁白，说古论今，笑语欢声，别有春意。这种海棠之会，属于典型的苏式雅集。

“京华苏州五老”合影（前左为顾颉刚，前右为王伯祥，后左为叶圣陶，后中为章元善，后右为俞平伯）

据叶圣陶孙媳蒋燕燕女士回忆，1975年，叶老特别性急，把聚会的日子定在了四月十九。没想到那一年春寒料峭，到了日子，只有朝南的枝头开了三五骨朵。正在懊恼之际，王伯祥先生已经由亲属搀扶着进院子，接着俞平伯、章元善两位也进来；最后来的是顾颉刚夫妇。大家都抬头看花，也不知道是否看到了花，反正聚会就很开心，还在花前拍了一张合影。

在顾颉刚保存的一张“京华苏州五老”合影背面有叶圣陶的一首题诗，其中两句是：“弱岁同窗丙午春，喜今垂老尚相亲。”

1973年，顾颉刚觅得清代苏州文士顾禄著《桐桥倚棹录》一书，俞平伯题写了18首绝句。后由王伯祥之子王湜华缮写，并请顾颉刚、俞平伯题其端。顾颉刚在题词中追忆了自己与王伯祥、叶圣陶三人少年时经常去玄妙观觅书的情景。叶圣陶也在《桐桥倚棹录》的一首题诗中写道：

玄妙观中三少年，老寓京华东城道。
重讽俞公题叙诗，缅想幼倚桐桥棹。
俞公怀古忆儿时，酝酿性情铸雅辞。
七里山塘宛在目，故乡清嘉系人思。

1984年春，叶圣陶住进医院，当俞平伯电话频频问疾时，叶圣陶以诗答曰：“海棠共赏欠今春”。

1987年4月22日下午，冰心来叶家与叶圣陶共话海棠，这是叶圣陶最后一次赏海棠花。1988年12月16日，叶圣陶辞世，没有等到第二年春天的海棠花开。

四

叶圣陶先生墓

在苏州，还有一个地方与叶圣陶有着重要的情感关联，那就是古镇甪直。

1917年至1922年间，叶圣陶与夫人胡墨林同在甪直的吴县第五高等小学任教。在那里，叶圣陶尝试了许多在今天看来也不失为领先的教育改革实践。他捐款创办利群书店和百览室，供学生学习；还开辟了“生生农场”，寓意是先生（老师的旧称）、学生生生不息，师生们在此可以进行农业实践。当年叶老执教的这所小学校现在是叶圣陶纪念馆。

甪直从教的这段经历还为他日后的创作积累了丰富的经验和素材。名篇《多收了三五斗》中的万盛米行原型，如今已成了甪直的重要旅游景点。1977年5月，84岁高龄的叶圣陶重访已阔别55年的甪直古镇，感慨万千，写下了《重游甪直》诗：

五十五年复此行，淞波卅六一轮轻；
应真古塑重经眼，同学诸生尚记名。
斗鸭池看残迹在，眠牛泾忆并户行；
再来再来沸盈耳，无限殷勤送别情。

11年后，叶圣陶魂归甪直，被安葬在在保圣寺旁的陆龟蒙墓地附近，赵朴初为之题碑，墓道前建有一座六角小亭，亭名“未厌”。

一声叹息：金圣叹之死

石家湾：位于饮马桥南东侧，西起人民路，东与张思良巷对接。此地原住石姓人家，又处第三横河转弯处，故名。

金圣叹（1608—1661年）：名采，字若采，明末清初苏州吴县人，明亡后改名人瑞，字圣叹。著名文学家和评论家。

一

清顺治十八年（1661年），七月十三，立秋。位于江南的江宁府，虽然秋意初萌，但暑热仍然难当。

立秋，对中国人来说，有特别的意义。秋属金，又有刑杀的萧飒之气，所以每逢立秋前后，便是朝廷处决犯人的时候。而今年的大刑对江宁的百姓来说更有看头，因为这次要斩杀一百二十多名犯人，而且其中大多数是与“哭庙”一案有涉的秀才。对一个刚刚入主中原不到二十年的政权来说，一下子杀这么多读书人，谁都知道意味着什么。

在这个恐怖的杀人刑场上，“明星文人”金圣叹也是受难者之一。

金圣叹何许人也？在当时，他还真是一个问题人物，身前身后，毁誉参半，但基本上可认定是个放达不羁、藐世抨时的怪杰狂士。清人笔记中关于他的记载不少，多说他“颖敏绝世，才气超群”，又“性滑稽，喜诙谐”。金被处决后，与他同时代的广东曲江文人廖燕专程到苏州来寻访金圣叹的故居，未果，在搜寻了不少金的逸事后专门为之写了一篇传记，他对金圣叹的评价是：“倜傥高奇，俯视一切”。

关于金圣叹到死不改自负高才狂生本色的传说很多。有个通行的版本是,到了刑场,他竟还有闲心和儿子作对联,出了上联“莲(怜)子心中苦”给儿子对,儿子痛泣不能应对,金圣叹叹息道:“你平时反应敏捷,今天怎么了?下句不就是‘梨(离)儿腹内酸’嘛!”实际上,行刑前犯人口中早被塞了木塞子防止喊叫,亲人又被官兵赶打远离,哪里有父子风雅作对的可能?

石家湾

金圣叹的悲剧是因为他的这种追求个性自由和人格独立的风骨超越了时代,必然从肉体到精神都会招致痛楚。

这次秋决的案犯除了包括金圣叹在内的十八名书生外,还有无为教案、镇江附逆等其他要案的人犯。行刑当天下午,金圣叹的妻子、儿子和两个女儿即被押解上路。当时的情形是“哀号痛哭,声闻数里,行道之人无不寒心,泣下数行,而唾骂抚之惨刻者……驱出阊关,远涉宁古塔。”宁古塔在冰天雪地的东北(今黑龙江宁安县)。在那里煎熬了大约二十年后,金家人才在朋友的奔走与帮助下回到苏州故里。

二

关于金圣叹的住址有两个说法:一说是在憩桥巷,即今天乐桥南堍,东起人民路、西到三山街之间;另一说是在今苏州图书馆旁的石家湾,西起人民路、东至张思良巷之间。据说金圣叹最后的居所就在后者的西口北侧。对于这两个住所,一个比较合理的解释就是:前者是金的出生地,后者才是金圣叹的真正居所。

金圣叹先生画像

金圣叹长得什么样子呢？民国初年出版的《金圣叹陈眉公才子尺牍》上有他的一幅画像，个子并不高，又矮又胖，仰面朝天，双手笼袖，垂在腹前，与我们想象中的猖狂文士形象大相径庭，只有那一脸的狂放与不屑似曾相识。

金圣叹幼年时家境不错，薄有家财与佣仆，应属有产阶层。少年时期的家道衰落对金圣叹的一生都有着极大的影响。对他“圣叹”名字的由来，传说是因为他出生时从家附近的文庙中传来一声叹息，其实并非如此。金圣叹自己讲得很清楚，“圣叹”二字出自《论语》的“侍坐”典故。孔子命弟子们“各言其志”，曾点乃称：“暮春者，春服既成，冠者五六人，童子六七人，浴乎沂，风乎舞雩，咏而归。”于是，“夫子喟然叹曰：‘吾与点也！’”金圣叹在给朋友的生日诗里说：“曾点行春春服好，陶潜饮酒酒人亲。”以行春之曾点与饮酒之陶潜共比，诗眼正在率性疏狂上，也道出了自己名字的用意。

一个人的天性自小就能看出来。因为家庭的原因，金圣叹入乡塾读书并不早，直到十岁才有机会接触四书五经，但是天性聪颖的他却对大家都读的书产生了怀疑和厌倦。他每多读一次就愈觉枯燥无味，私下里还经常和同学讲读这些根本没有什么用处，他对一些秀才日夜诵读且其意乐甚的行为更是感到迷惑不解。现在看来，如果金圣叹和众多书生一样信奉科举之途，中国文学批评史上就会少一个怪杰，而科举场上就可能又多了一个平庸的文士。

因为经常生病，金圣叹在十一岁时就时常停学在家，按照自己的意愿自由读书。他先接触到了佛经《法华经》，之后又读了《史记》与《离骚》。据他自己讲，《离骚》生字太多，很多地方还不能理解，只是记得一两句，吟唱而已。但是当读到《水浒传》后，仿佛有缘一般，完全着了迷，以至到了“无晨无夜不在怀抱”的地步。为此，他被私塾老师徐叔良称做“真是世间读书种子”。除了《水浒传》，金圣叹读《西厢记》也到了如痴如醉的地步，经常一卧三四日，不思茶饭地回想着书中的情节。

如果，照这样发展下去，金圣叹也就是一个爱读闲书的文人罢了，可是他复杂、矛盾、狂放、怪诞的性格，使他走了一条与其他文士完全不同的人生之路。

三

金圣叹16岁即考取苏州府长洲县的“博士弟子员”（俗称秀才的一种），可是到了年末岁考时，却因文章怪诞而被黜革。为此，金圣叹刻了两枚闲章，一是“五经博士”，因为他中过博士科的秀才；二是“六等秀才”，因为他岁试时作文搞怪，学官一怒之下定其文为六等并革了他的功名。第二年，金圣叹换了金人瑞的名字到同府的吴县去应生员试，却又考取第一名。

秀才每年都要考试，金圣叹喜欢在试卷上来几句俚词小诗戏弄学官。学官很讨厌他，便想办法羞辱他。一次，学官出了个暗骂他的题目命其作文，题目是：《人之所以异于禽兽者几希》。没想到，金圣叹在交上来的答卷上写道：“禽兽不可以教谕，就算教谕了也还是禽兽；禽兽不可以训导，即使训导了依然是禽兽。”教谕和训导都是学官的官名，想讨便宜却被学员骂了，学官很生气，结果金圣叹屡被除名，却又屡再考取，学官也拿他无可奈何。

金圣叹的过人之处是博览群籍，评点古书甚多。因为他的推崇，《庄子》《离骚》《史记》《杜诗》《水浒》《西厢》被并称为天下“六才子书”。金圣叹将《离骚》定为第一才子书，《南华经》（《庄子》）是第二才子书，《史记》是第三才子书，《杜诗》是第四才子书，《水浒传》是第五才子书，《西厢记》是第六才子书。明清以来，在压抑的政治气候下，训诂和评点成为不少学者的成名捷径，选家往往比著家更易一举成名。金圣叹准备把那六本书按照自己的理解逐一批注，可惜仅仅完成后两种，《庄子》《离骚》《史记》等读解未成即罹难遭斩。金圣叹的部分作品收入今传之《唱经堂才子书汇稿》中。

金圣叹并不是死读书的文人，他讲学是设坛批乩，借神怪之名，发表惊世骇俗、离经叛道之论，清初的钱谦益说金是“月仙附体”。当时社会盛行讲学，金圣叹有点像当今主流媒体开办的名家讲坛，一经开讲，备受欢迎。时人描述他“升座开讲，发声宏亮，顾盼伟然”，旁征博引，经史子集、官稗野史也信手拈来，且纵横捭

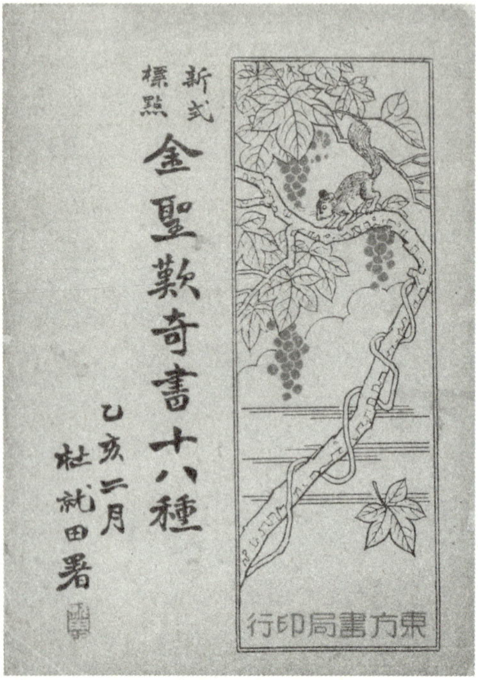

《金圣叹奇书十八种》

阃于儒道释经典,“议论皆前人所未发”,座下僧俗听众为之“顶礼膜拜,叹未曾有”。经他点评的《水浒传》《西厢记》极为畅销,“顾一时学者,爱读金圣叹书,几于家置一编。”(清王应奎《柳南随笔》)人有名,书畅销,那是何等风光!一介狷狂书生而能有如此多的拥趸,又怎么会为当政者所容?

但是,金圣叹的主要成就仅仅在于文学批评吗?也非尽然,他的评点,往往是借助被品论的平台和载体,抒发自己的胸臆,是典型的“六经注我”,常常借题发挥,议论政事,表达自己的社会观感和人生况味。评《水浒》,他开篇从施耐庵的写作文法技巧写起,但是说的却是草民的烦恼。晚明时期,物欲横流,说到牢房的黑银流转,金圣叹感慨:“小人何代无之?”《水浒》中,他最最讨厌的人就是宋江,认为宋江是“狭人”“歹人”“假人”乃至“俗人”:

一百零七人行径心地,然曾未有如宋江之权诈不定者也。其结识天下好汉也,初无青天之旷荡、明月之皎洁、春雨之太和、夏霆之径直,惟一银子而已。

作为草民代表,金圣叹当然同情民生疾苦,痛恨鱼肉百姓的官吏和行同盗贼的官军,“一高俅”之下还有“百高廉”“千殷直阁”及其狐群狗党,已经触及到一个社会阶层,108人“不得已而尽入于水泊”,发生此事的社会病源是“乱自上作”。

评点不尽兴时,金圣叹干脆拿起大剪刀,按照自己的意愿对原作加以修改,甚至还作全局性的删削。他判定《水浒传》后五十回系罗贯中“横添狗尾”,因此尽行砍去,自称得了一个孤本“贯华堂古本”,没有续作,又在书前伪造了施耐庵序,于是有了今传的70回本《水浒传》。金圣叹又断言《西厢记》第五本不是出自王实甫之手，属于“恶札”，因此删除而以《惊梦》收尾。

我们能想象这样的情景：孤灯深夜，桌前一壶老酒，金圣叹时而独酌，时而砚前搽笔，墨笔横划，把自己不喜欢的文句尽兴删剪，时而露出别人难以琢磨的微笑……

实际上，金圣叹的思想中又是充满着矛盾的，这种矛盾，缠杂不清。作为明朝遗民，金圣叹与清朝标榜的主流价值观相左，游戏文字，绝意仕途，然而在现实面前，他的内心又是十分痛苦的：

今冬无米又无菜，何不作官食肉糜。
邻舍纷纷受甲去，独自饿死欲底为？

文士再清高，还是需要柴米油盐，首阳山上，也要有蕨菜才行。不过，金圣叹还是放弃了“作官食肉糜”的机会，与肉食者分席断襟，“除朋从谈笑外，惟兀坐贯华堂，读书著述为务”（廖燕《金圣叹先生传》）。

矛盾的是，金圣叹内心深处还渴望着被最高统治者垂青。有一次，当金圣叹从北京回来的朋友处得知顺治皇帝很赏识他批的“才子书”并称赞他是“古文高手”时，居然“感而泣下”，北向叩首而赋诗：“千里归来尘未洗，一天欢喜泪无端”，“半生科目沉山外，今日长安指日边”（金圣叹《春感八首》）。从诗作中可见，金圣叹也摆脱不了作为士人的局限性，他仍然幻想与当政者文心相通。

清高和气节，感激与赏遇，对他来说，集于一身。

四

在廖燕的传记中有这样一个细节：金圣叹说在评点杜甫的诗时梦见有人提醒他“诸诗皆可说，惟不可说《古诗十九首》”，金圣叹引以为戒。果然在他醉酒时谈论了《古诗十九首》中的《青青河畔草》一章之后不久，即罹遭惨祸。金圣叹对于自己遭罪杀头是没有任何心理准备的，他在托狱卒带给家人的遗书中写道：“杀头，至痛也；藉家，至惨也，而圣叹以无意得之，不亦异乎。”

行文至此，有必要回顾一下所谓的“哭庙案”。该案起于顺治十年（1653年）到任的苏州吴县县令任维初，此人到任后，这边厢以严刑催百姓交赋税，甚至杖毙一人，那边厢大肆盗卖官米，私取公粮三千余石，中饱私囊，百姓不堪其苦。顺治皇帝殡天(1861 年)这一年，包括江苏巡抚在内的大小官员都到巡抚衙门“哭临”。苏州府属各县秀才一百多人也聚集文庙，向孔老夫子痛哭申告，哭声震天。随后又鸣钟击鼓，向巡抚朱国治跪进揭贴，金圣叹带头起草《哭庙文》历陈酷吏任维初的罪状：

> 顺治十八年二月初四，江南生员为吴充任维初，胆大包天，欺世灭祖，公然破千百年来之规矩，置圣朝仁政于不顾，潜赴常平乏，伙同部曹吴之行，鼠窝狗盗，偷卖公粮。罪行发指，民情沸腾。读书之人，食国家之廪气，当以四维八德为仪范。不料竟出衣冠禽兽，如任维初之辈，生员愧色，宗师无光，遂往文庙以哭之……

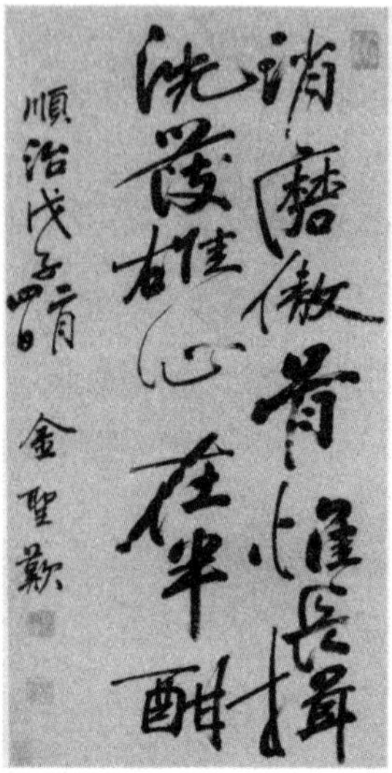

金圣叹书法

这次“哭庙”属于不折不扣的群体性上访事件。如此大的声势使朱巡抚大惊失色，当场就抓了 11 名秀才和县令任维初分别交有司审问。其实，任维初和朱巡抚早就相通共贿，朱巡抚为了保护自己，向北京方面报告“串凶党数千人，群集府学，摇动人心倡乱，若不显示大法，窃恐诸邑效尤”(《哭庙纪略》)，诬告众秀才聚众抗粮，惊扰先帝之灵，还暗示此事与金坛叛逆、镇江生事诸案有瓜葛，士子们意图谋叛。在首批抓捕的十余名士子中并无金圣叹，苏州府学教授程邑将金圣叹和丁观澜补进了第二批抓捕者的名单。在朱国治的黑保护伞下，任维初的横征暴敛被美化成了“兵饷甚急，多征粮以备不虞”，不久任即官复原职，而包括金圣叹在内的所谓 18 名首犯还被抄家诛杀，妻子和儿女惨遭流放。

苏州秀才聚众“哭庙”并“跪进揭贴”时，大概想不到为民请命、举报贪官也会被杀头抄家。“哭庙”是苏州一带流传已久的习俗，当官府有不法之事或不当之举时，士子们每每聚集文庙，作《卷堂文》，向孔圣人哭诉后，更召集民众向上级官府申告，在明朝，人多势众的“哭庙”申告往往能令官府不敢小视而采纳。但到了清朝，问题就复杂了。清兵入关后，在北方势如破竹，在江南却遭到了激烈的抵抗，然后便有了"扬州十日"和"嘉定三屠"，苏州、江阴、常熟、昆山、海宁等地的屠城惨案密集地发生，南方民众被清兵视如草芥。"哭庙案"与"江南奏销案""通海案"合称为"江南三大案"，它们都是发生在顺治末年，并非巧合，而是清朝入关后推行强权统治的必然结果，即所谓"朝廷有意与世家有力者为难，以威劫江南人也"。

对此，叶红梅在《金圣叹400周年诞辰回望：一位文学批评家的非正常死亡》中这样描述：

"哭庙案"距清兵攻下南京，灭掉南明不过15年，如何扑灭江南民间或明或暗的反清甚至是不合作情绪，正是新朝耿耿于怀的一件大事。除"哭庙案"，此前的"丁酉江南科场案"，几乎同时的"奏销案""通海案"、此后的"明史案""戴名世案"等文字狱，都是新朝借机大规模收拾江南士绅阶层、并掠夺其财产的大案要案。被杀头者每以数百计，流放者更是过千上万。

金圣叹是如何卷入"哭庙案"的，史料有两种说法：一、众秀才被抓次日，金圣叹起草揭贴，并在家中开印，发动民众"哭庙"，故被定为"首犯"。二、当局抓了十一位秀才后，犹未甘心，更严刑逼供，大举牵连。直到把平素好发议论、诗集有不满情绪的名人金圣叹也打入法网，方始满意收手。故当时苏州有民谣唱道："天呀天，圣叹杀头真是冤。"

吊诡的是，一个对朝廷愚忠的拥戴者，最终却被朝廷以叛逆者名义处死。金圣叹临终前仍将案情变局的希望寄托在皇帝身上，在被审讯时对着主审官员喊叫顺治的名字，反而被掌嘴二十巴掌。从这个细节可以看出，即使到了生命最后一刻，他对皇帝本人仍然充满感遇之情，正如他评改《水浒》的初衷：只反贪官，不反皇帝。金圣叹亲手删改定本的《水浒传》结局是一百零八位梁山好汉被集体砍头，没有想到，这个噩梦居然应验在他自己身上！

金圣叹至死不脱狡黠可爱的孩童气。《清稗类钞》记载，金圣叹被杀前曾托狱卒带家书给妻子，狱卒怕里面有犯禁的话，就上呈给看守，看守打开一看，纸上写着："字付大儿看，盐菜与黄豆同吃，大有胡桃滋味，此法一传，我无遗憾矣。"据顾公燮《丹午笔记》内《哭庙异闻》记载，胡桃滋味的配方出自金圣叹为一个财主代写的家书："盐菜与黄豆食之，有胡桃滋味，万不可使南货居知之。"

廖燕的《金圣叹先生传》还曾记载，金圣叹与明大学士王鏊的后人王瀚交情最好。王瀚是个豪侠之士，一天他给了金圣叹三千两银子，说："这钱你拿去生息，本钱以后还我，利息资助你的灯火费用，可以吗?"金圣叹答应得好好的，但他一个月就把银子全花光了，还对王瀚说："那阿堵物放你家中，不过给你增加个守财奴的名声，我已经为你打发掉这个坏名声了。"

金圣叹墓在苏州西郊藏书镇五峰山下的博士坞，当年日军入侵时，曾将坟墓炸平，墓碑移走，并在此修建了军事仓库。金圣叹的墓碑为吴荫培书："文学家金人瑞墓"，惜已佚失。近年来，常有游客慕名到此寻访。

林则徐的苏州政迹

江苏巡抚衙门旧址：位于书院巷20号。原为鹤山书院。

南浩街：位于阊门和胥门之间，北起阊门吊桥鲶鱼墩，南穿金门路至南浩桥。原名南濠街，濠是指护城河。

林则徐(1785—1850年)：字元抚，又字少穆、石麟，晚号俟村老人。福建省侯官(今福州市)人，晚清思想家、政治家和诗人，民族英雄。

今人多将林则徐定位为禁烟英雄，其实，要了解真实的林则徐，追寻他在苏州期间的若干片断也不失为一个好视角。

道光三年(1823年)正月，39岁的林则徐任江苏按察使，次年9月兼署苏州布政使(两署均驻衙苏州)。正是因为在苏政绩卓著，9年后，即1832年，道光皇帝又任命林则徐为江苏巡抚并署两江总督。到林则徐52岁离开江苏时，可以说江苏地方最显赫的司法行政职务，林则徐先后都做过了。不过，林则徐的江苏为官生涯曾经两次被打断：第一次，道光四年(1824年)林则徐因母亲去世，回乡丁母忧；第二次，道光七年(1827年)，父亲又去世，再丁父忧，两次在籍守制长达6年。所以，林则徐实际在苏州的时间也只有7年。

林则徐像

一

要说政绩，林则徐虎门销烟一把火，炳赫千秋。但是很多人不知道，林大人销烟的第一把火，却是在江南点燃的。

道光三年（1823 年）春，林则徐到苏州赴任。当时，江苏按察使的臬台衙门设在都亭桥下塘。莅任之初，林则徐发现苏州民间吸食鸦片情况十分严重，吸食者不下数万，甚至有部分官吏带头作伥。经销鸦片者也数以千计，还有官商勾结牟利的现象。苏州水陆码头汇集在阊门附近的南濠街（今南浩街），那里货物的销量中居然有一半是鸦片！为此，林则徐愤而写下了以下文字：

> 吴中有不治之症二：在官曰疲，在民曰奢。即如游手好闲之民，本业不恒，日用无节，包揽伎船，开设烟馆，要结胥役，把持地方。渐渍既非一朝，剪除势难净尽，惟有将积地有名之棍，密访严拿，期于闾阎稍靖。而此辈窥伺甚工，趋避甚巧，一人耳目，断不能周，要在州县官实力奉行，以安良除莠为乃有实际耳！

为了查明鸦片市场的底细，林则徐装扮成商人，深入南濠街商铺实地查访。经过一番详察，终于发现鸦片的进出渠道主要是山塘河上的妓船以及小巷里开设的“烟馆”等休闲娱乐场所。于是，林则徐下令：严拿贩烟者；对官商勾结者，尤其严惩不贷；对官吏中吸食鸦片者，一律撤职法办。他在呈给道光皇帝的奏折上写道：“开馆应拟绞罪，律例早有明条，而历年未闻绞过一人，办过一案，几使例同虚设，其为包庇可知。”同时林则徐还派兵把守各城门及水陆码头、交通要道，通过切断鸦片来源来打击贩卖者、约束吸食者。他一方面严惩开烟馆的老板，一方面打击鸦片贩子，包括贪官污吏、地痞、流氓，以及奸商等，凡与鸦片有涉者，一个也不放过。让民众感动的是，除了打击烟贩，林则徐还与老中医研究戒烟方，最终选用18 种中草药合成戒烟方子，做成药丸，用以帮助吸食鸦片的百姓戒烟，效果十分明显。因而，民间感激地称赞林则徐为“林十八”。

林则徐亲自参与配制的戒鸦片烟的药方大体如下：明党参、玄苓、炙耆、潞参、炙玉竹、姜炭、罂粟花、炒杜仲、桔红、枸杞各 4 钱；旋覆花炙草、半夏、益智仁各 2 钱 4 分；枣仁 2 钱。这 14 味中药，用去核的红枣 4 钱，同煎 3 次一饭碗许，再将鸦片烟灰如熬烟法，加笼与药同熬至一茶碗许，最后加红糖半斤收膏，用磁瓶盛好，每天早上给吸烟者服药，用开水冲服。这个戒烟方很人性化并且循序渐进地减少鸦片烟灰的数量，几剂药服下后，就不用再加鸦片烟灰了，鸦片烟瘾自此即断。

有感于林则徐在苏州禁烟的政绩，民国十九年(1930年)6月3日(林则徐在广州虎门销烟纪念日)上午，由李根源发起，苏州拒毒同志会在苏州北局小公园举行了林则徐纪念碑奠基仪式，下午又在原地召开了林则徐禁烟纪念会。现在这座纪念碑还立在小公园，碑上的字为李根源手书。

林公则徐纪念碑

1999年，苏州市政府在南濠街街坊改造时，专门设立了“林则徐禁烟处”，以垂永念。

二

林则徐在抚苏期间还做了两件今天看来纯属迷信而在当时却再正常不过的事——祈晴和求雨。中国是个农业大国，如果长期天旱不雨或者淫雨成灾，都将极大地影响百姓衣食和国家粮赋，社会安定程度也会大大下降。这时作为掌管一方的父母官，往往会率众举行求雨或祈晴仪式，虽然在今人看来这种仪式缺乏科学依据，但是在对自然界的认识尚处在蒙昧时期的旧中国来说，官员带头祈雨或祈晴至少可以宽抚民心。

就在林则徐在苏州忙于明察暗访设法禁烟的这一年(1823年)春，苏州暴雨滂沱，连月不晴。街头巷尾间开始纷纷流传百姓们的传言：城西光福有铜观音寺，到那里祈晴祷雨最灵验。林则徐顺应民心，亲自率众前往光福铜观音寺，撰《祈晴疏》，并写了一副对联挂在大殿楹柱上：

大慈悲能布福田，曰雨而雨，曰旸而旸，祝率土丰穰，长使众生蒙乐利；

诸善信愿登觉岸，说法非法，说相非相，学普门功德，只凭片念起修行。

由于缺乏史料记载，也不知道这次祈晴活动后雨止住没有，但是林则徐的忧民之心还是很让民众感念的。

林则徐手书的这副对联今已旧迹难觅，客居苏州的书法家吴进贤重写此联，改刻在北寺塔的观音大殿内。

道光十二年（1832 年），林则徐再到苏州升任江苏巡抚。就在林则徐到任当天，苏城民众“列肆香烟相属，男妇观者填衢，欣欣然喜色相告曰：林公来矣！”

但是，林则徐下车伊始就遇到了一件棘手的事：苏皖大灾，苏州一带遭受洪水侵害，万顷良田多数被淹，百姓的收成生计和官府的税赋都成了令人头痛的问题。水灾倒是很快过去了，赈灾救济迅速跟进。为了防止赈灾款项被贪污挪用，林则徐将苏州府学的不少学生调来做赈灾的核查工作，每图（清代的基层户籍单位）派一个学生负责，任务分解后，学生没有利益纠葛，做得认真，效率也高，赈灾取得了比较好的效果。官府施粥厂的粥因为人手不够也难以一下子送到所有饥民手中，林则徐还是用分解任务的法子，把施粥的任务分派到民间，叫各个图里的富户根据自家的能力施粥给灾民，官府既节约了人手，灾民也就近得到了赈济。

道光十二年（1832 年）夏秋之季，苏州又遭逢大旱。立秋过后还是异常干旱、炎热，见田里庄稼纷纷干死，老百姓心焦不已。为了抚慰民心，林则徐又想起了光福的铜观音，他下令将这尊宋代观音大士像请到苏州城里的玄妙观，举行求雨仪式，祈祷上苍降下甘霖。林则徐带领下属官员并地方上所有士绅在观音大士像前祈雨，还亲尝西津桥浊泥灾情水，他这样亲民和民生第一的作风，在晚清吏治腐败成风的社会背景下实为难得。

道光十三年（1833 年）秋冬，向来是税赋大户的江苏突然也不那么踊跃起来，军机处便发文批评江苏地方漕赋催缴不力，道光皇帝的批示言辞也比较严厉。林则徐不顾斥责，上疏向皇帝力陈江苏钱漕税负之重和被灾之苦，呼吁缓征漕赋，并在奏文中提出了“多宽一分追呼，即多培一分元气”的请求。这份陈情表被苏松士绅纷纷传抄，美誉有加。好在道光皇帝不算昏聩，他也知道苏皖水灾确是实情，不仅没有再作追究，还允准了林则徐“暂纾民力”的请求。

旱亦灾，涝亦灾。为防不测，林则徐未雨绸缪，发动百姓利用天时抓紧农耕备荒，当时“吴中士女业纺织者什九，吉贝之植多余艺禾”。道光十五年（1835 年）初，林则徐在巡抚衙门内建立“丰备仓”，二月底筑成“大小廒座十间”，从无锡买来稻谷存放，正式建成“丰备义仓”，该义仓在以后的近百年间对苏州的抗灾赈济发挥了极其重要的作用。

江苏巡抚衙门旧址

这位巡抚大人既是位重视农桑的理想主义者，又仿佛是一位乡村实验主义人士。此前一年（道光十四年，即 1834 年），林则徐不仅撰写了《江南催耕课稻编叙》来督促农事，还亲自莳农，把巡抚衙门后园的空地开垦出来种稻谷。这块小自留地可不是为了满足自己独好农桑的田园情结，他雇佣本地农民在这片小稻田上，是为了试种他从湖南、福建等地采集来的各类早稻。等到稻米收获以后，林则徐通过比较鉴别，认真挑选最适合苏州一带气候和土质的稻种予以推广种植。由此看来，林大人劝农不是流于形式，而是实实在在地开展丰产试验示范方，优化苏州的稻种。

道光十五年（1835 年）六月，林则徐将之前一年挑浚浏河节约下来的一部分银两用于修缮元和县南塘的宝带桥。当年十二月间，又亲自到宝带桥查验修缮情况。

此外，林则徐还扩建了苏州育婴堂，收容被遗弃的乳婴、断乳婴和残疾大婴，雇奶妈哺养乳婴，又安排稍长的孤儿习艺谋生；他还鼓励在太湖边建立救生打捞机构，以保障恶劣气候条件下的渔民生命安全；他曾向朝廷申请拨款白银 20 万两，用于修复太仓州宝山石塘；在任河道总督时，组织疏浚浏河，而且常常不顾安危，亲自坐在小船上勘察指挥。

三

除了在苏州留下政声，林则徐还留下了文名。

沧浪亭园内南端有石屋两间，横额石刻“印心书屋”为道光皇帝御书，石屋是林则徐的前任、江苏巡抚、两江总督陶澍所建。陶澍当年曾向皇帝力荐林则徐代己抚苏。石屋内设置石凳，屋前砌假山，围成小院，洞门上刻“圆灵证盟”四字，为林则徐手书。朋友梁章钜在抚苏期间重修了沧浪亭后，林则徐还为其作了《沧浪亭图册序》。

林则徐的书法很好，效法欧体，小楷尤工。抚苏期间，求题咏的人踵接不暇。苏州的吕祖祠、光福的铜观音寺、太仓的天妃宫等寺庙内都留有他的墨宝。

虽然在苏州留下如此美名，林则徐自己却并不满意。他在61岁时写给继任者江苏巡抚李星沅的诗中说自己“三仕江东忆十年”，还自我检讨在江苏为官时，面对一大堆施政难题往往是“终无策”。林则徐对自我的要求太高了，其实苏州人已经很满意了，百姓们私下里都称他为“林青天”。

2005年，位于书院巷的原江苏巡抚衙门听事厅已恢复为林则徐在任时的原貌，厅内高悬林则徐手书的“制怒”匾额，还有林则徐的亲笔题联：

海纳百川，有容乃大；壁立千仞，无欲则刚。

今天看来，这些题字不仅显示了林则徐坦荡的胸怀，或许还表明了他面对当时官场腐败的大环境徒叹奈何的内心世界。

国学大师章太炎的最后岁月

章太炎故居:位于锦帆路38号。锦帆路在五卅路和人民路之间并与之平行,南起十梓街,北至干将东路。原为子城西城濠,古名锦泛泾,又称锦帆泾。民国二十年(1931年)填泾筑路,即名锦帆路。

章太炎(1869—1936年):名炳麟,字枚叔。浙江余杭人,近代民主革命家、思想家、国学大师。

闲暇时常到锦帆路游走,是因为喜欢这条街名。

原来在大公园为中心的地带曾经是吴国的内城,围着内城的地方都是护城水道,子城西面一带被称为锦帆泾。据说当时水边遍植桃李,春日桃李花开,倒影如锦。还有说吴王张士诚经常和美丽的姬妾泛舟水上,花美,水美,人更美。想想那时候的锦帆泾,人面桃花相映红,彩漆金舟配锦帆,是一幅多么令人迷醉的画面啊!

从体育场路穿行过锦帆路,每次路过革命家和国学大师章太炎的故居都忍不住向里面张望几眼。一直紧闭的大门更为其增添了几分神秘:

章太炎

四海之内赫赫有声名的章太炎为何会选择定居苏州，在锦帆路这条小巷里度过自己的晚年岁月？

一

章太炎本是浙江余杭人，他与苏州的第一次邂逅是光绪二十七年（1901 年），因为从事反清活动被清政府追捕，从上海由水路船行至苏州避难，经友人介绍到苏州城东的东吴大学执教。那时他住在埰丝桥头，每天朝出暮归，在讲堂中经常给学生们宣传种族革命，倡言光复。在东吴大学讲学不到一年，江苏巡抚以言论恣肆为由对章太炎兴师问罪，再次面临被逮捕危险的章太炎只得流亡日本。

1911 年 10 月 10 日，武昌起义爆发。11 月 3 日，上海由陈其美率军光复。正在日本讲学的章太炎怀着高昂的革命激情于当月 15 日乘船回国。29 日，章太炎从上海北站坐火车到达也已光复的苏州，和江苏首任都督程德全商量发起革命组织一事，很快便发起组织了中华民国联合会、中华统一党、共和党等政治组织。之后章太炎常常往返于苏沪之间讲学，宣讲自己的政治理想和学术研究成果，美丽而富有人文气息的苏州给他留下了美好的印象。

章太炎一生桀骜不驯，却唯独敬佩两个人——范仲淹和顾炎武，他们都是苏州人。1932 年 1 月 28 日，第一次淞沪战役爆发。目睹国民党十九路军将士奋起抗日的英雄壮举，章太炎满怀激情地写下了《书十九路军御日本》《十九路军死难将士公墓表》予以热情歌颂，在讲学场所也是慷慨激昂地疾呼血性抗日。由于章太炎到处宣讲抗日，猛烈抨击国民党政府的不抵抗政策，遭到蒋介石的忌恨，蒋介石便想用聘章太炎到国民政府任职的法子将之诱骗到南京，借机收买或软禁章太炎。风骨奇峻的章太炎怎么可能与蒋介石同流合污？他借病坚决拒绝去南京就职。这年夏，苏州的金松岑、李根源、张一麐等地方士绅和学者正好发起讲学，邀请在上海的章太炎到苏州授课。地点最初在苏州公园内新建不久的图书馆内，后又改至北局青年会和三元坊附近的沧浪亭。苏州公园因为有了国学大师和革命者的星光，成为当时苏州的思想和学术中心。各地前来听讲者云集，于是大家便商议成立国学讲习会，推张一麐（仲仁）为会长，李根源、陈衍（石遗）任副会长。李、陈门生遍天下，响应号召而入会的会员近千人，遍及 18 个省。这时正值“九一八”事变发生不久，民族危机日益深重。对于国学会的创办及讲学之举，章太炎在《国学会会刊宣言》中说：“深念扶微业，辅绝学之道，诚莫如学会便”，“昔范公始以明节励俗，顾先生亦举‘行己有耻’为士行准。举国所宜发，微独苏州”，“顾念文学微渺，或不足以振民志，宜更求其远者。”可知“励节明耻”乃国学会及其讲学的宗旨，目的在于激扬民族精神，救亡图存。会员缴会费大洋2元，由于印行会刊和论著耗费颇大，经费入不敷出，金松岑与章太炎因会费发生纠葛，两位好友之间遂有了裂痕，加之谗毁交构，虽然有李根源、陈石遗在其间协调斡旋，终究无济于事，章太炎退出了国学会。

与金松岑之间的小插曲并没有影响章太炎对苏州人文和思想底蕴的信心，他认为，名节砥砺、士风犹存的地方，没有比苏州更好的了。1934年春，章太炎再次在苏州发起成立了章氏国学讲习会。这一次，他怀着对范、顾等先贤名士的崇敬决定终老苏州。

打定主意后，章太炎便开始在苏州选址买房。大概名士多半都不擅长家务琐事，章太炎虽然治学一流，革命也是十分内行，但看淡钱财的他却不会买房。得知章太炎要定居在苏州，便有朋友给他推荐了邻近前清江苏巡抚衙门的侍其巷18号双树草堂。章太炎一下子就被“双树”二字打动了，及至到现场一看，原来“草堂”还是一栋楼房！他掩饰不住对这里的喜欢道：“不错，有楼房。”到得院内，几棵古树更是让章太炎喜出望外，他兴奋地对房主道：“不用看了，就是这里吧。”本来房主还在为房子卖不掉而犯愁，心里只想能卖个10000大洋就算不错了，现在见章太炎如此看中，立即大涨其价道：“15000元。”这个价格远远高于时价，房主在等着章太炎还价，不料章太炎不仅没有还价，反而出于对房子的喜爱，还加了房主2000元，最终以17000大洋买下了“双树草堂”。

章太炎的这次置业夫人汤国梨女士事先一点儿都不知道。章夫人来到苏州后，先是住在学生沈国延家。章太炎甚为得意地将夫人带到双树草堂，细心的章夫人一看这个地方虽有亭楼之盛，却无后门，旁边还紧靠机声不绝于耳的纺织厂，并不宜居住，便对沈延国道：“你们的先生革命和治学都是大师，可是论到治家却是外行啊！”事实的确如此，颇有名士之风的章太炎生活上不拘小节，与汤国梨成婚后衣食住行悉由夫人打理。丈夫置业选址失误，被不绝于耳的机杼噪音包围的双树草堂空关闲置，汤国梨只得继续操心另觅他处。

章太炎伉俪（后排）

冥冥之中仿佛是和锦帆路有缘。某日傍晚，章太炎与夫人饭后散步到了锦帆路，恰巧看到一栋新式楼房即将落成，在汤国梨的建议下二人便入内参观。和工人攀谈方知新房的主人是位官员，因要赶着去陕西赴任不得不将很快便可入住的新房出售，再向工人细打听，原来急于出手的屋主只想收回修造成本，总计是28 000元。汤国梨本就有心换房，她把楼房前前后后里里外外看了个遍：洋房朝南，东西都有门出脚便利，从外面看上去只有一座楼房，但里面实际有两幢，而且，后面空地将来还可以继续发展。汤国梨一下子看中了这处新宅，并做主买下。

迁居后，章太炎在此开办国学讲习所，人们习惯称之为“章园”。大门朝南在宋衙弄，侧门朝西在锦帆路。院内有前后两幢西式二层青砖楼房，分别为章太炎著述、藏书、会客和全家生活起居的处所。1935 年 3 月，蒋介石派亲信丁维汾（鼎臣）慰问章太炎，并拨付 10000 银圆（合今人民币 50 万元）给章太炎作为“疗疾费”。章太炎就把这笔钱款用作“章氏国学讲习会”的经费。因锦帆路后园内新建的学会讲堂、宿舍一时还不能完工，章太炎便将国学基础训练班放在双树草堂内，由汤国梨任班主任，徐复任总务主任，讲师有孙世扬、诸祖耿、汤炳正、金德建等，听讲者济济一堂。4 月，开办章氏星期讲演会，共 9 期，讲题分别为《说文解字序》《白话与文言之关系》《论读经有利而无弊》《论经史实录而不应无故怀疑》《再释读经之异议》《论经史儒之分合》等，这些讲稿记录都单行出版。9 月，由章太炎主编的《制言》半月刊创刊，刊物的宗旨是研究中国固有文化，造就国学人才。1935 年冬、1936 年春间，章太炎悉心传授《小学略说》《经学略说》《史学略说》《诸子略说》等，同样刊行讲稿，广为传播，为赓续国学做出了很大的贡献。

二

在苏州国学讲习所期间，章太炎曾经说过："大国手门下，只能出二国手；而二国手门下，却能出大国手"。听老师这么说，弟子汤炳正十分不解，为此他专门向章太炎请教，章太炎的回答是："大国手的门生，往往恪遵师意，不敢独立思考，学术怎么会发展；二国手的门生，在老师的基础上，不断前进，故往往青出于蓝，后来居上。所以一代大师顾炎武的门下，高者也不过潘次耕辈；而江永的门下，竟能出现一代大师戴震。"

在师生的伦序关系上，章太炎很赞同韩愈的观点："是故弟子不必不如师，师不必贤于弟子"。而对自己的老师俞樾，章太炎曾经也是离经叛道，惊世骇俗，演绎了中国版"吾爱吾师、吾更爱真理"的轶事。

1898 年，章太炎因参与维新被通缉，逃往海峡彼岸的台湾省，任台北日报记者，而此时台湾正被日本强占并被强划入日本"版图"。对于从诂经精舍走出来的高足不潜心学问却热衷排满革命，俞樾一直耿耿于怀，如今学生又逃亡到日寇强占的台湾去做事，俞樾更加不能容忍。等到章太炎剪了辫子，公开发表内含若干仇满言论的《正仇满论》，可是真的超过了埋首治学的俞樾的忍耐底线了。1901 年春，已经回到上海的章太炎为躲避清廷缉捕而到位于苏州的东吴大学任教，他到曲园拜望俞樾，不料俞樾非但不领情反而还藉此怒斥章太炎道：

> 闻尔游台湾，尔好隐，不事科举，好隐则为梁鸿、韩康可也。今入异域，背父母陵墓，不孝；讼言索虏之祸毒敷诸夏，与人书指斥乘舆，不忠。不孝不忠，非人类也，小子鸣鼓而攻之可也！

受到老师的严词诘问，章太炎也很震动："盖先生与人交，辞气陵厉，未有如此甚者！"不过他依然故我，一方面搬出清学太祖顾炎武，从经学角度对老师进行辩驳，一方面写下《谢本师》一文（"谢"在这里有"拒绝、辞却"之义），旗帜鲜明地表明自己的政治态度，表示拒绝接受俞樾的批评，并毫不客气地责问其师：

> 先生既治经，又素博览，戎狄豺狼之说，岂其未喻，而以唇舌卫捍之？将以尝仕索虏食其廪禄耶？昔戴君与全绍衣并污伪命，先生亦授职为伪

编修，非有土子民之吏，不为谋主，与全戴同。何恩于虏，而悬悬蔽遮其恶？如先生之棣通故训，不改全、戴所操以论承学，虽扬雄、孔颖达何以加焉？

《谢本师》这篇明确表示要与老师决裂的文章并没有立即发表，过了5年后，才刊载于《民报》，可以想见章太炎在师生的义和道上所经历的彷徨与痛苦。俞樾去世后，章太炎还专门作《俞先生传》，文间虽有微词，但通篇还是充满敬意与怀念的。

锦帆路的章氏国学讲习所走出了庞俊、沈延国、徐复、朱季海、王仲荦等国学名家，他们从章太炎先生那里学到了国学，更学到了爱国的那份责任。

朱季海是章太炎在苏州讲学期间年纪最轻的弟子。还是东吴大学附中高一年级学生的朱季海看到校门口张贴着章太炎来讲学的海报，便怀着好奇心去听讲。朱季海是全校唯一一名被免修语文的学生，在此之前他已读过章太炎的《章氏丛书》，对这位素未谋面的老师充满了敬仰。在父母的资助下，朱季海用3元大洋买了听课入场券，终于得以亲聆章太炎讲课。才读高一的朱季海在中年人占绝大多数的听众里显得很特别，也引起了章太炎的注意，课间便常和朱季海聊上几句。朱季海扎实的国学功底和丰富的知识积累赢得了章太炎的喜欢和信任，到讲《尚书》时，便嘱咐朱季海做记录。章太炎余杭口音极重，不过并没有难住朱季海，他把老师的每一次课都记得详细而准确，章太炎只需略加修改便可作为上课的讲稿用。时间长了，心里便有了收朱季海为学生的打算。1934年章氏国学讲习所创办之后，朱季海终于得以亲聆师训，为日后在国学研究上的建树打下了良好的功底。

朱季海不仅学到了老师的国学精华，还和乃师章太炎一样有一副不谄媚权贵和强敌的硬骨头。在日寇强占中国时期，朱季海发誓再不读日文书，而且对日伪也是采取不合作态度。

三

关于章太炎晚年在苏州的生活情状，因事隔久远，已经印记模糊。幸好有一位叫周劭的老先生曾经在年轻时访问过章太炎，并且把它记录下来，让后人对章太炎有了更清楚的印象。

根据周劭的记载，当时章氏故居门前悬着两块木牌，靠洋房那边的是“《制言》半月刊”，国房那一边的是“章氏国学讲习会”。章太炎的会客室陈设很简单，壁上挂着两张照片，一张是熊成基（打响辛亥革命第一枪的革命者）烈士遗像，另一张是段合肥（段琪瑞）在上海做七十岁生日的大寿图，图中有杜月笙等人。房间里除了两张办公桌之外，另有一张小方桌，可供四人围坐谈话。

章氏国学讲习所

周老先生是陪到苏州寻访沈复墓的林语堂一起拜见章太炎的。当时，章的身体已经很不好，说话多了就会喘大气。先是一个姓陈的先生出来打探了一下，然后章太炎才出来会客。章太炎穿了一件蓝色缎子棉袍，加上一件玄色大花对襟半臂，脑袋大得惊人，让周劭怀疑里面不知藏了多少国故。不一会儿，仆人奉上一听烟，点一枝给章太炎。不过不是他常抽的“茄力克”，却是“大长城”。

> 那仆人点上火，立刻退出门外；章忽像失去一件什么似的，大声操着余杭大众语叫他回来，声燥而厉，跟随在后面的陈，恐怕我们太难堪，亲自出去吩咐几句，跟着那仆人端着一只白瓷痰盂进来，放在他足跟前，他把烟灰一弹，才回过头来和我们接谈。

及至林语堂等人问起章对胡适怎么看时，章太炎便笑了起来：“哲学，胡适之也配谈么？康梁多少有些‘根’，胡适之，他连‘根’也没有。”

几个年轻人当天还问了章太炎和四川廖平的事，章太炎多少有些尴尬。因为章氏通古今经学，睥睨一世，但独畏四川廖平。经学大师廖平是《知圣编》的作者，章氏在四川时，廖平曾放言：章太炎如到成都，必面折之。这也许就是章太炎不入成都的一个原因。

周劭和林语堂访问章太炎的时间是1935年冬，临别时还给章太炎在寓所照了张像，可惜因为光线原因没能洗印出来，要不然就是章的绝照了。

四

章太炎一生最重品格和学问，民国廿四年(1935年)7月66岁的他立下遗嘱：

> 凡人总以立身为贵，学问尚是其次。不得因富贵而骄矜，因贫困而屈节。其或出洋游学，但有资本者皆可为之，何足矜异，若因此养成傲诞，非吾子也。入官尤须清慎。若异族入主，务须洁身。余所有书籍，虽未精美，亦略足备用。其中明版书十余部，且弗轻视。两男能读则读之，不能读，亦不可任其蠹坏。当知此在今日，不过值数千金，待子孙欲得是书，虽挥斥万金而不足矣。

1936年夏，章太炎在国学讲习会给学生讲完《尚书》后，因鼻窦癌于6月14日在苏州去世。去世前，章太炎只留下一句话，“设有异族入主中原，世世子孙勿食其官禄”。极享盛名的章太炎身后遗产有：上海储蓄银行存款12000银圆，浙江兴业银行存款10000银圆，余杭泰昌股本800元；余杭田产30余亩，苏州房产两处；珍本典籍和文物古董若干。

在给章太炎治丧时，按照家乡风俗，要用丝绸入殓。鉴于章太炎“革命元勋”和“国学泰斗”的身份，南京国民政府下令举行国葬。夫人汤国梨叫人买来红、黄、蓝、白、黑五色丝绸，按照民国五色旗(国民党北伐后，改用青天白日满地红旗)的顺序排列在棺内。有人担心地提醒道：假设按照国民党国葬的礼仪，应该用青天白日满地红旗，这样做会不会得罪蒋介石？汤国梨平静地说道：“太炎先生一生为辛亥革命胜利，为五色旗的诞生出过力、坐过牢，用五色旗为他结爻，最为恰当。你们怕，责任由我来负。”

章太炎病逝时正值抗日战争进入紧张时刻，无法立即安葬，灵柩便暂厝在章园的防空洞中。1937年，画虎名家张善孖同张大千为章太炎画像，年迈的爱国老人马相伯为之题诗：“前不见古人，后不见来者，念天地之悠悠，独怆然而涕下”；好友李根源请苏州集宝斋将题诗刻成碑，抗战胜利后立于章园。

章氏灵柩于1955年4月迁葬至杭州西湖南屏山下，与明末抗清英雄张苍水之墓为邻。碑刻仍留在锦帆路章氏住宅处，并立衣冠冢，以供纪念。1980年7月，98岁的汤国梨安然辞世，也安葬在杭州章太炎墓西侧，但遵汤国梨遗嘱，并未合穴。

汤国梨贤良聪慧，章太炎与这位毕业于名校务本女中的才女结婚后，生活习惯和脾性已有了些许改善。作为章太炎遗孀，她在抗日战争中间曾经到苏州监狱慰问过沈君儒等“七君子”，还设法营救。她一生经历数个政府，风云变幻不改爱国之志，最后留在苏州，20世纪50年代还将章氏故居的五分之四无偿献给国家，留下不足200平方米的小园及园中数间平房自住。汤国梨一生爱梅，育梅，咏梅，赏梅，百年岁月体现了“冰雪精神绝世姿”。

汤国梨有一句诗：“不是阳澄湖蟹好，此生何必住苏州？”或许也说出了章氏一门留寓苏州的另一个理由。

章太炎与汤国梨伉俪二十三载，生有两子，长子名导，留居苏州；次子名奇，旅居美国。章导的后代居于苏沪，能讲一口流利的苏州话。现在故居后面的平房为章太炎孙辈所居，小院里还有汤老手植一棵梨树和两株腊梅。

张家四凤有传奇

张氏四姐妹故居:位于九如巷3号。在五卅路南段西侧,东折南出十梓街。原名钩玉巷或者玉钩巷,传为吴王张士诚埋葬宫女的地方,后讹成狗肉巷,因不雅改称现名。

张元和(1907—2003年):张冀牖长女,著名昆曲票友。

张允和(1909—2002年):张家次女,著名昆曲票友,著有《最后的闺秀》《昆曲日记》等。

张兆和(1910—2003年):张家三女,现代女作家。曾任北京师范大学附中、师大二附中教师和《人民文学》编辑。

张充和(1914—):张家四女,1949年随夫君赴美,在海外传授书法和昆曲,弘扬中华传统文化。

沈从文(1902—1988年):原名沈岳焕,字崇文。湖南凤凰县人,现代著名作家、历史文物研究家。

周有光(1906—):原名周耀平,周有光是其笔名,中国语言学家、文字学家。

九如巷,苏州五卅路南段西侧一条短短的小弄堂。

它长不过百米,很少有人知道,弄堂口的九如巷3号以前可是苏州有名的书香门第。这户张姓人家,有四个女儿,她们穿缀着20世纪中国现代文化史上四个特殊的人物。

一

时光回溯到1932年,苏州九如巷口来了一位年轻人。

那是一个夏天的早晨,天气远没有现在这样炙烤,太阳照在五卅路的半边街道上，路两旁绿荫匝地。这个文绉绉、有点害羞的青年，身穿灰色长袍，苍白脸色，鼻上架一副近视眼镜，踟躇在巷口的张家石库门黑漆大门外。他自我介绍说姓沈，从青岛来，要找张家三小姐兆和。

九如巷 3 号

因为事前没有接到任何预约，张家人谁都不认识这个从青岛远道而来的客人。接待他的是张家二小姐允和，她告诉年轻人，三妹不在家，去公园路的图书馆看书了。不知道是因为热的，还是因为窘的，年轻人的脑门上沁出了汗水，脸上写着赤诚和不安，他以为张家三小姐有意不见他，尴尬得进去也不是，走也不是。

这个千里迢迢来到九如巷张家的青年，就是沈从文。当时他在青岛大学教书，正在热烈地追求张家三小姐兆和。

九如巷 3 号，这里曾经是乐益女中校长张冀牖的家。张冀牖（1889—1938 年），原名英麟，后改名武龄，安徽合肥人氏，其祖父是曾任江苏巡抚和两广总督的著名淮军将领张树声。张冀牖的夫人陆英是扬州东关街大户人家的千金，她比丈夫年长四岁，受过良好的家庭教育，性格宁静，聪颖灵巧但不张扬，处事稳妥平和而不自傲，是典型的贤妻良母。

陆英的老家扬州盐商云集，经济实力雄厚的盐商们有蓄养家班看戏的风尚，从小受熏陶的陆英也是个十足的戏迷。张家姐妹的昆曲票友生涯应该是受母亲影响的缘故，“小时侯，母亲请昆曲班的师傅到家里来教。大姐爱唱，我嫌麻烦，爱吹笛子。”张充和回忆说。民国十八年（1929 年）初夏，张元和、张允和、张充和还参加了苏州幔亭女子曲社，曲学大师吴梅亲自为这些昆曲迷题了“幔亭”社名。

遗憾的是，36 岁时，陆英因拔牙感染医治无效去世。为了养成子女们独立和不挥霍的习惯，临终时陆英除了给每个保姆留下 200 大洋外，其他的资财都送给了扬州娘家亲戚,没有留给自己的儿女。从这一点上看,陆英实在是个充满大智慧的女性,她的儿女们日后能够各有所成,与她的严格要求不无关系。

子女们一个个来到人世间,很快就到了接受教育的年纪,为了摆脱大家族生活里难免的怠惰气息,在有了第四个孩子后(老四夭折),陆英便敦促丈夫毅然放弃衣食无忧的安逸生活,从合肥迁居到上海,之后又觉得上海不安全,就迁居到了苏州。

张家十姐弟

张冀牖从居于时尚前沿的上海迁来,深受新思想影响,他笃信教育救国,提倡男女平等,与好友蔡元培、胡适之等人兴办新学,并变卖家产在苏州创办了乐益女校,坚持以民主思想和科学精神办校。1925 年,张冀牖亲赴松江景贤中学,聘请侯少裘来乐益女校任校务主任。侯绍裘又邀请共产党人张闻天和共产主义青年团团员张世喻、徐诚美以及进步教师王芝九等共同来苏在女中任教,在这里创办了中共苏州独立支部,乐益女校因此成为苏州革命火种的发源地。1937 年抗战爆发后,张冀牖回到合肥西乡,1938 年,正值壮年的张冀牖在故乡病故。乐益女校的高中部后来并入苏州市第一中学。

张冀牖重视开明教育对人的作用,对子女们也是采取开明的教育态度。四子张宇和在苏州中学就读的前两个学期品学兼优,还拿到了奖学金。可是到了第三个学期却因为不满学校"党义"课老师照本宣科、站在讲台上发愣,就写信给这个老师道:"上课发愣无话可说是在向孙中山总理默哀还是根本就没有备课?如果没有备课就多看些参考书。"张宇和还在信中附了一张书单,并签名加盖了自己的印鉴。"党义"课老师把信件和书单一并交到了训育处,训育处主任卢胖子也知道张宇和是张冀牖的公子,便开导张宇和道:"国民党县党部委员以上的人士才有资格担任党义课教员,现在正在清党,'党义'课老师不好找啊!你父亲也是办教育的,肯定知道我们的苦衷。"然而苏州中学的校长汪懋祖就没有卢胖子这么好说话了,他将张宇和定性为"布书面侮辱师长,着记大过两记,留校察看"。到学期终了时，张宇和被勒令退学。

退学回家的张宇和特别担心父亲会责骂自己，不料，父亲听了他的叙述后，只轻轻说了一句："你没有错，卢主任也没有错。"得知儿子不会放弃学业，还会报考其他学校后，张冀牖再未责备过他，退学事件就像一阵风一样吹过无痕。

当然，在张冀牖的10个子女中最为令人津津乐道的是他的四个女儿——元和、允和、兆和、充和，由于从小受到良好的教育，她们个个擅长诗词曲画，并且才貌学养出众，学有专攻，之后在各个领域均有建树，可谓巾帼不让须眉。

有人和张老先生开玩笑，说张家的四位千金就是张家的四只凤凰。曾在乐益女中教书的叶圣陶甚至说："九如巷张家的四个才女，谁娶了她们都会幸福一辈子。"张冀牖倒是轻松地付诸一笑："儿女婚事，他们自理，于我无干。"

张家子女的名字都起得别具匠心：六个儿子，分别是宗和、寅和、定和、宇和、寰和、宁和，都有宝盖头，因为男孩子都是要留在家里撑门户的。四个女儿则依次名为元和、允和、兆和、充和，名字里都有两只脚——"儿"，她们长大后都要嫁人远走的。

二

民国年间，社会风气渐趋开放，女子也能够公开参加社会活动，相较于宋氏三姐妹在政坛的风云叱咤，张家四姐妹则有书韵流芳。大姐元和，温柔贤淑，品貌出众，曾位列当年上海大夏大学女"四大天王"之首；二姐允和，快人快语，跳脱热心，嫁与语言学家周有光；三妹兆和，敦厚又顽皮，矜持而有情；四妹充和，独立特性，堪称继承传统文化精华的"活化石"，其夫傅汉思都说张充和"体现着中国文化中那最美好精致的部分"。

却说沈从文与张兆和的爱情，因了作家的声名以及他那蕴藉细腻的文字而得到广泛传播，成为当时有名的几对师生恋中最为成功的一对。

1929年8月，诗人徐志摩慧眼独具，发现了沈从文的才华，经由他的介绍，沈从文到上海的中国公学任教。18岁的女学生张兆和活泼可爱，单纯任性，擅长体育，在中国公学曾夺得体育比赛女子全能第一名。兆和身后有许多追求者，调皮的她把他们编成了"青蛙一号""青蛙二号""青蛙三号"。二姐张允和调侃说，沈从文大约只能排为“癞蛤蟆第十三号”。然而,情感细腻而又自卑的沈从文偏偏就爱上了女学生张兆和,这位已经在文坛小有名气的老师悄悄地给兆和写了第一封情书,接着又写了第二封、第三封……但是这些信却都如泥牛入海,一点消息也没有。沈从文拿出了湘西人的倔强,锲而不舍,一封接着一封,一封比一封热烈。面对老师的爱情攻势,张兆和实在不知道怎么办才好。一天,她带着一百三十多封情书,到当时的中国公学校长胡适的寓所告状,希望校长能出面制止此事。没有想到,胡适听了张兆和的申诉后,反倒笑着对张家三小姐说:“你喜欢他,就给他回信;不喜欢他,不理他就是了。现在恋爱自由,我这做校长的也不能干涉。”尤为关键的是,胡适最后还表扬了沈从文,说他是一个诚笃奋发的青年,有理想,肯学习,将来会很有前途,云云。

或许是胡适的话起了作用,张兆和抱着一大包信件默默地回去了。此后,两人的关系发生了重要的转折。

三

回到本文的开头一幕,1932 年,张兆和大学毕业回到苏州,她写信要沈从文到苏州来一次。沈从文带着巴金建议他买的礼物——一大包西方文学名著叩响了张家的大门。听说兆和不在家后,沈从文谢绝进屋,坚持要回自己住的旅店去。张兆和回来后,允和便劝她去看沈从文。兆和起初不肯,允和就教她这样道:“你去就说,我家兄弟姐妹很多,很好玩,请你来玩玩。”于是张兆和就来到旅馆,站在门外对着沈从文,如小学生背书一样一字不改地复述姐姐的原话,然后一声不吭地把沈从文请了回来。

三姐妹合影

2004 年 10 月,四妹张充和从美国返回故乡苏州,在九如巷老宅前,还温馨地回忆了 70 年前沈从文初次到张家的那一刻。

张充和带着大家回到她在九如巷的少女时代："这院子前面一排是门房，左边是洗衣服的，有口井，右边是厨房，正屋要在后面。"90 高龄的她依旧保有大家闺秀的往日风度，谈吐儒雅，态度亲切和蔼，更令人惊奇的是她惊人的记忆力和敏捷跳跃的思维。她夹杂黑发的白发纹丝不乱，深紫色的绒衫裹住她瘦小的身躯，目光依旧透明、身形依旧优雅。

张充和此番是专门回苏州参加中国昆曲博物馆举办的《张充和书画展》的。这次展览吸引了来自国内外书画界、昆曲界的诸多人士。揭幕当天，张充和身穿红底印花旗袍、黑色短披风，戴一副金丝边眼镜，在书画展览会上倚着雕花栏杆娴雅从容地清唱了《牡丹亭 · 惊梦》和《玉簪记 · 琴挑》中的两个曲子，她依旧清亮婉转的嗓音折服了在场的观众，周围叫好声不断，而她却淡淡地说："我这辈子就是玩。"她的这种淡淡的优雅直到展览过后还被人们仰慕和回味。

兆和与沈从文热恋的时候，二姐张允和也陷入了一场浪漫甜美的恋爱梦里。

张允和有一篇关于自己罗曼史的文章——《温柔的防浪石堤》，今天读来也让人温情满怀。1931 年夏天，那个自由恋爱来临、纯真尚未褪去的年代，两个心仪已久的男女约会到海边，没有牵手，距离相隔一尺，并排走在海堤。走累了，捡了块石头坐下。两人不说一句话，但极想做一点恋爱里的什么事儿。于是，男的就从口袋里取出一本莎士比亚的《罗密欧与朱丽叶》，故意翻开小书签夹着的那一页，里面有台词："我愿在这一吻中洗尽了罪恶！"然而，他别有用心的暗示并没得逞。他只捏住了她直出汗的右手，又换了个左手，可再也达不到他希望的吻，她没允许为他"洗净了罪恶"，却在第一只手被抓住的时候，把心与一生都交给了那个男子。——那样的爱情，真叫人无语良久。

那个手心出汗的女子就是张允和，而那个胆小的男子就是周有光。如今周有光已过百岁遐龄，身体康健，思维依旧敏捷，只是耳朵背了。

四

1932 年的夏天，对沈从文来说是终生难忘的。他给张兆和的见面礼是一大包俄文小说和一对书夹，书夹上面有两只有趣的长嘴鸟，一看就是贵重的东西。为了筹钱买这些精装本的俄国小说，沈从文卖了自己一本书的版权。张兆和觉得礼太重了，退还了大部分的书，只收下了《父与子》和《猎人笔记》。

在张家，一个写小说的人怎么和姐弟们玩呢？不外乎给大家讲故事而已。沈从文还答应为内弟寰和写故事，由此催生了《月下小景》。夏天很快过去了，沈从文回到青岛后，立即给二姐允和写信，托她询问张父对婚事的态度。他还在给兆和的信里写道：如爸爸同意，就早点让我知道，让我这个乡下人喝杯甜酒吧。

张冀牖对子女的婚事十分开明。正是这份豁达与通透，让他觅得了四个让世人艳羡的乘龙快婿。知道了父亲的态度后，两姐妹便一同去给沈从文发电报。允和拟好的电报只有一个字：允。兆和的则是：乡下人喝杯甜酒吧。可能觉得兆和的电报太怪异，像特务暗号，邮局没有收，而收下了二姐允和的。

“乡下人”是个典故。它是沈从文的自称，他在课堂上和创作中曾多次表达自己是个乡下人。在《水云》中他这样说：“我是一个乡下人，走到任何一处照例都带一把尺，一把秤，和普通社会总是不合，一切来到我命运中的事事物物，我有我自己的尺寸和分量，来证实生命的价值和意义。”

1933 年寒假，沈从文与张兆和订婚。9 月 9 日，沈从文与张兆和在北平中央公园宣布结婚，但没有举行任何仪式。新居是北平西城达子营的一座小院落。这个媒人是张允和，所以沈从文一直喜欢戏称允和为“媒婆”。不仅是见证了妹妹兆和的婚姻，允和还促成了大姐元和与昆剧名伶顾传玠的婚事。

顾传玠是昆曲传习所“传”字辈的代表人物。1921 年，当昆剧日渐式微、后继乏人的时候，苏州和上海热爱昆曲的一些曲友有志振兴这一古老剧种，在贝晋眉、徐凌云以及实业家穆藕初等人的努力下，在苏州成立了昆剧传习所，首批学员都是粗通文墨的寒门子弟。为表示“薪火相传”，这些学员的名字中间一个字统一排行为“传”字，昆曲史上称他们为“传”字辈。顾传玠是小生全才，在上海的笑舞台、新世界曾经名噪一时。他扮相清秀、音清丽婉，赢得了著名票友、张家大小姐元和的芳心。1936 年，顾传玠到昆山参加师兄们的义演，获知这一消息的元和马上用长途电话通知酷爱昆曲的父亲张冀牖。张老先生立即携带夫人和 4 个儿子包了一辆轿车从苏州赶到昆山观看。虽然张家上下都痴迷昆曲，欣赏顾传玠的演艺，但张元和与顾传玠的社会地位相差悬殊：男方是家道中落、靠演戏唱曲谋生的“戏子”，女方是大家闺秀，受过新式教育的名媛，这一段爱情确实还是未知数。

因此,1938 年元和在汉口给远在四川的允和写信时,还拿不定主意。但允和当机立断,拿出家长式的口吻回信说:“此人是不是一介之玉?如是,嫁他!”元和接信后,立即回到上海,1939 年与顾传玠结成佳偶。喜欢炒作艳闻的上海小报曾以“张元和下嫁顾传玠”为题,大加渲染地作了报道。但是很快,顾传玠也在昆曲传习所资助人严惠宇的帮助下弃艺从学,之后成了一名成功的商人,曾经成就他美满姻缘的昆曲反倒成了业余爱好。

顾传玠张允和婚妙照

一个允和,左右了自己和两个姐妹的婚姻大事,在那个时代也算是前卫了。

五

在文人婚恋中,沈从文和张兆和是少有的白头偕老的典范。而张家的三小姐,也或多或少、或有或无地成了沈从文笔下人物的影子。

张兆和相貌清秀,肤色微黑,在张家姊妹中排行第三。沈从文的小说《三三》(1931 年)写一个乡间小女子的初恋故事,小女子的名字就叫三三。在著名散文集《湘行散记》里,沈从文写给张兆和的许多情书都称她为“三三”。近年来有研究沈从文的学者甚至指出,《边城》中的翠翠皮肤“黑黑”、《长河》中的夭夭是“黑而俏”都取自张兆和的肤色特点。

张兆和与沈从文先后生了两个儿子,分别用他小说中的人物取名龙朱与虎雏。张兆和则是他小说里的“黑凤”。

因为政治等多种原因,1949 年后沈从文干脆放弃了文学创作,专心在博物馆里写标签,搜集文物,研究中国古代服饰文化。但是 20 世纪五六十年代的历次政治运动都没有放过他。要是没有张兆和的悉心照料和药物治疗,沈从文恐怕早就告别这个世界了。

与沈从文张兆和夫妇的经历不同,张允和周有光夫妇过的是另外一种生活。

自1956年以来,周有光张允和夫妇已在北京生活了50多年。令人钦羡的是,老夫妻结婚70多年来没有吵过架,亲戚经常向他们的保姆询问此事。周有光知道后解释说,其实他们也有吵架,不过他们吵架不会高声谩骂,不会让保姆听到,也没有闹几个小时的,一般是三两句话就吵完了。他们的婚姻生活非常和谐而有规律:每天上午十点钟喝茶(有的时候也喝咖啡),吃一点小点心。喝茶的时候,老夫妻两个举杯齐眉,这当然是有一点好玩,但更是双方互相敬重的一种表达。

2002年,95岁的张允和在北京过世。百岁的周有光回忆说:

张允和的嘴比较快,什么要隐瞒的话,她一下子就讲出来了,人家说她是"快嘴李翠莲"。张允和学历史,她研究历史有条件,因为古文底子好,从小读古书,《孟子》能从头到尾背出来。她小时候古文比我读得多。

允和在同学中有个绰号叫"鹦哥",因为她喜欢穿绿色衣服,最喜欢穿的是一件绿缎子小棉袄,这个偏好在她去世前一直不变。和绿衣服一起陪伴张允和的当然还有昆曲。

20世纪40年代初,正值抗战最惨烈时,大多数知识分子都转移到了内地。周有光夫妇也辗转到成都大后方。有一回,上演话剧《桃花扇》,秦怡饰演李香君,但她不会唱昆曲,导演就请张允和在幕后替唱,丁聪吹笛伴奏。北上之后允和弦歌不辍,在北京昆曲界非常活跃,人缘也好,大家都尊称她为"二姐"。1950年,张允和成为著名曲家俞平伯的得意弟子兼得力助手,是北京昆曲研习社的联络部长,时不时还和曲友登台彩唱。1988年,丁聪还给这对幸福的夫妇画了幅漫画:周有光大脑门秃着,戴副深度眼镜,骑着三轮车,车上坐着张允和,手持笛管,似唱非唱,若有所思,极为传神。

允和生前曾经写有一本和唱曲生涯有关的日记,记录了很多曲坛趣事:比如大姐张元和新婚不久曾唱过一出《琵琶记·盘夫》,以至有曲友说张元和刚做新娘子就"盘夫"了,元和回忆说"害得我好难为情"。遗憾的是,《昆曲日记》在允和生时却一直没能出版,书稿不知在多少家出版社旅行过,许多出版社看过稿子,因为担心市场销路,都婉言谢绝了。最后,相濡以沫70年的老伴、时龄百岁的周有光帮她圆了出版的梦——2007年,《昆曲日记》由语文出版社结集出版,该书以资料的翔实和风趣的记录受到曲界的追捧。

六

沈从文在1976年夏天还到过九如巷，这可能是他最后一次到苏州了。

那一年发生了唐山大地震，74岁的沈从文携家眷到苏州避震。因为九如巷3号院内张家兄弟人口众多，人满为患，所以沈从文一家主要住在昆山陈墓（今昆山市锦溪镇）的亲家家里。据小辈回忆，沈从文从轮船的船舱里走出来，手里拿了一个盖着毛巾的竹篮。亲戚以为他是帮哪个农妇提的。不料沈从文说，我看这里江南妇女出门都带着篮子，编得很精巧，就买了一个。原来，那时候，他正在研究民间服饰和工艺，看见质朴的民间用品，爱不释手。避震结束时，他还带了一套江南水乡妇女专用的蓝布头饰和衣服回北京。

几十年来，张家一直保留着一个特别的文化传统——全家人编辑家庭刊物《水》，专门刊载家庭成员的文字。张允和曾在《水》上写过《从第一封信到第一封信》，以见证人的身份，记述了沈从文与张兆和恋情的诸多细节，时间跨度近半个世纪。其中特别记录了1969年冬天的一个情景：即将下放的前夜，在凌乱得难以下脚的屋中，当允和来看沈从文时，他从口袋里取出一封从红卫兵手下劫后余生的信，攥得紧紧的，像哭又像笑地说："二姐，你看！这是三姐给我的第一封信。"他把信举起来，快七十岁的老头，面色还羞涩而温柔。接着又吸溜吸溜哭起来，伤心又快乐……

1988年5月10日，饱经沧桑的沈从文安详地离开了人世，归葬在沱江水般柔美的湘西古城凤凰。就在这一年，拟作为诺贝尔文学奖候选人的他与诺奖失之交臂。其实对于真正追求心灵与自然的文学大美的作家来说，除了故乡给他的荣光与赞誉，其他都不重要。在湖南凤凰，沈从文先生的墓碑上刻有张充和题写的"不折不从，亦慈亦让；星斗其文，赤子其人"，将这四句话的最后一个字连起来读便是"从文让人"，这也是沈从文一生的真实写照。

2003年，沈从文百年诞辰纪念的前几天，作家李辉去看望张兆和。病衰的兆和思维虽不再明晰，记忆也显得模糊，但仍可以与人作简单对话。李辉指着沈从文的肖像问她：认识吗？兆和说："好像见过"。又说："我肯定认识。"但她已说不出"沈从文"这三个字了。时隔一个月后，张兆和去世。

这些年，沈从文越来越热，很多人写文章纪念。但他的学生汪曾祺说：“写沈从文写得最好的一篇，我以为也应该是张充和的《三姐夫沈二哥》”。

张充和题字

张充和的经历也比较传奇，在此赘述几句。张充和受到的传统文化教育最多，是书法家、画家。张充和的叔祖母没有孩子，就把 11 个月大的张充和过继了去。叔祖母是李鸿章的侄女，对张充和溺爱有加，除自任启蒙老师言传身教外，又请一流的国学家、吴昌硕的高足、考古学家朱谟钦教张充和，还请了前清举人左先生专教充和吟诗填词。她四岁会背诗、6 岁识字，研读过《史记》《汉书》《左传》《诗经》等典籍。叔祖母去世后，16 岁的充和从合肥回到了苏州的家，在家庭文化比赛时一下子就展示了扎实的国学功底。在二姐的印象中，“小四妹神得很，她小小年纪，临碑临帖，写两个字，还真有点帖意，我们三个大姐姐都不及她”。

当年充和在北京大学读书，德裔汉学家傅汉思在北京大学教书。他们是在校园里相识、恋爱而结婚。解放前夕，张充和随傅汉思到美国定居。

2003 年，张充和将珍藏半生的昆曲身段谱《张元和饰演昆剧〈牡丹亭 · 游园〉中杜丽娘身段影集》赠送给筹建中的中国昆曲博物馆。这本影集的封面是年轻时的张元和，内页是 30 多帧张元和演示杜丽娘《游园》一折的身段图片，系美国亚利桑那州曲友刘邦瑞为 70 多岁的张元和精心摄制。张元和的昆曲得自昆曲旦行名师尤彩云亲授，这本影集为研究昆曲正宗身段留下了宝贵的资料。2011 年 3 月，张充和还委托纽约海外昆曲社的负责人陈安娜专程到苏州，把自己当年手抄的曲谱、唱曲着的斗篷以及一套珍贵的点翠头面捐赠给昆曲博物馆，以表自己的乡心与祈愿。

如今，九如巷 3 号老家还住着五弟张寰和。九十多岁的寰和老人满头华发，与人交流时虽然需要助听器，但记忆力惊人，思路清晰。他继承父亲的事业成为乐益女中校长，解放后终身在苏州从事教育。

人生百年，白驹过隙。九如巷还在，老房子也在。张家的故事还有很多，有时间要慢慢地讲下去……

人比杜鹃瘦：周瘦鹃断想

周瘦鹃故居：位于王长河头3号。王长河头在凤凰街北段东侧。

周瘦鹃（1895—1968年）：原名周国贤。江苏苏州人，现代作家，翻译家，著名园艺家。

嗜花如命的周瘦鹃曾说：

> 我是一个爱美成嗜的人，宇宙间一切天然的美，或者人为的美，简直是无所不爱。所以我爱霞，爱虹，爱月，爱云；我也爱花鸟，爱虫鱼，爱山水；我也爱诗词，爱字画，爱金石。因为这一切的一切都是美的结晶。

一

如果想寻访周瘦鹃先生的遗踪，不妨沿凤凰街北行。在一条叫王长河头的幽静小巷里，隐藏着一座花木葱茏的园宅——紫兰小筑，这就是周瘦鹃的故居，今天园中依然住着周家的后代。

紫兰小筑

王长河头3号原来有一座占地三亩半的宅院，本是清代著名书法家何绍基的孙子何维构的默园。园内花木蓊郁，鸟雀啾鸣，还有屋舍六间，是闹中偷静的所在。1931 年 10 月，也就是震惊中外的“九一八”事变后不久，可能是感觉到国事日非，周瘦鹃先生倾二十余年卖文所得购得默园基础，并买下南邻半亩土地，开园拓疆，改建旧屋，又叠山理水，苦心经营出了一个小宅院。周瘦鹃还集宋人黄庭坚碑帖中的“紫兰小筑”四字为额，并此名园。6 年后，日军进攻苏州，古城沦陷。周老先生只好放弃修整了一半的园子，同东吴大学的同事一起逃难到皖南黟县南屏村，后又避居上海，直到抗日战争胜利后才又返苏定居。

周瘦鹃具体花了多少卖文稿费才购得苏州小园，今天已经不得而知，但是在 20 世纪 30 年代的中国，那绝对不是一个小数字，由此也可见周的辛苦创作非比寻常。有人统计过，在二十年的时间里，周瘦鹃翻译的文字以数百万言计，主编发行的刊物以数十种计；编辑出版的长、中、短篇小说集及其他单行本集子以数百种计，是当时具有一定代表性和号召力的通俗小说名家、言情小说专家。他不但自称为“文字劳工”，而且称自己是鸟类中的苦鸟，是一只常常在夜半啼血的杜鹃。

1914 年，周瘦鹃与友人在沪上创办了《礼拜六》周刊，风行一时。1916 年入中华书局任翻译编辑，同时加入南社。与严独鹤、程小青等人合译《福尔摩斯探案全集》并出版。1920 年后，应《申报》馆之聘，先后担任副刊《自由谈》和《春秋》的主笔。1921 年 9 月，主编《半月》杂志。1922 年 6 月，主编《紫兰花片》。1922 年参加了上海的文学团体“青社”，同年又加入赵眠云、范烟桥等人在苏州发起组织的“星社”。1923 年，周瘦鹃编《新小说丛书》《侦探小丛书》《名家短篇小说集》《紫罗兰庵小丛书》《紫兰集》等。此后曾先后独办或与他人合办《上海画报》《紫罗兰》《游戏世界》《中华》《紫葡萄》

《紫罗兰》

《良友》《新家庭》《儿童之友》等刊物。

这些刊物里最值得一提的是《紫罗兰》。杂志定名“紫罗兰”绝非偶然，研究者发现，周瘦鹃一生与紫罗兰有着密不可分的联系：他办的杂志取名“紫罗兰”，居住的花园叫紫兰小筑，书房称紫罗兰庵，庭院里也是遍种紫罗兰，还有个紫兰台。

郑逸梅说，周瘦弱酷爱紫罗兰是有一段故事的：

> 周瘦鹃在中学时代，有一次偶然去看女子中学的联欢演出，见到一位叫周吟萍的女学生，表演尤为引人注目，且活泼秀美，周瘦鹃一见倾心。两人情书往来，山盟海誓，一个非她不娶，一个非他不嫁。但女家是富户，瞧不上周瘦鹃这穷酸，强迫女儿另行婚配，令周伤痛欲绝。因周吟萍的英文名Violet(紫罗兰)，周瘦鹃从此恋紫罗兰成癖。他的案头供着紫罗兰，写文章用紫罗兰色的墨水，作品集多以紫罗兰命名，就连主编的杂志也叫《紫罗兰》。

这段掌故大体上是真实的，因为在周瘦鹃女儿周全女士的回忆录中也有大致相同的记载。

美好的东西最后都是一种完美的意向，初恋的美好永远是被回忆所美化和现实再加工的。那位吟萍女士也是这样一直留存在与周瘦鹃有关的若干细节中，得到了生命的某种延续。和《紫罗兰》有联系的，还有现代文学史上另外一位奇女子——张爱玲。

张爱玲最初的小说《沉香屑》就是通过周瘦鹃发表的。张爱玲送稿子去的时候，曾对周瘦鹃说了一个故事，这就是她母亲十分喜欢周瘦鹃的小说，曾为他小说中的哀情落过不少眼泪，并曾冒昧写信，劝他不要往下写了。周瘦鹃当时正在主编《紫罗兰》杂志，听了这段带有恭维意味的故事，很乐意，尽管他已记不清是否收到过那封信了。

小说发表后，为了表示感谢，一向不喜欢与人打交道的张爱玲曾破例请周瘦鹃到自己家中吃了一次午茶。这是一种带有英国情调的招待，然而事情也就到此为止了。

最初的两篇小说发表以后，张爱玲一发而不可收，迅速成名，但是她从此再也没有给《紫罗兰》写过稿子，而且再也没有与周瘦鹃来往过。

分析个中原因，叶兆言先生在所撰《周瘦鹃》文中认为：

> 毕竟是道不同谋不合，以张爱玲的傲骨，内心深处当然不会看上旧派的小说。我想无论是周瘦鹃，还是张爱玲，恐怕都会觉得《紫罗兰》不是一个好刊物。从《紫罗兰》作者和读者的队伍来看，不可否认在档次上有些小问题。文学圈子里的人都不屑于和它来往，初涉文坛的张爱玲显然很快就意识到了这一点。

周瘦鹃的早期作品其文学价值已毋庸赘言，花花草草的恬淡自然与清新细腻的文风至今还让人回味。解放后，一批旧文人都纷纷改造思想，努力向革命文学和歌颂文学靠拢。党和政府也确实给了他们很高的社会地位和政治待遇，这使周瘦鹃等一批通俗文学作家受宠若惊，感恩涕零。周瘦鹃在《拈花集》中记载了1959年4月28日自己作为第三届全国政协委员到北京开会的一段经历。这次会议结束会后合影时，毛泽东主席亲切与周瘦鹃握手交谈，还关心地询问他的年龄，并表示希望看到他的新作。毛主席还给了周瘦鹃一根香烟，他没舍得抽，带回苏州珍藏了起来。到家后，周瘦鹃激动了好几天，心潮澎湃之余，他大胆地步毛泽东诗词原韵，作了21首诗词，题名《学步集》寄到北京。

二

然而，尽管周瘦鹃才情依旧，1949年后，使周瘦鹃蜚声海内外的却不是他的文章和旧体诗，而是他的盆景。

周瘦鹃在弄文之余也酷爱侍弄花草，可能这些花草也给了他不少的灵感和寄托。早在1939年，周瘦鹃培植的盆景就在上海的中西莳花会上夺得冠军，获得葛兰银质奖杯，让许多洋人对中国盆景刮目相看。抗战胜利后，返回苏州定居的周瘦鹃决意要做陶渊明、林和靖式的退隐文人，他自己曾作诗表白道："从此周郎闭门卧，梅花四壁梦魂清。"

在紫兰小筑里，周瘦鹃开始实现自己的理想：在园中置梅丘，掘荷花池，安紫兰台。在屋前长廊专门置放精心制作修剪的盆花、树栽和水石盆景。

周瘦鹃说，凡是制作盆景的高手，必须胸有丘壑，腹有诗书，对于种树栽花，要有丰富的知识和经验。他采用老树桩根，巧妙地依据形制，题名与神似，发挥想象，别具匠心。周瘦鹃还提出盆景要入画，并亲手制作了不少仿唐伯虎、夏昶和沈周画作的盆景，深得赞誉。这一艺术创新改变了传统苏式盆景"六台三托一顶"(盆景技法，将树干蟠成6个弯，在每个弯的部位留一侧枝，左、右、背三个方向各3枝，扎成9个圆形枝片，左右对称的6片即"六台"，背面的3片即"三托"，然后在树顶扎成一个大枝片，即"一顶")的古板与教条。到20世纪60年代，周瘦鹃亲手制作的盆景已经有五六百件之多。紫兰小筑的院落里，名流雅集，文人荟萃，成为苏州重要的文艺交流中心。

做盆景不光是脑力活，更是体力活。为了寻找好的树桩材料，周瘦鹃经常和朋友们一起去苏州郊外的山上去采树根和树桩。那时候，他已经六十多岁，却依旧爬山越岭，不辞辛苦。有时觅得一段一两百年的老树干和桩头材料，老人会欣喜好几天。

周瘦鹃制作的盆景声誉日隆，被拍摄成电影纪录片，制作成画片和日历，并在全国各地巡回展出，一些以革命题材命名的如《延安宝塔山》《韶山》等精品盆景还被送到了北京迎宾馆。时常有闻人和要人到紫兰小筑参观盆景，既有国内的，也有外宾。据周瘦鹃的女儿周全回忆：先后一共有24个国家的领导人曾经到周家近距离地赏玩盆景。中国的领导人就有周恩来邓颖超夫妇、朱德康克清夫妇和董必武等。当时的国务院副总理中就有6位去过周瘦鹃家，他们是：陈毅、陆定一、李先念、薄一波、谭震林和乌兰夫。还有全国人大副委员长十世班禅等，两位开国元帅刘伯承和叶剑英也曾造访过紫兰小筑。叶剑英元帅也是盆景爱好者，他甚至到周瘦鹃家作过3次客。

在周瘦鹃亲手制作的一本嘉宾题名录中有周恩来总理来看盆景后的亲笔题字：一九六三年一月三十一日访周瘦老于苏州爱莲堂，周恩来、邓颖超。周恩来夫妇造访紫兰小筑离开后的当日，周瘦鹃捧读题字再三，激动之余连夜作诗两首，其一曰：

华灯初上日初斜，瑞霭祥云降我家。

自是三生真有幸，蓬门来住使君车。

现在想来，假如没有那场"史无前例"的浩劫，周瘦鹃因盆景而与政要名流间的交往应该是可以名留千古的雅事，可惜一切的一切都在很快发生的那场运动中改写了。因为旧派文人的那段经历，早已为周瘦鹃的命运埋下了悲剧之根。

三

1949 年以后，和所有文化界人士一样，周瘦鹃积极参加到建设新中国的工作中，先后曾任苏州园林整修委员会委员、苏州园林处顾问，为苏州园林的保护、修复与开放作出了贡献。此外，还曾担任第三届、第四届全国政治协商委员会委员、江苏省人民代表、江苏省文联常委、苏州市文物管理委员会副主任、苏州市博物馆副馆长等职。

1953 年，当苏州大部分园林在战乱后百废待兴时，熟谙园林艺术的周瘦鹃在谢孝思等人的组织下，投入到了园林整修工作中。当时留园等 6 个园林被破坏得十分严重，周瘦鹃以年近七旬之躯亲自赴太湖东山、西山去采购旧木料和门窗。最后，大家一起商议园林布局，堆石叠山，按照“修旧如旧”的原则把几大园林修复得一如原貌，其中拙政园、留园被列为第一批全国重点文物保护单位，这里面就有周瘦鹃的一份功劳。1964 年，69 岁的周瘦鹃以民主人士身份在江苏各地考察、建言献策，参政议政的兴致很高。这年夏天，他还主动报名到金山乡帮助农民夏收，割了一天的麦子，竟一点都不觉得累。可见这一阶段的周瘦鹃是非常想快速融入到新社会建设中的。

周瘦鹃与盆景

1966 年“文化大革命”开始后，黑云压城，风雨漫天，旧上海著名文人出身的周瘦鹃自然无处躲藏。紫兰小筑的花园被夷为废墟，周瘦鹃费尽毕生心血收藏的诗文书画被查抄，名贵的花盆和树木也难逃被砸被毁的厄运。

周瘦鹃的外孙李为民回忆说，抄家前的一个晚上，他和父亲悄悄从后门潜到外公家里，外公把最喜欢的几盆盆景交给他和父亲。趁夜深天黑，父子二人抱着重重的花盆，沿王长河巷往回跑，总算在劫难中保留了几盆外公的作品。这也就是今天的我们还能看到周瘦鹃盆景遗作的一个主要缘由。

1968年春天，已惨遭红卫兵批斗、抄家和焚毁书稿、打砸盆景的周瘦鹃心里仍存着一分侥幸：他相信政府、相信党。在这种想法的支撑下，他在家里认真写检查，学习毛主席语录。

1968年3月12日晚，时任中央文革小组副组长的张春桥在上海中苏友好大厦接见苏州两派造反派时发表"讲话"，把矛头直指周瘦鹃："什么周瘦鹃这一类无聊的家伙，种什么盆景，搞复辟倒退，人家都到他家中，我到苏州几次从来不去的。"此话在苏州的造反小报一登出，就等于给苏州"文革"的火焰上浇了一泼油，本已屡遭劫难的紫兰小筑更无宁日，各路"瘟神"纷纷到紫兰小筑揪斗周瘦鹃，把老人拖到城西部的石路闸市口挂牌批斗。造反派头子声色俱厉地对周瘦鹃说：中央领导点名批判你了，你要老实交代出中央哪些人物来过你家……

造反派的话是别有用心的。原来当年周恩来到紫兰小筑参观时，周瘦鹃曾经问总理："您家的堂号是不是叫爱莲堂？"可见，除了出身旧文人的原因外，周瘦鹃与周恩来等的交往应该是他在文革期间遭受摧残的另一原因。

1968年8月12日深夜，周瘦鹃在紫兰小筑的花园中投井自杀，自杀前没有给家人和朋友留下只言片语。

关于促成周瘦鹃下决心自杀的因素，有一则未经确实的资料。据说当年周瘦鹃在开明大戏院挨批斗时，因为年事已高，长时间站在台上根本吃不消，本来就患有痔疮的他就用举红宝书的手扶了一下臀部，结果被红卫兵小将发现，又添了一大罪状，批斗更如急风暴雨，实在无法忍受摧残的周瘦鹃只得选择了自沉。

周瘦鹃自杀的那口井至今还在紫兰小筑中，那是周家后人心中永远的痛。

关于那口井，叶兆言描述说：那是一口浇花的井，原来周家的荷花池中曾溺死过一个小孩，周瘦鹃怕再有小孩掉入井中，便在井中填满了瓦砾。来参观盆景的中外宾客都要向井中看看，见没有清泉，只有瓦砾，有碍观瞻，便建议周瘦鹃把井

紫兰小筑中的井

淘清。周瘦鹃同意了，还跟陪同参观的陆文夫开玩笑说：淘清也好，投井也方便点。没想到，竟一语成谶。

周瘦鹃的女儿周全回忆说，父亲去世后，满园的花花草草就好像通了人性，不久也陆续死了好多株，与主人一起离开了无情的人世。

周瘦鹃留在世上的照片不少，有一张是坐在客厅里，手中托着一小盆山水盆景，身旁桌上是各式盆景。一张是与老友程小青的合影。还有一张是与爱女周全嬉戏的合影，另外一张是青年时，在鲁迅先生像旁的留影。在几乎所有能见到的照片中，周瘦鹃都无一例外地戴着黑黑的墨镜。据说是因为周瘦鹃年轻时曾经得过一种病，眉毛掉落，一生爱美的他只好用墨镜来遮盖。

紫兰小筑中现存红豆树是江南罕见树种，系周瘦鹃手植，近年来结子累累。

花落春仍在:一个幸运的谶言

俞樾故居:位于马医科43号。马医科巷在人民路宜多宾巷北侧,东起人民路,西至永定寺弄。

俞樾(1821—1907年):字荫甫,自号曲园居士。浙江德清人,清末著名学者、文学家、经学家、古文字学家、书法家,朴学大师。

俞平伯(1900—1990年):原名俞铭衡,字平伯,俞樾曾孙。现代诗人、作家、红学家。

苏州以园林享誉海内外,除了拙政园、留园等几座规模较大的名园外,那些小而有趣的园子也同样承载了极富园主个性的诸多审美情趣,其中最典型的有艺圃、听枫园、曲园等。

一

1954年春天,久居北京的学者、北京大学教授俞平伯专程来到苏州市人民政府办公室,接待他的是苏州市园林整修委员会主任谢孝思。俞平伯对谢孝思道:"我这次来,是想向政府表达一个愿望,那就是准备把曾祖俞樾建造的私园曲园包括宅舍、家具、图书和木刻书版一并捐赠给政府。"说完,便递上了一张用小楷工工整整抄写的房产和物件清单。接过清单的谢孝思还没有来得及代表政府致谢,俞平伯就连声道:"谢谢政府、谢谢政府!"言语间仿佛卸下了一副沉重的担子。

1954年是个特别的一年,这一年社会主义改造正在全国范围内如火如荼地进行,工商企业主、旧式文人、地主富绅及其子嗣纷纷以捐厂、捐产，公私合营等方式积极参与到社会主义改造的时代潮流中。也正是在这一年9月，俞平伯因为《〈红楼梦〉简论》一文遭到李希凡、蓝翎的发难，在文艺界引起了轩然大波，毛泽东同志也写了一封措辞严厉的《关于红楼梦研究问题的信》（该信于1967年5月27日公开发表在《人民日报》载戚本禹的文章中）发给刘少奇、周恩来等党和国家领导人，以及胡乔木、陈伯达、郭沫若、沈雁冰、袁水拍、邓拓、丁玲、冯雪峰、何其芳等文艺界领导，《文史哲》《文艺报》《光明日报》《文学遗产》等报刊相继发文对俞平伯关于《红楼梦》研究的观点提出了力度很大的质疑，并将之定性为反现实主义的资产阶级唯心论，和已在海峡对岸的胡适划为了一类。俞平伯在政治上所承受的压力之大也就可以想见，文人到底单纯，俞平伯的政治理解力也比较简单，或许他觉得在无法辩白清楚的时候把价值不菲的祖宅捐给政府也是一个进步的表态，于是有了前述的专程南下捐赠的一幕。当代人已经无法想象俞平伯捐赠时的感情，但是至少有一点可以确定：俞平伯深爱着曾祖父精心营建的曲园。

俞平伯是朴学大师俞樾的曾孙，好多人却误以为他是曲园老人的孙子，其实是以讹传讹。

俞樾，本是浙江德清人，在苏州筑园定居后号曲园居士。

清道光三十年（1850年），30岁的俞樾参加礼部复试，试题是“淡烟疏雨落花天”，烟雨和落花的组合里透出一种落寞与惆怅的凄凉味道，恰恰与外强中干、已走向危境的清廷境遇相契合，要从这样的基调中跳出，得到主考官的青眼，确实不是一件易事，偏偏浙江来的考生俞樾就做到了。乐观的俞樾从落花和疏雨中看到了春天的消息，他宕开一笔以“花落春仍在，天时尚艳阳”破题，咏落花而无伤感之情，暖煦的春阳一下子冲破了疏雨落花的惆怅意境，因表达了自己信心满满的大志而使主考官眼前一亮。而这场考试的主考官正是权倾一时的曾国藩，俞樾自信和阳光的诗句深深打动了曾国藩，引发了这位权臣和实干家的内心共鸣：对一个屡受外敌进犯、亟待中兴的王朝而言，自信而阳光的心态比什么都重要，“春仍在”的深沉意蕴赢得了曾国藩的激赏。而此时，俞樾的内心可不像他的诗句那样自信，因为他不善小楷，而科场对考生的书法要求很高，甚至有可能是书法定终身，考官们往往是先从书法定考生水平高低，然后再细读文章论排名。俞樾并不知道自己的文章已经占得先机,他在忐忑中等着放榜。很快皇榜挂出,俞樾名列第一。在评定等次时,还发生了一些争执,有考官怀疑俞樾是拿旧作"塞责",曾国藩力排众议,并预测"咏落花而无衰飒之意,此生他日成就未可量也!"结果俞樾殿试第一,赐宴礼部,被授进士及第,入翰林院庶常馆为庶吉士,三年后又授翰林院编修。

春在堂

当俞樾得知自己是受曾国藩的欣赏而得中进士后,对曾国藩便怀了一份知遇之恩的感激之心。为了纪念生命中这个难忘的春天,寓居苏州的俞樾把曲园的主堂名取为"春在",呕心沥血写成的250卷著述也结集为《春在堂全书》。1872年3月曾国藩去世后,俞樾给恩师的挽联是:

是名宰相,是真将军,当代郭汾阳,到此顿惊梁木坏;

为天下悲,为后学惜,伤心宋公序,从今谁颂落花诗。

二

原是浙籍的俞樾为何要选择在苏州定居?说来话长。

作为曾国藩的得意门生,俞樾深受咸丰皇帝的赏识。咸丰五年(1855年)八月,35 岁的俞樾外放河南学政。按照清朝规定,学政负责岁科两考,即定期到各州府县考查生员,试题则基本出自《论语》《孟子》《大学衍义》等纲常名教。为了防止考生猜题,出题者通常采用"割裂法"出题,即强截句读、割裂经文重造新句来作为试题。咸丰六年(1856 年),身为学政的俞樾担任主考官,他出了三个考题:第一个取《论语》中"异邦人称之亦曰君夫人"和"阳货欲见孔子",从中截出"君夫人"和"阳货欲"组合而成试题"君夫人阳货欲"。考生从字面可以把试题理解为杀人放火、男盗女娼都是正常不过的事,这一题有悖伦常。第二题取《孟子》中"王速出令,反其旄倪",连接成试题"王速出令反",有出令造反的意思。第三题取《孟子》中"二三子何患乎无君,我将去之",连缀成"二三子何患乎无君我"试题,考生可以理解为"无君而有我",可谓大逆不道。总共只有三道试题,可是每题都是俞樾政治生涯的陷阱。咸丰七年(1857 年)七月,俞樾大大地得罪了御史曹泽(登庸),他出的这些试题也成了终结他官场之路的"罪证"。

事情的经过是这样的:御史曹登庸拿出 22 名考生的名单交给俞樾,暗示俞樾录取这些考生。不料不谙官场关系的俞樾根本不买账,而将名单付与烛火。到发榜时,曹登庸所托 22 人无一登榜。已经收了考生好处的曹御史于是衔恨在心,上表称俞樾出试题割裂圣贤语句,而且有反君和戏弄君主的语句。出题时缺乏政治敏感性的俞樾给逮了个现行,咸丰皇帝看到"君夫人""王速出令反"等"罪证"后龙颜大怒,责令刑部严办。亏得曾国藩耳目众多,在肃顺处入幕的湘系人士王闿运、郭嵩焘立马向曾国藩报告了俞樾捅娄子的事。曾国藩赶紧发挥能量,极力保护俞樾。幸而晚清时期核心权力层的权威性与清初时期相比已不可同日而语,像曾国藩这样的汉族官员在清廷核心圈内也深受重用,说话亦颇有分量。在曾国藩的斡旋下,咸丰皇帝的火气方才消解了一些,一万个不情愿地将俞樾革职、遣回原籍,永不叙用,俞樾的政治生命就此终结。可以说,曾国藩影响了俞樾的一生。如果没有曾国藩的庇护,也就不会有后来的朴学大师和曲园了,当然也更不会有俞平伯。

真正促成俞樾选择在苏州定居的另一个人物是他的同门李鸿章。曾国藩曾经慨叹自己的这两位得意门生道:"李少荃拼命做官,俞荫甫拼命著书"。李少荃就是晚清权倾一时的铁血宰相李鸿章,他和俞樾都出自曾国藩门下。要不是试题一案，在曾国藩的羽翼下，俞樾的仕途会是另外一番景象——只要循规蹈矩，混足资历，升迁个督抚或者侍郎，应该没有什么问题。可惜官场生涯不是生产标准件，不能按照统一规格定制，俞樾如此缺乏政治敏感性，也确实不适合继续在官场里浪费时间。犯了大错的俞樾已然不能再在北京呆下去了，只得携了家小南归。

咸丰八年（1858 年）春，俞樾在苏州饮马桥畔石韫玉状元的旧居五柳园暂居，在苏州，他结交了宋翔凤等好友，共同切磋经学。两年后，即咸丰十年（1861 年），太平军攻克江南大营，为避战乱，俞樾返回老家德清，暂居在新市镇。不巧，太平军又进军浙江，俞樾只得在绍兴、上虞、宁波、上海等地辗转，并无固定居所。同治元年（1862 年）春，俞樾到天津，直至同治四年（1865 年）秋才离津到苏州。这一次到苏州是经由已任两江总督的同年李鸿章的推荐，到著名的紫阳书院担任主讲，这期间俞樾一家就住在书院内。两年后即 1867 年，俞樾又折回杭州担任诂经精舍主讲。同治八年（1869 年），49 岁的俞樾租下马医科巷潘世恩的废宅，一直住到同治十三年（1874 年）。这一年，已经有过两次在苏生活感受的俞樾因思慕吴地文脉深厚，打消了回原籍隐居的念头，选择移居苏州，讲学著书，终其一生。

曲园地基原是苏州望族、簪缨世家潘世恩故宅西的一块废地，根据俞樾自撰《曲园记》的记载，处于迁居中的俞樾经济状况一直不佳："余本窭人，半生赁庑，兹园虽小，成之维艰……"，说明俞樾当年购买曲园地基也是相当吃力的。《曲园记》中又有"其助我草堂之赀者"八人、"其买石助成小山者"三人、"赠花木者"一人等记载，并详列了资助人的姓名，说明俞樾是受友人资助才购得马医科曲园地基。俞樾见这块地状如曲尺，与篆书"曲"字形相似，又因《老子》有"曲则全"的句子，便给此园取名曲园。

曲园隐藏在一条叫马医科的窄巷里。苏州人把这个巷子念作"蚂蚁窠"，"马医科"其实是"蚂蚁窠"的谐音，并非是在巷子里有个马姓的医师。在蚂蚁穴里造园子，还真有些芥子纳须弥的味道。

俞樾取《周易》："乐天知命"之意，将曲园的大厅取名为"乐知堂"，并自撰楹联一副：

且住为佳，何必园林穷胜事；集思广益，岂惬风月助清淡。

园门口石坊上有俞樾的隶书“曲园”二字砖刻。门内，迎面是一方小庭院，有数竿秀竹摇曳生姿，后面小竹里馆便是当年俞樾读书的地方。小竹里馆的出处是，当年曲园初建，俞樾的姻亲、著名将领彭玉麟就送来方竹，遍栽于此，以求幽雅高洁的意趣。李鸿章手书“德清俞太史著书之庐”横匾表示自己对同门好友的敬意。今天的小竹里馆已变成俞樾资料陈列馆，正中挂着一幅园主人俞樾的彩色画像，两侧则悬挂着几幅关于俞樾生平事迹的画。陈列柜里，摆着俞樾家书及部分遗物、著作，供人观瞻。

主厅“春在堂”的堂匾为曾国藩手书。匾额下屏门上为木版刻石绿色《春在堂记》。这篇小记是俞樾亲撰，交待了春在堂的来历：澹烟疏雨，落花春在。厅堂不大，也没有通常大园林里主厅的显贵之气，这里是曲园主人会友、讲学之所。现在修复的陈设正中置放有一张罗汉床榻。遥想当年俞樾凭几闲靠，与友挥麈纵谈，恍惚间百年光阴却如昨日。堂内柱联也是俞樾亲撰：

生无补乎时，死无关乎数，辛辛苦苦，著二百五十余卷书，流播四方，是亦足矣；

仰不愧於天，俯不怍於人，浩浩荡荡，数半生三十多年事，放怀一笑，吾其归欤？

求官为仕的花谢了，未必人生的春天就没有了。政治家有政治家的风光，学者也有学者的建树。不同性格的当事人有不同的人生设计，李鸿章和俞樾正代表了两种迥异的人生。

三

对于造园之道，俞樾在《曲园记》中自有评述：“曲园者，一曲而已，强被园名，聊以自娱者也。”曲园园如其名，占地仅数亩，而堂后的花园部分——“曲园”其实面积不大，但建廊置亭，移花接木，闲步其中，也得城市山林之趣。春在堂北突出一歇山顶小轩，名“认春轩”。轩北杂植花木，叠湖石小山为屏，中有山洞蜿蜒。园东北隅为面阔两间的“艮宦”，乃昔日琴室。循廊西行，有书房三间，名“达斋”。整座园林格局上以曲折多变取胜，颇有小中见大之奇，园中凿一凹形小池也似“曲”字犹妙。俞樾自己对曲园也多有题咏：

园中一曲柳千条，但觉扶疏绿荫绕；为惜明月无可坐，故于水面强为桥。

平铺石板便成路，俯倚红栏刚及腰；处置梯桄通小阁，差堪布席置茶铫。

晚年俞樾除了住在苏州的曲园外，在杭州西湖边还有弟子帮他建造的诂经精舍，俗称俞楼，俞樾在那里讲学30多年；杭州三台山的右台仙馆也是俞樾经常去的地方。但是，俞樾一直把曲园当做自己和亲眷长居的家，他宁愿常年在苏杭间往返。

俞樾手迹

曲园的花草树木承载了俞樾的喜怒哀乐以及与家人的亲情。俞樾的夫人姚文玉是俞樾青梅竹马的表姐，也通诗文。嫁与俞樾后，随夫多方流徙，俞樾内心愧疚，文玉却宽慰丈夫道：“吾终当与君创造一好家居耳”。1858年，姚文玉已经是48岁的中年妇人，也在这一年，俞樾终于有了安居的打算，他们把家安在了苏州——尽管最初均是租住他人住宅。多年的艰苦生活使得中年的文玉已开始掉牙，细心的俞樾将夫人的落齿包好收藏起来。今西湖畔俞楼后仍有“双齿冢”，即为俞樾晚年落齿与夫人落齿合葬处。

1874年落成的曲园是俞樾夫妇第一个作为永居之所的宅园。夫妇二人看着满园的花树，回忆多年来的相濡以沫，感慨不已。曲园的曲池中有玲珑的小浮梅槛，“仅容二人促膝”。夏日炎炎之时，俞樾与夫人坐在其中纳凉，闲话古今。俞樾把这些细节记在了短小的《小浮梅闲话》中，读者透过其文字仍能依稀体会到俞樾夫妇的伉俪情深。1879年，姚夫人去世后，俞樾为妻守墓，并取元稹“贫贱夫妻百事哀”意作《百哀篇》述怀，再未续弦。

俞氏家族诗礼传家，俞樾身为教育家和大师级的硕儒，更加重视子孙的教育。1880年，俞樾迎来了自己的花甲之寿，看着绕膝的儿孙，他欣然撰联一副："三多以外有三多，多德多才多觉悟；四美之先摽四美，美名美寿美儿孙。"对儿孙寄予了厚望。同治七年（1868年）3月17日俞樾的孙子俞陛云在苏州出生。因父亲俞祖仁有病，俞陛云即由祖父亲自教育，《曲园课孙草》就是俞樾专门为教孙子制艺而编写的家教八股文章秘籍。光绪十年（1884年）俞陛云应县试考取秀才第一名。次年（1885年）9月赴浙江应乡试，俞陛云中举人第二名，称亚元。光绪二十四年（1898年），俞陛云晋京参加会试，以一甲三名进士及第，中了探花，果然不负祖父厚望。俞樾兴奋地作长联一副，对孙子金榜题名表示祝贺：

念老夫毕世辛勤，藏书数万卷，读书数千卷，著书数百卷；
看吾孙更番伐幸，童试第一名，乡试第二名，殿试第三名。

俞樾（中）与俞平伯（左）

被授为翰林院编修的俞陛云于是长住北京，在东城老君堂胡同买了房子，院中有老槐树，所以俞平伯写文章时常说写于"古槐书屋"。俞陛云初与逊帝溥仪交好，1932年，伪满洲国的"皇帝"溥仪给俞陛云发来了邀请他佐政"国事"的书函，俞陛云断然撕毁邀请信并呵斥来使，之后遂与溥仪绝交。抗战爆发后，俞陛云在北京以卖字谋生，保留了民族气节，1950年辞世。假设当时俞樾老先生还健在，一定也会为孙子的大义行动而骄傲。

1900年，俞平伯降生在曲园内，俞樾对这个曾孙的来临欣喜不已。1902年，81岁的俞樾高兴地拉着年仅2周岁的俞平伯，立在春在堂门前，请苏州柳村照相馆的师傅给照了一张合影。已经屡遭失去亲人之痛的曲园老人特别钟爱这个曾孙，他经常自制描红纸，让年幼的俞平伯用墨涂抹出《三字经》上的字。老人还特地为俞平伯写过一副励志对联——“培植阶前玉，重采天上花”，这副简短的对联寄予了深厚的期望，俞樾期待俞平伯将来能够花开耀祖，再现俞氏昔日的盛春繁茂。

俞平伯的游钓时代，都是在苏州曲园度过的。他和曾祖在曲园共度了8个年头，俞樾常在春在堂亲自为曾孙授课，他总是要求平伯在所读的书上盖一枚“拼命著书”的印章，这四个字出自恩师曾国藩对他的评语，足见曾国藩在俞樾心目中的分量。

1923年，俞平伯重印“俞曲园携曾孙平伯合影”，并洗印数十张赠送亲友留念。有好友拿来登载在杂志上，四代薪火，得以相传。俞平伯还用曲园原韵，作诗以“示霜露之感”：

回头二十一年事，髫髫憨嬉影里收。心境无痕慈照永，右台山麓满松楸。

曲园一隅

俞平伯把曲园捐献给国家后，政府将曲园稍作修葺便交付给苏州市文联使用，但没过多久又改派其他用场，再后来20多户居民搬了进去，曲园自此颓圮，旧时王谢，乌巷斜阳。20世纪80年代，俞平伯所遭受的不公正待遇得到纠正。当他听说曲园厅堂被22户居民占用，亭榭曲廊被拆、假山荡然无存，园中曲池已经被填平盖上了三层水泥楼房后，整日心境不好，沉默不乐。在京的苏州籍老友叶圣陶、顾颉刚等了解了俞平伯的心事后，当即执笔草拟了给国家文物局局长的信函，呼吁政府有关部门重视修复曲园。1980 年 5 月 18 日，这一建议又由叶圣陶、谢国桢、章元善、俞平伯、易礼容、陈从周等著名专家和学者亲笔签名后呈递国家文物局。国家文物局将之转给苏州市，苏州市政府果然重视，于是曲园大部分园馆在 1986 年秋天即已修复，但是园子里的三层水泥楼房却如钉子户般无法拆除。1987 年，谢孝思前往北京开会，叶圣陶到他的住所看望。言谈间得知水泥楼还在，叶圣陶愤怒地拍着桌子说："曲园不能没有园，别说是三层楼的民居，就是再高的楼房，也要拆除恢复花园。"少顷，叶老转而平静地交待谢老："这次会议结束回去后，带个口信给苏州市市长，请政府务必重视曲园花园修复这件事。"不久，俞平伯听说了修复工程的消息，他在给苏州友人的一封信中写道：

悉旧寓近况，十户折迁非易，其傍小楼之树，于拆楼时，希注意保护。又疑此是紫荆，非紫薇。荆在春夏，薇在夏秋，于明岁开花，盼得博物馆审谛。

3 年后，有花园的曲园终于恢复对外开放。

四

俞樾客居苏州期间留下了不少吟咏苏州的诗篇和墨迹。

清光绪初年，"中国商父"盛宣怀的父亲盛康购得留园后，花大手笔，投入可观的资金增辟东部，把名石冠云峰围入园中，并以此石为主景，建楼、造亭、开池、种树，建成了独特的以石为中心的景区，一时间成为苏城的美谈，远近的文人雅士纷纷给盛氏道贺。盛康与李鸿章同年中举，李鸿章与俞樾同门，俞樾又因李鸿章才定居苏州，盛康与俞樾之间便也有了交情。俞樾欣然为盛康作《冠云峰赞有序》，介绍了冠云峰的简况，在俞樾的笔下，冠云峰"如翔如舞，如伏如跧。秀逾灵璧，巧夺平泉"，俞樾并以人与奇石的因缘表达了"人石同寿，永镇林泉"的美好祝愿，此文现刻于"林泉香硕馆"的屏门上。冠云峰也因有大师俞樾的赞文而身价倍增，从此成为留园的镇园之宝而名冠江南。留园以其独特的造园艺术成为俞樾情有独钟的一座园林，俞樾曾作《留园记》称其为"吴下名园之冠"，留园入口长廊有“长留天地间”匾额，即为俞樾手书；俞樾还为园中的涵碧山房集联曰：“惟曰进德焉，修学焉，是在我尔；从此永安吴，长乐吴，盖有天乎？”与园主共勉。晚年的俞樾一心向佛，他为留园东部的伫云庵撰联曰：

何处白云归，有乡里古招提，步西郊不半日而至；

前生明月在，是佛门新公案，言东坡为五戒后身。

盛康时代的留园曾有戏台一座，戏台经常上演各种传奇，俞樾为之撰篆书联曰：

一部廿四史，谱成今古传奇，英雄事业，儿女情怀，都付与红牙檀板？

百年三万场，乐此春秩佳日，酒坐簪缨，歌筵丝竹，问何如绿野平泉。

寒山寺也是一心礼佛的俞樾常去之处，俞樾在寒山寺的墨宝则为后人留下了一段颇具悬疑的传奇，这还得从名诗《枫桥夜泊》说起。唐代才子张继的《枫桥夜泊》以其简洁而优美的意境迷倒了无数的读者，自张继以后，慕名来寒山寺游赏者更是不计其数。唐武宗对《枫桥夜泊》一诗的喜爱也几乎到了痴迷的程度，他在去世前的一个月，敕命京城第一石匠吕天方精心刻制了一块《枫桥夜泊》诗碑，当时还说自己升天之日要将此石碑一同带走。唐武宗临终颁布遗旨：“《枫桥夜泊》诗碑只有朕可勒石赏析，后人不可与朕齐福，若有乱臣贼子擅刻诗碑，必遭天谴，万劫不复！”遵照他的遗言，唐武宗驾崩后，此碑被殉葬于武宗地宫，且置于棺床上首。唐武宗的临终遗言仿佛是一道咒语，从此但凡是题写此诗勒石者几乎都得到了应验。北宋翰林院大学士、郇国公王珪以及明四家之一、书法名家文徵明都因刻碑而折寿。光绪三十三年(1907 年)，俞樾为寒山寺题《枫桥夜泊》诗碑，这是自唐武宗后的第三块诗碑，也许是巧合，也许是咒语发生了效力，总之，在碑成 10 多天后，俞樾便溘然长逝。

俞樾手书的《枫桥夜泊》诗碑，在苏州也是一个宝贝，当年日本人曾经打了多次主意，都没得逞。机智的寒山寺僧人请人刻了一块赝品石碑李代桃僵，才保住了真碑。

今天苏州工业园区金鸡湖畔的李公堤以其风景秀美、时尚中不失典雅的文化特色吸引了各地的游人，其实早在 120 年前，俞樾就曾经写过《李公堤记》，短短

607个字即道出了李公堤一带的自然风貌和人文内涵，更记录了元和县令李超琼关心民生、修建李公堤的德政。不知俞樾当年可曾预料到，百余年后的今天李公堤会如此的兴旺，成为一块黄金宝地？

五

曲园老人俞樾的学术传播主要有两个方面：一为著述，二为弟子。

俞樾壮年仕途失意，晚年每思及当年应试"花落春仍在"之句都不胜感慨。他自己曾说："由今思之，蓬山乍到，风引乃回，洵符花落之谶矣。"又说"然穷途著书，已逾百卷，倘有一字流传或亦可言春在乎"？看似自我解嘲，其实有深深蕴意。俞门弟子众多，海内外慕名负笈来学者接踵而至，号称"门秀三千"，章太炎、陆润庠、吴昌硕等著名儒家学者均出自其门下，自不待言，俞樾的影响甚至远及日本和韩国，日本和韩国学者多人与他结为学术上的知音。

1877年，日本文学博士、东京大学教授竹添井井携全家来华旅游，他带着书稿《左传会笺》及依据沿途所见写成的《栈云峡雨日记》专程到苏州面谒俞樾，尽管交流时有语言障碍，但是对中国传统文化方面共识使他们引为知音，俞樾欣然为竹添井井的书稿作序。竹添井井应该是第一位与俞樾结下深厚情谊的日本人士，他回日本后与俞樾仍有书信往返。俞樾在《诗编》《词录》《随笔》以及《东瀛诗纪》中都曾谈及两人间的交往。

1882年，日本著名诗人岸田吟香与僧人北方心泉收集了170种日人诗集寄到苏州，请俞樾为日方选定汉诗集。俞樾不厌其烦，费时5个多月，灯下圈点评阅，从中选定了5200多首汉诗，定名为《东瀛诗选》，寄回给了岸田。岸田便在日本出版刊行，成为极具权威性的一本汉诗集。其实在俞樾编选诗集之前刚刚经历了失去太夫人、夫人和长子的伤痛，他本已宣布停止作文三年，但是最终还是接受了日方的请求。俞樾在给北方心泉的信中写道："东瀛文物，企仰素深，果能探其渊海，撷其精华，何幸如之。"他在《东瀛诗纪》中又写道："海内外习俗虽异，文字则同，余谬以虚名流播海外，遂得假铅椠之事，与东瀛诸君子结文字因缘，未始非暮年之乐也。"这应该道出了自己终于接受日方编选诗集请求的缘由。俞樾与日本学者以及韩国学者的交流也为中国的儒家之道扩大了传播面。

光绪三十三年(1907 年)夏,86 岁的朴学大师为浙江瑞安的至交孙诒让写了一副楹联:

到老不离文字事,所居合在水云乡。

就在这一年,曲园老人辞世,葬于西湖三台山的右台山麓。

留得金针度与人：沈寿传奇

渔庄：原名觉庵，又名余庄、石湖别墅，位于石湖东北。原为南宋范成大石湖别墅农圃堂（一说天镜阁）故址。1932 年至 1934 年间，书法家余觉（1868—1951 年）在此建屋，屋为砖木混合结构的庭院式建筑。现有厅堂两进，面阔均为五间，明间与次间为厅，前厅名"福寿堂"。

沈寿（1874—1921 年）：初名云芝，号雪宧。生长于江苏吴县，苏绣大师。

张謇（1853—1926 年）：字季直，号啬庵。祖籍江苏常熟，生于江苏海门市长乐镇（即今常乐镇），清末恩科状元。中国近代实业家、政治家、教育家。

沈寿绣品《耶稣像》

1915 年，在美国举办的"巴拿马—太平洋国际博览会"上展出的一幅《耶稣像》震惊了所有的观赏者。它可不是画作，而是中国女子用丝线一针一线地绣制而成。这幅绣品远看光影参差，像逼真的油画，耶稣的眼神哀怨，毛发立体，近看时才发现千万条丝线错密，工巧神奇。许多参观者都被这个来自东方的神秘艺术折服了，连呼神奇之余有人甚至要出价 13 000 美金购买收藏,但是被展方告知:此绣品仅供观赏,绝不出售!在这次博览会上,《耶稣像》获得了第一金质大奖,为苏州刺绣首次赢得了世界性的声誉。

这幅绣作来历可是不凡,它出自苏州绣女沈寿之手。那一年,沈寿 41 岁,已经是享誉海内的苏绣大师。从传统实用的生活绣到明代文人绣,再到她自己开创的仿真绣,无论是针法还是理念,沈寿都打开了苏州刺绣工艺的一扇特殊窗户,把刺绣提升到精神艺术的层面。为此,曲园老人俞樾称赞沈寿为"神针"。

一

苏州马医科巷有一所新修复的老宅,门额上题为"绣园"。这座东西向狭长、南北回廊夹着中间花园的老房子,是苏州最早的刺绣专业学校,它的创办者是沈寿和余觉夫妇。当时,这个地方叫同立绣工学校,对外也称"福寿夫妻绣品公司"。学校面向苏州城乡的绣娘每期招生四五十人,收费很低,学员半工半读,所绣作业作为公司的商品对外销售。沈寿夫妇在这里大约工作和生活了两年。

沈寿原名沈云芝,同治十三年(1874 年)出生在吴县一个书香门第。父亲在阊门海红坊开古董字画店,母亲原是古镇木渎的绣女,常年在家中设绷绣作,贴补家用。长姐沈立继承了母亲的精深绣艺。幼年的沈云芝眉目清秀,聪明伶俐,父亲便教她四书五经,将名媛淑女作为她的培养目标,为将来嫁一个好的门第早作谋划。

凭沈云芝父亲对幼女的理性人生设计,再加上沈云芝天资聪慧,嫁入大户人家的梦想还是很有希望实现的。可沈云芝却偏偏对刺绣十分感兴趣,她经常趁父母不注意跑到姐姐的绣绷上偷绣几针,而自幼便开始形成的文化教养又为她日后的艺术领悟与钻研提升打下了优良的基础。

或许是冥冥之中的命运安排,上天确实创造了让沈云芝成为刺绣名家的机缘。小时候,沈云芝来到木渎外婆家,有机会接触到邻家绣女,得以学习基础刺绣的技法——仅凭手中的丝丝线线就能绣出树干、山石,这种神奇的技艺让小云芝十分着迷。外婆看到外孙女可教,就让木匠为她制作了一个小绷架。自此,沈云芝在温书之余,趁父亲不注意就偷空在窗下作绣。沈云芝 8 岁那年,处女作《鹦鹉图》问世。作品虽稚拙,却受到首肯,诗词歌赋又略有长进,家里对沈云芝也就不那么约束了。接着，11 岁那年，沈云芝又以父亲古董店里挂着的一幅唐伯虎《秋雨月上图》为底本，绣成一幅墨绿山水，精细的针法和丝线的用色还原出了原作的意境，在周围绣女中一鸣惊人，也让父兄刮目相看。要知道，沈家藏着不少古画名作，沈云芝耳濡目染，眼界自然高于一般绣女。

沈寿的刺绣人生绕不开这两个男人：一个是丈夫余觉，另外一个则是南通的张謇。前者为她走上通达的刺绣之途铺平了道路；后者创造条件，让她的刺绣技法不断发扬光大，传之于世。沈寿与这两个男人的恩怨情绊在九十多年后的今天依然雾霭重重。

二

1883 年，14 岁的沈云芝与长自己 6 岁的浙江绍兴世家子弟余觉成婚。余觉（1868—1951 年），初名兆熊，字冰臣，因家道中落流寓苏州，能诗擅画，习举子业。婚后沈云芝与余觉夫妇虽然日子拮据，但感情还是不错的。因为余觉善画，云芝擅绣，夫妇合作，余觉作画稿或者设计名人画稿入绣，云芝则将刺绣的针法和技法原理告诉余觉，二人互相促进，共同修改，让画稿更符合刺绣的特点，从而使针循画理，绣生画神。就像明代松江的韩希孟与顾寿潜一样，沈云芝和余觉也成为刺绣史上一对画绣相长的夫妇。苏绣则因为有了文人的参与而得到了雅化的提升。

沈寿像

光绪二十五年（1899 年），余觉到上海担任教馆教员，沈云芝也随同到沪。这时正值中国门户渐开，西方思潮和洋派艺术也纷纷涌入已开埠半个世纪的上海。正是在这里，沈云芝第一次接触到西洋绘画，尤其是油画，这种独特的绘画艺术给了她极大的震撼。站在大块的油画布前面，西方人物肖像画的用光和着色，立体透视技法，一下子给了沈云芝灵感与启发。兴奋不已的她与余觉商量，要用针线把西洋绘画的表现力移植到丝绸上来。其实沈寿的这个想法就是东方与西方艺术的碰撞与对接。

苏州博物馆珍藏着沈云芝手绣的《济公像》和生肖条幅4副，这是沈云芝当年在上海研制仿真绣时期的作品。有研究者指出，从济公脚下酒甕上的生硬用光还能看出这时的仿真绣技术仍处于不完全成熟阶段。

展露艺术才华的机遇不期而至。1904年，掌握清廷核心实权的慈禧太后七十大寿，各省官员搜尽肚肠，刮净地皮，千方百计寻找礼物讨老佛爷欢心。庆亲王奕劻之子、商部尚书载振知道慈禧喜欢刺绣，就派苏州籍官员到地方上寻访。循着沈云芝夫妇的名气，采买官员拜访后就订购了一套《八仙上寿图》和《无量寿佛》立轴为进贡的寿礼。当时，距离慈禧的寿辰时间已很近，余觉赶忙请苏州画家颜元设计画稿。颜元是海派画家任伯年(1840—1896年)的弟子，人物画技法深得任伯年真传，笔力苍劲，画中人物衣袂飘飘(颜元的儿子颜文樑是中国油画先驱，与徐悲鸿是一辈人)。颜元按照余觉夫妇的要求，很快就设计出了画稿。沈云芝全家弟子总动员，分工合作。据沈寿弟子金静芬大师回忆，当时沈云芝负责技术难度最高的人物面部开相，沈云芝的姐姐沈立负责刺绣人物的衣裳和帽子，弟子徐志勤分工绣毛驴，其他弟子负责杂物器具和背景的刺绣。另外一幅《无量寿佛》则由金静芬大师独自完成。经过3个月的日夜赶制，这两幅定制的绣品终于按时落绷。

当年十月，余觉亲自护送两件绣品到京，通过商部转呈到颐和园。十月十八日这天，慈禧亲自到寿堂观看各地敬献的寿礼。当她看到《八仙上寿图》时，一下子就被这逼真的人物、喜庆的场面和精美的绣艺吸引住了。慈禧忙问左右道："这是谁家绣的？"载振立即回道："是苏州著名绣师所为。"看到一向挑剔的慈禧非常高兴，载振又进言建议在京师办绣工科，格格和宫女们也可就近学习苏州手艺。心情愉悦的慈禧当即允诺，还乘兴亲笔书写"福""寿"二字分赠余觉、沈云芝夫妇，以示褒奖。据余觉(这次寿礼之后曾更名余福)《余觉沈寿夫妇痛史》记载，沈云芝从此更名为沈寿，以纪念此殊荣。

讨了老佛爷欢心的载振也很高兴，特授余觉商部四等商勋，同时还给了余觉夫妇600两银子作为川资，派他们到东洋日本考察绣务。也正是这个缘由，沈寿不仅成了中国最早出国考察的女商务人士，还是最早以官方名义出去交流刺绣技艺的刺绣大师。在历时两个多月的日本之行期间，沈寿夫妇详细走访了京都、东京、神户和长崎等地，认真了解日本刺绣的工艺、设色、用线等情况。此行对他们回国后改良中国刺绣尤其是改进仿真绣技艺，裨益良多。

在苏州开办了短暂的刺绣学校后，1906年，余觉沈寿夫妇应邀到京，开办农工商部绣工科。余觉任总理，沈寿任总教习。沈寿姐姐沈立和弟子金静芬等也随同北上。由皇家主办的农工商绣工科所招收的多是贵族子女或者八旗女儿，她们娇生惯养，不能吃苦，更别说受批评了。但是，沈寿仍然悉心教导，手把手地教她们学习绣工。在京师授艺期间，虽身处京华、与王公贵族交游，但是沈寿静心传艺，闭门办学，生活简朴，不尚奢华，把心思都用在了研究针法传授刺绣技艺上。

经过几年苦练，沈寿的仿真绣已经炉火纯青。宣统二年(1910年)，她根据照片绣制的意大利国王和王后像参加南京南洋劝业会展览，取得巨大成功，被清政府作为国礼送给意大利王室。翌年，意大利专门致函表示感谢，并回赠圣玛丽勋章和钻石金表一块。不过，这一年中国发生巨变，辛亥革命爆发，勋章和钻石金表抵达中国时，清廷已经退位，之后这两件礼物由新成立的中华民国政府转交给了沈寿。

沈寿能成为全国刺绣行业的总教头，丈夫余觉功不可没。余觉有头脑，有胆有识，能抓住机会。在北京教授绣艺期间，夫妻琴瑟和谐，同心同德。余觉发挥自己擅于交际的特长，协助沈寿把握了一个又一个展示才华的机会。前面提到的意大利王后像原稿，就是余觉托出使意大利的好友吴公索寄回国内的。余觉把照片放大，摹画到缎面上，施色成油画风格的绣稿，再由沈寿精心绣成仿真传神的《意大利皇后爱丽娜像》，可以说这件绣品凝聚了夫妇二人的才华和心血。

1915年获得国际声誉的耶稣像也是余觉在两年前精心选稿策划的，他分析西方世界信仰基督，如果选择耶稣像入绣肯定会受到西方人士的关注。这样的刺绣选题切入点能够取得极大的成功，应该归功于余觉较好地解决了在中西方文化差异较大的情况下两者的沟通中介问题。尽管在南通后期，夫妇关系出现了裂痕，但是余觉对沈寿刺绣艺术的成功探索所产生的推动力功不可没。

对于自己和沈寿的关系，余觉自述说：“余无妻虽智弗显，妻无余虽美弗彰。”一直跟随沈寿学刺绣的沈寿侄女、邹韬奋先生的夫人沈粹缜在纪念沈寿的文章中也说：“她（沈寿）二十岁结婚，姑父余觉是前清举人，家中经济条件较好，对艺术也很有研究，常帮小姑母出主意，鼓励她钻研刺绣艺术。”所以应该说，沈寿的前半生在事业上的主要知音就是丈夫余觉。

三

张謇的出现使沈寿和余觉之间有了不和谐音。

1911年，辛亥革命推翻了帝制，皇家主办的绣工科也不复存在。为此，沈寿迁居到天津的法租界内，并在次年开办“自立女工传习所”，希望继续以绣养学、以学促绣的事业。但是，没有了政府部门的支持，在改朝易代的乱世，单纯依靠刺绣养活自己，还是很困难的。勉强支撑到1913年夏，传习所不得不停办。沈寿和余觉都陷入了迷茫：下一步的路该怎么走？

这个时候，有两个地方向沈寿夫妇伸来了橄榄枝：一处是四川，给沈寿夫妇聘银月薪高达四百两；另一处是南通，给沈寿夫妇聘银月薪五十两。是入蜀，还是南下？几番思量之后，沈寿夫妇决定，南下南通。在南通，沈寿度过了她生命的最后七年，抒写了她刺绣生涯的中年绝唱。

南通方面向沈寿夫妇伸出热情援手的是张季直。张季直，名謇，号蔷庵，清末恩科状元，实业家和教育家。张謇初识沈寿，是在南京的南洋劝业会上。清宣统二年（1910年），清廷为了表示门户开放与世界交流的态度，由南洋通商大臣倡办，在南京举办了南洋劝业会，目的是通过会展奖劝农工、振兴实业。劝业会上海内外送展的物品多达20多个部项、400多类。积极倡导兴办实业的张謇被政府任命为劝业会的审查长，而沈寿则被任命为绣品审查官。从京师赶来的沈寿把自己绣好的《意大利皇后爱丽娜像》张挂在展厅，绣像姿态优美生动，双眸炯炯有神，肩章佩饰等丝毫不苟，肖像栩栩如生。张謇一下子就被精绝的绣艺震憾了，他发出了“此为世所未有”的赞叹。紧接着，张謇拿出了自己珍藏的一幅据说是依据董其昌书法制作的顾绣大屏，请沈寿鉴别真伪。沈寿只打开了首帧，就十分肯定地说：“这是露香园绣。”张謇问道：“怎么确定？”沈寿答：“一看针法就知道了。”沈寿自信而肯定的回答使张謇对沈寿钦佩不已，留下了深刻的印象。

同年，张謇因事进京，余觉经引荐与张晤面，这次见面虽未深谈，但余觉给张謇留下的印象是："余冰臣，人材也。"（《张謇日记》）

正是这样的知遇因缘，沈寿夫妇选择了南通。

1914年，由张謇出资的南通女红传习所建成开学，沈寿任所长兼绣科主任。余觉则被安排到贫民工场任主任，还兼语文教学，以增加些收入。这一段时间应该是张謇和余觉友谊的蜜月期。张謇曾经帮余觉到国民政府讨要奖励，余觉也曾把所撰《狼山观音院观绣像文》向张謇请教修改。

在张謇的帮助和支持下，南通女红传习所继承了沈寿在北京和天津时期的基本体制和师资，初期培养学生67人，先后招生15期，共培养学员300多人。学员中如金静芬、施宗淑、巫玉等佼佼者在苏绣的创新与发展史上，都是十分重要的人物。据史料记载，沈寿在南通的教学实践中，首创了实物写生法。比如，她会在绣绷上别一枝鲜花，让学生一边观摩，一边刺绣。更重要的是，这所传习所的创办，让通州不少女子多了一种自谋生计的技能，也使苏绣在江北留下了一脉。1949年后，沈寿的嫡传弟子们在苏州刺绣研究所依然发挥了十分重要的传承作用，使苏绣得以薪尽火传。

更为可贵的一点是，沈寿开始了女性自我意识觉醒的启蒙。沈寿以一介苏州民间普通绣女的身份，不仅赢得了当时高层官僚的普遍尊重，还通过对传统女红的解放，从生活实用到艺术，从鞋帮被头到女王画像，提高了刺绣工艺在社会上的地位。

一介绣女能成就如此事业，除了丈夫余觉的支持外，张謇也起到了很重要的作用。从现有的资料看，张謇对沈寿是欣赏、敬慕、亲近有加的，他给了沈寿很大的帮助、关心和支持。比如给沈寿加薪，为她找房子，把她安顿住到自己濠阳小筑的谦亭，创造各种条件支持沈寿办好女红学校，委任沈寿做刺绣局长等。沈寿两次生病期间，张謇还延请附近名医把脉诊治，甚至亲奉汤药伺候。沈寿再病不起后，张謇担心人亡艺绝，决定手录沈寿的艺术总结《雪宧绣谱》。他每天向已卧床的沈寿问记一条两条，或者两三天记录一条。病中的沈寿浑身浮肿，她积攒精力，把平生所学和个人思考如吐丝春蚕，呕心沥血，悉心口述给张謇记录。张謇在《雪宧绣谱》序言中记道：“积数月而成此谱，且复问，且加审，且易稿，如是者再三。无一字不自謇出，实无一语不自寿出也。”

沈寿的《雪宧绣谱》自成体系，重视针法的总结与传授，弥足珍贵，句句都是出自刺绣实践的真知灼见。比如《绣通》谈到刺绣要与书画相通；《绣节》谈到绣女要注意养生，久坐伤身，要或起或行；《绣德》告诉刺绣前要漱口、净手，要做到线书不乱；等等。可谓既有术的总结，更有道的概括。

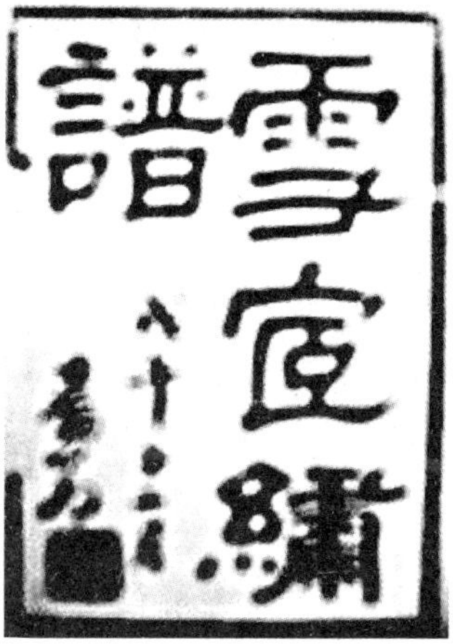

《雪宧绣谱》书影

1921 年 6 月 18 日，第三次大病的沈寿终于不治，病逝于南通，年仅 48 岁。根据沈寿遗愿，张謇将她安葬于南通马鞍山墓地，墓门石额上镌刻着张謇手书：“世界美术家吴县沈女士之墓阙”。墓后立碑，碑阳镌刻有张謇撰写的《世界美术家吴县沈女士灵表》，碑阴雕刻着沈寿遗像。

“世界美术家”是对沈寿的最高评价。和家乡苏州的千万个无名绣娘相比，沈寿终于完成了从绣女到大师的蝶变，她不但留下了精美的绣品，更重要的是，她还开创了刺绣的崭新时代。

四

沈寿后期滞留南通，虽然事业上取得了不少成就，但是也遭遇了诸多的困惑和遗憾。她的经历甚至一度成为民国时期苏、沪、通三地的八卦谈资。这其中，余觉和张謇的关系是受关注的焦点。

其实，余觉和张謇还是姻亲，算是儿女亲家。因为余觉和沈寿夫妇没有亲生子女，过继了余觉的堂侄女，此女后与张謇的公子佑祖成婚。据研究张謇和余觉的陈佐考证，张謇和余觉相识的大部分时间里，双方还是相知和融洽的：比如 1920 年，张謇曾为余觉写润格文告，还为余觉在上海印行的石印手临字贴《三在居士临古》题名，用自己状元的名望为余觉在上海鬻书卖字鸣锣开道。出于对余觉的爱护，张謇告诉余觉在上海卖字生存不易，劝其留在南通。见余觉赴上海之意已坚，张謇也就不再强留。好胜的余觉在上海事业不顺——经营绣品亏损，鬻书艰难，被人讥讽；又听小人传言搬弄，对张謇关心沈寿的举动产生了误解。

张謇生前有记日记的习惯，在他的日记里，“雪君”字样随处皆是。这种情形，不要说余觉，但凡是血性男人看了都不会很舒服。从这一点来看，余觉的酸醋也就可以理解了。但是事情并不仅是吃醋而已，随着沈寿在南通居留时间的延长，余觉与张謇终于交恶，他先是扬言要诉诸法律，经沪上名流包天笑等人调停方才作罢，但很快又与张謇打起了笔仗。

余觉在上海撰写了一本《余觉沈寿夫妇痛史》，自费印行，甚至将其中有关个人隐私的内容在沪上的报纸连载。在《痛史》中余觉主要指责张謇对沈寿“生前软禁，死后霸葬”，还引用张謇教沈寿作诗，内中有谦亭“杨柳唱和”“鸳鸯相覆”字样；另外，余觉还抱怨张謇让沈寿搬到张家濠阳小筑的谦亭后，称呼沈寿为谦亭主人。积怨已深的余觉甚至还直白地将濠阳小筑有一个便门可直通沈寿卧室东面的细节在报刊上公开。

余觉的南通痛史，概括起来有三条：其一是生不能与妻同居，自己老被张謇派出公差，在南通时也因住房问题不能与沈寿同住；其二是作为丈夫却死不得与妻同穴。沈寿去世前遗嘱留葬南通、不与丈夫合茔，余觉认为于情于理不通，因而怀疑遗嘱的真实性。其三是沈寿与张謇之间文字暧昧，甚至有张謇写给沈寿压箱底的信件多篇。余觉在书中还引录了张謇给沈寿的一封信：“汝定不回，我亦无法，即刻有斐请客，惟有归后，独至谦亭，一看可怜之月色耳。汝何由见之。十七日六时。”这些文字确实引人遐想。

对于余觉的撰文挑衅，张謇虽未作激烈的反击，但他还是在《南通日报》上写了《张啬庵述撰略》一文，直斥余兆熊为拆白党（即骗子）。文章并揭余短，说在沈寿病逝前余觉只来看过她一次，而且目的还是来向她讨要那块意大利皇后送的金表，说这是他们夫妇的共同财产。幸亏沈寿姐姐沈立及时告诉张謇，张謇给了余觉五十几块大洋，余觉才将表留下来。耐人寻味的是，这篇文章在张謇自编的所有文集中都未作收录。不过，沈寿去世后，张謇把沈寿的高洁和余兆熊的“小人态”都写进了沈寿的灵表，并永久地刻在了石头上。

福寿堂

余觉的确有世家子弟习气，当年在北京时对沈寿的钱财控制得很紧，到上海后还讨了两房姨太太，生活浮浪。但是，作为沈寿的丈夫，他的发难也不能说没有道理。因为在清末民初时代，男女交往还是很受约束的，状元兼实业家的张謇如此不掩饰自己对沈寿的仰慕和欣赏，在事业和生活上鼎力相助，乃至竭力令沈寿留居南通，确实会伤害也曾经是好友、但更是沈寿丈夫的余觉的感情。

沈寿与张蹇的交往也确实引人遐想：一是，沈寿第一次住进谦亭后不久，曾经用自己剪下的头发绣了张謇的书法“谦亭”二字给张表示感谢。对于此事，张謇六月三十日日记记载：“见雪君发绣‘谦亭’字二帧成，工绝，因赋此诗酬之。”诗云：

枉道林塘适病身，累君仍费绣精神。
别裁织锦旋图字，不数同心断发人。
美意直应珠论值，余光犹厌黛为尘。
当中记得连环样，璧月亭前只两巡。

旧时女子断发赠给异性有特别的寓意，包含有特定的情愫——也难怪张謇要写出“同心断发”的诗了。

第二个事实是，据曾任苏州刺绣研究所名誉所长的已故中国工艺美术大师徐绍青回忆，他曾在20世纪60年代看到沈寿绣的一幅观音像，图边上是张謇题的“大慈大悲南海观世音菩萨”，下面盖有一方“只羡鸳鸯不羡仙”钤章，都是沈寿亲自绣上去的。徐绍青看了绣作后说了“活七牵”三个字，这三个字的苏州话意思是不打自招，话虽双关，意有别属。

余、张关系和睦时，余觉为维持在上海的绣织公司的经营，曾将苏州马医科的绣园以4 000元廉价卖给张謇。到了1921年，余觉想原价赎回，遭到张謇的拒绝。张謇后来以4 500元转给了客居苏州的浙江南浔富商庞氏。

沈寿去世4年后，张謇去世。余觉晚年在苏州上方山麓原南宋诗人范成大“天镜阁”遗址建“觉庵”一所，“觉庵”亦称“觉庐”，俗称“余庄”，现在却叫作渔庄。余觉在室内设“福寿堂”，以此来纪念沈寿刺绣得赏往事。1934年新屋落成后，沈寿侄女沈粹缜以及丈夫邹韬奋特地前来看望余觉。谈及和张氏的恩怨，余觉说：“和张（謇）家关系蛮好。”并出示了自书对联一副：

古往今来真一梦，湖光水色自双清。

在余、沈、张的情感纠葛中，外人难明个中是非，也无法公正研判，其中甘苦只有沈寿一人知道。不管怎么说，大师留给我们的，不应该只是风月，更多的应该是陈列在北京、苏州、南通等地博物馆里的那一幅幅精美绣品。而凝聚沈寿一生心血的《雪宧绣谱》留给后人的，也不仅仅是刺绣的技法，更多的是艺术的心法。

胡厢使巷的春天:唐纳蓝苹罗曼史

唐纳故居:位于胡厢使巷35号。胡厢使巷在平江路中段东侧,西起平江路,东至仓街。相传巷内有胡厢使居住,故名。

蓝苹(1914—1991年):原名李云鹤,山东诸城人。做过演员。

唐纳(1914—1991年):原名马骥良,唐纳为常用笔名。江苏苏州人,旧上海知名影评家和剧评家。

春天,一树粉白的老桃花正临河热闹地开着。

花枝努力向河对岸伸出手去,想挽住点什么。和煦的风阵阵拂过水面,微波荡漾,静静地,有三两朵花瓣轻轻坠落,随波荡开,无从惋惜。

这样一个普通的春天,停留在平江古街区的东北角一条叫胡厢使的小巷里。没有太多的行人,春天在这里显得无比寂静和落寞。小巷居民早已经熟悉了这样的春天,这样的桃花。洗菜,淘米,点煤球炉。下午两三点钟的太阳,斜斜地流淌到深巷里。

一

从胡厢使巷靠近仓街那头的巷口向西,行不足百米,就是唐纳故居。

苏州人从来不把唐纳故居称为唐宅,而是说马家墙门。唐纳则被称为马家墙门里的马家少爷。

唐纳,其实并不姓唐,他本姓马,大名骥(季)良,1914年出生在胡厢使巷的“马家墙门”内。这位20世纪早期的苏州才子,因30年

唐 纳

代在上海报界撰写影剧评论而蜚声文坛。今天我们知道得更多的是,他与当年曾在中国政坛上一度掌握生杀予夺大权的“红都女皇”的一段生死恋情。可能唐纳自己也没有料到,那个叫蓝苹的青岛女子,会如此强烈地影响他的一生,遮盖了他一生中其他有光彩的部分,以至于后来他只能去国离乡,客死异域。

唐纳故居是2003年10月由苏州市文管办正式挂牌的。而此前,故居里一直散住着各色居民。老宅中路主轴线前有石库门墙,依次为门厅、轿厅、大厅、楼厅、后花园。中路两侧为备弄。备弄以外分为东、西二路,有东西花厅、画室、书房、琴馆及下房等,基本保留了明清老宅的格局。

由于家族繁衍,本支百世,马家祖上留下的这片产业已被各房分居。到唐纳祖父一代,弟兄两人将大宅一分为二:东片归小房所有;主轴线及西部归唐纳祖父。再到唐纳的父亲兄弟四人,又将祖业一分为四,此时马家已属大户人家里的小户了,光景渐衰。

我们今天了解的唐纳,多愿从其恋情着手。其实,在离开苏州去上海前,唐纳一直叫马季良,到了上海才开始用笔名,他也绝不仅仅是人们知道的那个纵横洋场、戏笔风月的倜傥书生。

唐纳乳名仁官,学名耀华,四岁丧父后过继给父亲长房寡嫂名下,嗣母对他十分喜爱。据唐纳表妹、《传统文化研究》主编陆承曜回忆:

> 唐纳上小学的时候,我经常看到他嗣母把午饭准备好,装进一个提篮里,篮子的最底层,有一个特别设计的紫铜的物事,里面装着热的炭基,然后叫人给唐纳送去。那饭菜永远是热的。

唐纳早慧,成年后出落得一表人材。有一张他与郁风、吕恩等人的合影,照片上的唐纳风姿翩翩、西装革履,个头适中,五官端正。有这样的风采,难怪吸引了演员蓝苹的目光。

这个激情才子,在当时国难深重之际,和所有热血青年一样都是积极进步的。

唐纳是省立苏州中学剧团的主要演员，演过左翼话剧《工场夜景》《活路》《SOS》等，他还秘密参加过共产主义青年团(C. Y 组织)。1932 年 3 月，中共吴县县委和共青团组织遭到国民党警察局的大搜捕，唐纳只好从苏州消失。

二

马季良迫于政治压力离开苏州到了上海，经亲戚介绍进入大陆银行当练习生。因不喜欢银行的工作，便又考进了上海圣约翰大学，边读书边翻译好莱坞的电影评论，并试着自己写一些电影评论和剧评，在《晨报》和《申报》上刊载，渐渐地，唐纳这个名字在十里洋场的电影界开始崭露头角，并有了些名气。之后，他参加夏衍主持的影评人小组，并加入电通影业公司，担任编剧和演员，还主编了《电影画报》。

蓝苹漫画像

这时候，一个女主角出现在了唐纳的生活中。她叫蓝苹(原名李云鹤)，从济南来沪，一直在影剧界活动。因为蓝苹后来变成了江青，所以今天很少能够看到对她的客观评价。其实在蓝苹没有成为江青之前，她的演技和为人还是颇能获得一些正面评议的。据一位上海滩老人描述：

> 蓝苹从小想当一名京剧演员，长大后就进了山东京剧学院。据说因参加抗日活动，被当局注意而潜来上海，参加了党的外围组织左翼戏剧联盟，从事革命戏剧活动。她身材适中，脸形端正，因受过京剧训练嗓音响亮，吐字准确，又善于表现人物性格，在演出活动中颇得好评。

文中所说的参加抗日活动，是指蓝苹受山东革命者俞启威的影响所从事的一些抗日活动，这时她正与俞启威同居。俞被捕后，蓝苹离开山东来到上海。俞启威又名黄敬，建国初期曾任天津市长和第一机械部部长。

到上海的蓝苹是进步青年，不久就加入左翼剧联的无名剧社，以主演易卜生的著名话剧《娜拉》获得好评。她也加入电通影业公司成为演员。蓝苹与唐纳同年，唐纳风度翩翩、谈吐文雅，蓝苹热情大方，很会把握分寸，双方一见倾心，旋即热恋。

按照《亲历一九五七》作者唐文权先生的分析，蓝苹初演娜拉成功实在离不开许多朋友的帮助，她既得益于对斯坦尼斯拉夫斯基表演艺术素有心得的章泯的指导，也受教于当时在影剧界颇有名望的赵丹和金山（他们分别出演剧中男主角郝尔曼和格洛克斯齐），更离不开章、赵的共同好友唐纳的关照。

当时的唐纳多才多艺，既当演员，又任报刊编辑，在上海文艺界是活跃分子。同这样一位"影报双栖"的明星式人物发展关系，对蓝苹来说，其价值不言而喻。1937年，在唐纳等人的推助之下，蓝苹出演话剧《大雷雨》（俄国奥斯特洛夫斯基原著，章泯执导）和《钦差大臣》（果戈理原作）的主角，在影片《狼山喋血记》中也担任角色。从此，蓝苹的剧照及大大小小的捧场文章频频出现在报端刊尾，上海影剧界新添了一颗明星。这样珠联璧合的合作关系也许是蓝苹嫁给唐纳的一个主要动因。

1936年4月26日，杭州六和塔下。三对电影戏剧界著名人士选择在西子湖滨、钱塘江畔，举行了一场别开生面的集体婚礼。当时的上海大小报章都在它们的显要位置刊登了这场集体婚礼的消息。那时候娱乐新闻业还不像现今这样发达，但尽管如此，三对明星人物的集体婚礼也够上海市民茶余饭后当做话题说上一阵子了。

六和塔下的集体婚礼

这三对才子名媛分别是：赵丹与叶露茜，蓝苹与唐纳，顾而已与杜小鹃。钱塘潮涌，古塔为证。在塔前，6位俊男靓女由白须飘然、德高望重的著名大律师沈钧儒证婚，并由享誉上海滩的文艺名人郑君里主持仪式。那天，郑君里还让证婚人居中、三对新婚夫妇分列两侧，拍了许多照片留念。

三对新人专程从上海至杭州举行婚礼是唐纳的策划。因为六和塔又名六合塔，矗立在钱塘江边的月轮山上。唐纳取“六和”“六合”的谐音之意，希望包括自己在内的六位新人婚后和合美满，便出了六人来此举行集体婚礼的金点子。演艺圈的明星和文人雅士以如此奇特的旅行方式结婚，一时在上海传为佳话，也引起了不小的轰动。

同年5月5日晚八点，三对新人还在上海八仙桥青年会九楼餐室招待亲友，一度又成了八卦记者们追逐的对象。根据不少报章的描述，那晚新郎一律西装，新娘一律旗袍：“蓝苹的身上是一件新的白地方格的灯笼袖旗袍。小叶穿蓝地红花的旗袍。小杜则是白地红花的旗袍。”

新人们的招待会也成了沪上明星们的大聚会，很多大明星都赶到八仙桥来祝贺，连炙手可热、如日中天的“电影皇后”胡蝶也现身到会，引得镁光灯闪烁不已，人群好一阵骚动，不知谋杀了娱记们多少珍贵的“菲林”。喧哗过后，大家要新娘蓝苹当众发表感想，蓝苹只说了三个字：“很快活！”

婚后，蓝苹还特地与唐纳来到苏州。在胡厢使巷的老宅中，蓝苹拜见了婆婆和姑母等亲友。根据姑母马振英回忆，唐纳与蓝苹居住在老宅中路的大厅、楼厅以及毗连的西花厅、西书房等地。蓝苹口齿伶俐，给人以亲切、热情的印象，甚至还为这位姑母倒过洗脚水，以表小辈的尊重和孝敬之意，这些举止赢得了唐纳家人的好感。

但是，好景不长，这对夫妻短暂的幸福蜜月很快就有了苦涩的味道。

三

胡厢使桥以及胡厢使巷，在老苏州人口中一直被念成胡相思桥和胡相思巷。唐纳后来的这段特别感情，从某种意义上说，就是一场胡相思。

关于唐纳与蓝苹的婚变，有这样几种说法：

其一是感情问题。双方均互相指责对方不忠实于婚姻，蓝苹的说法后来是用一封公开信表达的，此信原载《大公报》，1937年的《电声》杂志第6期全文转载。公开信的原标题是《我的自白》，见诸报端时，副标题为：唐纳蓝苹婚变，蓝苹自述离合经过；与唐纳早无关系，结婚时并无婚书，他对我不忠实，我也已有新爱人。在这封信中，蓝苹对脚踩两只船、动不动就自杀的唐纳深感厌倦和愤怒，并表示不会屈服于社会对女性的偏见和压力而自寻短见。据说后来在延安，周恩来和林彪看到这篇“自白”后对蓝苹非常欣赏，毛泽东也正是从这封公开信开始了解江青的。

其二是经济原因。唐纳虽是文化名人，但其实手头拮据，经济上并不宽裕。在上海滩饱受名利场浸润的蓝苹物质上的欲望不能达到，就百般挑剔，而其利用唐纳手中的笔来吹捧自己，使自己崭露头角，在沪上演艺界一举成名的基本目的已经达到，所以没有了与唐纳继续走下去的动力。在《我的自白》中蓝苹曾这样说：“结婚他是早就提过了，可是直到那时我才同意。不过，我们是说得很清楚的。就是并不是拿这种仪式来辖制谁，只是为了解决经济问题，因为结婚他可以从家里拿一点儿钱，这样可以还清为失业和病所欠的债……”

其三，据陶行知门人弟子中知情者的说法，是婚后蓝苹对唐纳颇有不满，认为唐纳有小市民习气，故而怀念旧情，又去寻找旧爱。

根据蓝苹的公开信可知，双方婚后矛盾很大，经济原因也很突出，蓝苹为此还在唐纳的苏州亲戚家躺了两个月，两人在上海也多次发生口角并动手。尽管唐纳委曲求全，也无法挽回蓝苹决意离开自己的心。

婚后不到三个月，蓝苹就匆匆出走，留下书信说回济南探视生病的母亲，说不出十日即回。蓝苹走后，唐纳感觉不对，一连寄出十几封信，但全都石沉大海、杳无音讯，影视界就传开了蓝苹失踪的新闻。四个星期以后，唐纳才收到郑君里转来蓝苹的信。蓝苹在信上说，她已厌倦了城市虚伪的生活，想回农村去做些事情，希望唐纳在事业上多努力；若有人问起蓝苹，就说她得了脑膜炎死了算了。

唐纳得此消息，急忙买了车票去山东找蓝苹。追到山东后，从蓝苹姐姐处得知她已到天津俞启威那里，唐纳无限悲伤，痛不欲生。在给蓝苹和郑君里留下遗书后，唐纳就在济南一家旅社服毒自尽，幸亏被及时发现而获救。那封留给“阿苹”的凄美的绝命书被人公之于世，不但见诸沪上大小报刊，连《中央日报》也以《轰动济南之唐自杀事件》加以转载，致使海内流传：

……

我本想努力找到你，但是沧海茫茫，我上哪儿找去？

沦落异乡客邸，雨，老是在铅皮上滴著滴著，现在只是我孤零零的一个人，一个人，现在谁是真正爱我的人？谁能再真正爱我像你一样？

我死，对社会没有什么利益，可也没什么害处，我再能做些什么意义的事情呢？我死了，我相信只有使你更发奋、更努力，因为可以常常使你遐想，常常使你追怀的人，现在，现在已经死了！

没什么别的遗憾，只是没有见到你最后的一面和那两个圆圆的笑涡！

祝你加倍努力去争取全民族的自由独立和解放！

……

这个让唐纳自杀前一直记挂的有着“两个圆圆的笑涡”的蓝苹，看见报道后才匆忙从天津赶到济南唐纳所在的医院。

虽然二人后来同回上海，但不久，因蓝苹与名导演、也是自己的好友章泯关系暧昧，唐纳欲跳黄浦江自杀，所幸又被抢救下来。为演员蓝苹而两番自杀并轰动上海滩，唐纳对爱情的态度可见一斑。据说当年陶行知曾写诗规劝唐纳，希望他正视现实，为国事好好活下去：

听说您寻死，/我为您担心！你要知道：/蓝苹是蓝苹，/不是属于您。/您既附醉在电影，/又如何把她占领？/为什么来到世界上？/也要问一个分明。/人生为一大事来，/爱情是否山绝顶？/如果您爱她，/她还爱您，/谁也高兴听喜讯。/如果您爱她，/她不再爱您，/那是已经飞去的夜莺……

这首诗发表于邹韬奋在香港创办的《生活日报》上，当时也无人注意。1946年陶行知去世后，朋友为了纪念他，将这首诗编入《知行诗歌集》再次发表。看到陶行知在诗中把自己比喻成水性杨花的夜莺，江青当然十分尴尬与不快。1950年代，江青多次化名撰文批判陶行知力促拍摄而成的电影《武训传》，不能不叫人联想起1937年陶行知在给唐纳赠诗中暗讽蓝苹一事。

1937年，上海滩各种小报描写蓝苹在影剧圈里的绯闻和对蓝苹的贬责充斥版面，电影公司不再与她签约，也没有一个导演约她拍片。在与王莹竞争演话剧

《赛金花》的女主角时，蓝苹也落选，一时间她在电影界中十分孤立，经济上又陷入困境。在走投无路之际，蓝苹做出了人生中最重要的抉择——离开上海，投奔延安。

四

沿着历史的街巷，让我们追寻唐纳后来的生活足迹。

唐纳和蓝苹离婚后，1937 年“八·一三”淞沪会战爆发，唐纳担任《大公报》的战地记者，主要报道东部战事；蓝苹则和章泯一起辗转到达延安。1937 年上海沦陷，唐纳与众多影剧界演艺界人士来到武汉，旋至重庆。1938 年 3 月，经赵丹介绍，唐纳与青年演员陈璐相识并迅速结婚。抗战胜利后，唐纳奉命从上海赶往重庆，自此与陈璐结束八年夫妻生活。陈璐后来一直无法理解唐纳对这段感情的态度。据唐纳表妹陆承曜回忆：

> 在我的感觉里，陈璐要比蓝苹漂亮得多，她是武汉人，也是个演员，演过《雷雨》、《日出》等话剧和电影。他们有一个儿子叫马均实，我们都叫他“红儿”。后来，唐纳抛弃了他们母子，红儿的生活变得十分艰难。他开始跟着母亲，母亲上台的时候，他就待在后台。有时候在家里，经常听到他在自言自语，学的是她母亲的台词：“送文将军归天。”这样的情景，让人想起来就辛酸。陈璐对唐纳十分痴情，在唐纳嗣母死的时候，陈璐赶到苏州，哭得死去活来，说：“我生是马家的人，死是马家的鬼。”在场的人无不为之动容，不知道当时的表哥内心里有什么想法。

与唐纳分手后，陈璐仍活跃于银幕与舞台，1965 年才结束演员生涯。“文革”期间，陈璐被打成“现行反革命”，罪名是“攻击中央首长”江青。那是因为一些文艺界朋友知道她是唐纳的前妻，问起唐纳与蓝苹的往事时，陈璐就说了几句，这就成了“攻击中央首长”的罪状。陈璐被下放到湖北襄樊农村达 10 年之久。陈璐与唐纳之子红儿后来在上海《文汇报》工作。

在陪都重庆，唐纳一度在英国新闻处工作，还为一家当地报纸主编影剧副刊。重庆谈判期间，江青从延安秘密到重庆装假牙，毛泽东要求她不能在公开场合露面。可是，江青主动经人联系要和唐纳通电话，甚至邀请唐纳一起吃饭，遭唐纳婉拒。因为唐纳深知，依双方彼此的身份他们是不能再见了。张治中曾发请帖邀唐纳到桂园参加欢迎毛泽东的宴会，唐纳赴宴。当张治中介绍到唐纳时，毛泽东先露出十分惊讶的表情，接着紧握唐纳的手，说了句意味深长的话：“和为贵。”

在陈璐之后，唐纳又在重庆爱上了女演员康健，因两人性格不合，同居不久便分手了。1947 年 8 月，唐纳对国民政府前驻法大使陈第之女陈润琼一见倾心，在之后的几年里，不断追随陈润琼更换工作城市。1949 年年初，唐纳离开当时工作的上海《文汇报》去了香港，在香港《文汇报》任总编辑；1949 年 2 月又追随陈润琼至美国，先后在《纽约时报》等单位工作；1951 年，追随到法国巴黎，就在这一年，唐纳终于打动了陈润琼，两人在巴黎举行婚礼。

解放后，很多老朋友致信唐纳，询问他为何不归来。唐纳说：“江青这个人，我最了解她。”事实证明，唐纳这个决定是十分正确的，“文革”中演艺界许多人士都遭遇江青的毒手。和江青曾同台演戏的赵丹在黑暗的牢房里被关了足足五年，而对江青帮助很大的郑君里死得最惨。郑君里被抓走后一直没有消息，后来糊里糊涂地死了，有通知说可以让郑君里的儿子去医院认尸，儿子见到的是爸爸全身发黑的遗体。据说，江青要找一封很重要的信，把郑家翻了个底朝天也没找到。唐纳说，其实这封信在他手上，江青怎么会找得到。

在法国，唐纳恢复了马姓，改名马绍章。与陈润琼生有一个女儿，取名马忆华。唐纳还在巴黎开了一家中餐馆，现在成了不少华人游客到法国后的必到之处。老友任嘉尧 1988 年曾经两次去探望唐纳，光顾过这家“天桥饭店”。

20 世纪 80 年代，中国的国门开放，胡厢使巷曾经两次迎来了游子的脚步。只不过，当年那个俊俏小生而今已经是满头银发了。第一次是 1979 年 9 月，在中央来人陪同下，唐纳怀着深情，默默走遍了全宅，之后还特地访问了住在走马楼下的启蒙老师王芍麟的家，久久不想离去。6 年之后，即 1985 年，暑热刚褪，唐纳携夫人和女儿再次回乡：“每到一处，都要向妻女详细介绍许多往事，时而笑语洋溢，时而唏嘘感慨。”

这一次是他对苏州故乡的最后一瞥，1988 年 10 月，唐纳在巴黎辞世，终年 74 岁。

一年之后，国内文化界人士在上海延安路市政府小礼堂内为唐纳举办了一个

“追思会”。他的夫人和女儿特地从巴黎赶来，参加“追思会”的有唐纳的胞弟马骥善，小姑母马振英的儿子徐懋绩、徐懋德，义兄郑君里的夫人黄晨及儿子郑大里，二义嫂叶露茜及其丈夫杜宣，到会的还有唐纳的少时同窗夏其言等，共有七八十人，由名演员秦怡主持。会开得隆重而肃穆，生前友好都深情回忆了与唐纳的交往。会后，唐纳的夫人和女儿来到苏州马家大宅，沿着三年前唐纳陪他们走过的足迹，默默地重走了一周，向这座故居作了最后的告别。

胡厢使巷的河畔桃花，在每个春天都如期绽放，只是往事渐远。随着平江路的声名远播，游人日繁。从胡厢使桥往东穿过小巷，在巷子东首有所老宅，那就是唐纳故居。信步走进，循历史遗迹，或许会翻检出许多陈年旧事。

史学大师顾颉刚轶事

顾颉刚故居(宝树园):位于顾家花园4—7号。故居位于悬桥巷东头,悬桥巷在临顿路中段东侧,西起临顿路,东至平江路。

顾颉刚(1893—1980年):原名诵坤,字铭坚。江苏吴县(今苏州)人,现代古史辨学派的创始人,著名历史学家、民俗学家。

悬桥巷真是个精英荟萃的小巷,洪钧、唐纳、郭绍虞都在这里留下了岁月的痕迹,走到悬桥巷的东头,便到了著名历史学家顾颉刚的家——顾家花园。

一

顾家花园曾是明代名园宝树园旧址。宝树园是明代归湛初所建,惜已不存。顾颉刚的先祖原籍在苏州城东郊的唯亭镇,也是耕读人家。明万历年间迁居到苏州城里定居,对于这次迁居,顾颉刚在自述里这样评价:"从此我家是城里人了,虽然家庭经济来源仍仰赖田赋,然生活方式却由富农而转为市民,这是我家第一次大转变。"经过世代积累,顾氏遂成苏州望族。

苏州城一向是有钱有闲人士的乐土,他们最大的乐趣便是建造自己理想中的园林,在里面唱酬吟咏,享城市山林中的自然之趣,擅长经营、颇有资财的顾家先辈也不例外。明末清初时,当时的先进知识分子团体"复社"社员顾其蕴买下了宝树园,这时的宝树园"洞石玲珑,云林掩映",园里的山茶花以品种繁多、花色艳丽尤为引人瞩

顾颉刚故居

目。顾其蕴常邀好友尤侗等来园中觞咏，共享园田之乐。到顾其蕴之孙顾秉忠时，园里又增建了“安时堂”。1860年，太平天国占领苏州，宝树园与邻近的惠荫园均为听王陈炳文部所用。太平军失败后，被清廷籍为官产，改为机织局，园中的房屋也被他人租赁，园景由此遭到严重破坏。顾家喜欢园林，在旧学前、因果巷一带还有雅园、依园、秀野草堂等7座园林，在潘儒巷也另有宅第。顾氏世代读书，到清代时多有进士及第，有几任知府外放，还有编著刻印书文者，望族的声名震动江南。康熙皇帝南巡驻跸苏州时，曾经赞誉顾氏为“江南第一读书人家”。顾宅大厅上从此就高悬皇帝御笔亲题的巨匾，与亲友交往的名片、礼匣上也都印着康熙皇帝的这句高评。乾隆末年，因受赈案牵连，顾家部分产业被查抄，由此家道转向中落，曾经承载了不少风雅故事的宅园也大多被毁。

顾宅老屋现存东西两路。前院天井前第四进门上的砖雕门楼还依稀可辨。门楣上所刻“子翼孙谋”四字出自《左传》“子翼孙谋，子桑有焉”之句，为著名戏剧家、书法家周贻白手书。东路第五进房子是顾颉刚的父亲子虬公在1931年重新翻建。门口墙上嵌有“苏州市文物保护单位顾颉刚故居”的标牌。由于封闭分割，现存故居已成为一个单独的院落。

正屋坐北朝南，为硬山平房，屋前有檐廊，正中客堂开落地长窗。堂屋内方砖铺地，后方六扇屏门居中。外形和结构基本保留了苏式传统建筑的风格，但屋内是新式装饰，顶上的泥墁吊顶则明显是西式手法，连房门也是西式。客堂两旁有木隔障分隔，前方东西两侧分别有门通向内室，现为顾颉刚后代的居室。屏门后有一小通道，又有一处小天井，通往后进，现已封闭，天井两旁是厢房，与前面的内室有门相通。

1893年5月8日出生于这个院落的顾颉刚，就是这个大家族中一颗充满希望的“读书种子”。

顾颉刚的祖父顾之义是一名秀才，饱读诗书，但却没有当过官，曾经在湖北、江西、贵州、山东等地做幕僚，既读千卷书，又行万里路，学养和阅历都非常深厚。顾颉刚的父亲是过继给嗣祖父的，到顾颉刚一辈，家中便有“假子真孙”之说。顾颉刚6岁时生母因肺结核不治去世，父亲后来又续弦另娶，顾颉刚由嗣祖母带大。这位既慈爱又严厉的祖母对他的影响很大，顾颉刚曾回忆说：“我的一生，发生关系最密切的是我的祖母。简直可以说，我之所以为我，是我的祖母手自塑铸的一具艺术品。”

顾颉刚五六岁的时候，有一次家里待客，上了点心。顾颉刚一直在旁边看，客人就分了一块点心给他吃，祖母当时没有言语，等客人离去后，关起房门把顾颉刚痛打了一顿。自此以后，顾颉刚再也不敢看人家吃东西。还有一次，天下大雨，顾颉刚不想上学，祖母指着外面道：“就是下铁，也要去！”

由于顾颉刚体弱，嗣祖母对这个孙子给了无微不至的呵护，她口中的民间故事是幼年顾颉刚的精神食粮；嗣祖父廉军公也把苏州的旧闻轶事都讲给顾颉刚听：比如家门口悬桥巷里住的名人有明代的文人郑桐庵、清代藏书家黄尧圃，还有娶了名妓的状元公洪钧等。顾家每年清明要到石湖、虎丘和唯亭去上坟。顾颉刚回忆，在船上，过山塘时祖父给他讲唐伯虎，过越来桥时给他讲勾践灭吴，在运河里给他讲乾隆下江南。即使上街，经过一个牌楼、一块匾、一座桥，祖父都把来历告诉孙子，这些可能是对历史和民俗知识最好的幼教了。顾颉刚成年后对历史学和民俗学的兴趣乃至于贡献，当与年幼的经历有渊源。

顾颉刚6岁时被送入悬桥巷内的张氏私塾，此时叶圣陶也在这里念书。到8岁时，顾颉刚已读完了“四书”。叫人刮目相看的是，这一年顾颉刚居然把“四书”中的历史系统和祖父所讲开天辟地神话故事糅在一起，串联写成了一篇《小史》。读了《古文翼》后，顾颉刚开始跟着父亲学写作文。当时梁启超是《新民丛报》的主笔，他的文章汪洋恣肆，极具煽动力，顾颉刚也是梁的忠实读者。这期间，顾颉刚已经表现出对民间故事及苏州的掌故旧闻的浓厚兴趣。他还读了《诗经》《左传》《大学》等典籍。进了孙宅私塾后，又跟顾介石学《中庸》和《论语》。从幼年起，顾颉刚读书就不盲从，喜欢独立思考，在书上写下自己的观点，这应该是他能够成为古史辨派创始人的性格基础。

少年顾颉刚

1905年，清廷废除了科举，并制定了鼓励学习新学的政策，不少人家纷纷将子弟送到新式学堂学习新学，以图能有个好的出路。14岁时，顾颉刚拖着长辫子考入长（洲）元（和）吴（县）公立高等小学堂，接受新式教育。长元吴公立高等小学堂是苏州最早的新式小学堂，一同入学的还有叶圣陶等人。入学不久，因为患足疾而在家养病，读了《汉魏丛书》及《二十二子》，也因之得以大致了解了古书概貌。等到两个月后他病愈返校时，英文、算术这些“新学”已经比班上的同学落下了一大截。这次“落伍”反而使得顾颉刚一心一意致力国学，读《国粹学报》，并且开始接受章太炎“整理国故”的思想。

16岁时，顾颉刚进入苏州公立第一中学堂（今苏州市第一中学前身）读书，同行的仍然有叶圣陶。他们这群“文学青年”都极爱诗文，还曾效仿前辈文人组织文学社团，课余时则常常结伴到玄妙观旧书肆翻淘旧书。二年级时，大约有半年时间，顾颉刚每晚都由祖父教读《尚书》《周易》《礼记》，国学功底见长。

1913年，顾颉刚考入北京大学预科，当时胡适刚刚任教北大，座下即有傅斯年和顾颉刚。胡适在新文化运动中倡导的“整理国故”思想和用新方法研究史学的主张对顾颉刚的影响很大。顾颉刚少年时便是读书迷。11岁时，他曾根据《湖北官书局书目》，在苏州新书店东来书社买了《西洋文明史要》回家研读；还经常买上海滞销运到苏州来销售的书籍，这时他已对书目发生了兴趣。进北大后，更是有空就泡图书馆，北大图书馆和京师图书馆都留下了他翻检典籍的身影，他也因此得到了充分的学术滋养。1920年大学毕业后，顾颉刚在胡适的推荐下在北大图书馆做图书编目员，协助胡适编书，可谓得偿所愿。

二

1923年，年仅30周岁的顾颉刚发表了“层累地造成的中国古史”论点，引发了当时人文历史学界的巨大震荡。顾颉刚认为，传说中治水的禹或许只是古人的一种图腾崇拜，并不是真有其人，只是到了后来，人们才把古史传说“拟人化”，周代时最古的是禹，到孔子时有尧、舜，到战国时有黄帝、神农，到秦代有三皇，汉以后有盘古，古史系统主要出自战国到西汉的儒家之手。顾颉刚的这一观点并不只是基于常识的猜想，而采用考证史料的手段提供了古人作伪的许多证据。他的观点既如此有理有据，于是，20世纪20年代的历史学界发生了一场轰轰烈烈的“古史辨”运动。似乎就在有意无意之间，刚步入而立之年的顾颉刚成了古史辨派的创始人，也因此奠定了他在历史学界的地位，被称为学术界的三大“老板”之一（另两位是胡适与傅斯年）。

除了历史学外，顾颉刚在吴歌的整理和研究方面也颇有建树。吴歌是吴语地区的口头文学遗产，早在乐府时期就有《吴声歌曲》，还有脍炙人口的子夜歌、采莲曲等。到明代时，苏州人冯梦龙也搜集整理出了《挂枝儿》等山歌小曲曲集。但是和诗词等比起来，这些酸歌野曲始终不能登大雅之堂，也少受重视。

1918年，主张兼容并包的北大校长蔡元培延请吴梅到校教曲，又支持刘半农和沈尹默搜集歌谣，并向全国征集歌谣。此时顾颉刚因为妻子吴征兰去世正休学在家，怅闷不适间便发动家人和亲友搜集当地歌谣，不意竟觅得吴地歌谣上百首。顾颉刚便继续搜集方言、谚语、谜语和唱本等，集成了10余册札记。同乡兼好友郭绍虞在《晨报》上发表了介绍顾颉刚搜集的吴歌的文章，引起了许多学者对吴歌的讨论。顾颉刚本人也写了《写歌杂记》等研究吴歌的文章。1926年，北京大学还出版了他的《吴歌甲集》，胡适和刘半农均为之写序，胡适在序中评价该书“是独立的吴语文学的第一部”，是“道地的方言文学”，“颉刚收集之功，校注之勤，我们都很敬服。他的《写歌杂记》里有许多很有趣味又很有价值的讨论（如论‘起兴’等章），可以使我们增添不少关于《诗经》的见识。”《吴歌甲集》堪称中国

第一部科学记录的民歌集。1936年，顾颉刚又出版了《吴歌小史》。从上述来看，吴地民间文学的奇葩——吴歌得以从乡野登堂入室，顾颉刚功不可没。

顾颉刚自1913年北上求学离开苏州后，其间断断续续回家探亲、奔丧、料理家务或休养，居住时间并不长。1945年抗日战争胜利以后，顾颉刚曾回苏州住过一段时间，期间还把他主持的文通书局设在了顾家花园。文通书局的董事长华问渠是著名的茅台酒厂的东家。原来这个书局办在昆明，顾颉刚在昆明任教时结识了华问渠。因为顾颉刚在文化事业上有经营头脑，正巧书局也计划在江浙一带发展，华问渠便特聘顾颉刚担任书局编辑所所长，云南大学教授、史学家白寿彝任副所长。顾颉刚将自家老宅分出一部分，作为办公室和同人的宿舍，史学家方诗铭、童书业也都居住在此。因而，当时顾家花园，既是顾颉刚的住所，又是文通书局编辑所的办公场所。当时，因为印书编书参考的需要，顾颉刚把在重庆的藏书也运到了苏州，加上原来的古籍，顾宅藏书大增。后来，顾颉刚把许多书籍、资料和八百多件文物字画都捐给了苏州博物馆。

1937年的顾颉刚

那个时候，除了编书外，顾颉刚还主持编辑综合性进步刊物《文讯》，当时连郭沫若、茅盾等都曾在上面发表过文章。顾颉刚又把在重庆创办的著名文史期刊《文史杂志》在苏州复刊。一时间，顾家花园人来人往，文化名士经常到访，十分热闹。顾颉刚还在上海的复旦大学兼授部分课程，往来于苏沪之间，直至1952年调到北京工作。

今天，顾宅的东落第五进东侧紧接主房的一落辅房，就是顾颉刚先生曾经的书房。它和正房一样，也可分成一房一厢前后两间。因为曾经被其他单位借用，铺地已不是原样。但墙上陈旧的壁橱，还留有那个时代的气息，让人不禁回首一代大师曾经在这里埋首治学的情境。

在短暂回苏期间，顾颉刚还发现了钱穆的才华，并将之举荐到北京的高校任教，成就了民国时期学界的一段佳话。

1929 年春天，没有机会受大学教育而靠自学成才的钱穆正在苏州中学教书，业余时则勤奋治学。恰巧顾颉刚回苏州养病，经人引荐在苏中宿舍见到了钱穆。顾颉刚《古史辨》出版不久，钱穆就认真研读，并与朋友谈论。因此两人见面交谈后也不觉陌生，顾颉刚很快就被钱穆的学识所折服。他见钱穆桌上放着《先秦诸子系年》，便问钱穆："可否让我带走，以便详读？"钱穆谦虚地答应了。几天后，顾颉刚对钱穆说："君之《系年》稿仅匆匆翻阅，君似不宜长在中学教国文，宜去大学教历史。"接着又告诉钱穆，广州中山大学曾嘱托他物色新教师，他决定推荐钱穆前去；同时顾还力邀钱穆为他编辑的《燕京学报》撰稿。顾果然不食言，钱穆的名作《刘向歆父子年谱》虽然与顾颉刚观点相左，但顾颉刚照样刊登。不久，钱穆接到广州中山大学电报，聘请他前去任教。因不忍回绝苏州中学校长的挽留，钱穆暂时留在苏州。又过了一段时间，牵记钱穆的顾颉刚再次将其推荐到燕京大学任教。钱穆于是北上，正式开始走上学坛。后来，北京大学欲聘请顾颉刚任教，顾又写信给胡适说："我能教的课，钱穆没有不能教的；而他为学比我还笃实。"就这样，钱穆又登上了北大的课堂，成为学界的一颗新星。

50 年后，提到顾颉刚的学术人格，钱穆在《师友杂忆》中说："此种胸怀，尤为余特所欣赏。固非专为余私人之感知遇而已。"

三

除了故居，一代史学大师顾颉刚还给故乡苏州留下了一段奔走呼号保护古城墙的故事。

据顾颉刚的助手王煦华回忆，20 世纪 50 年代，在一次座谈会上，顾颉刚提出"苏州是全国第一古城"，强调了苏州古城保护的价值。对于苏州古城保护，最值得一提的是顾颉刚写的《苏州市文化建设计划书》，这份珍贵的史料曾一度消失，20 世纪 80 年代，王煦华在整理顾颉刚的书稿时才意外发现了它。在《苏州市文化建设计划书》中，顾颉刚指出：

苏州城墙筑于公元前五一四年，距今已二千四百六十五年，实为全国最古的一座城池。城墙虽累经修葺，而城址则寸步未移。推其所以经历了长时期而不移动的原因，乃因运河环城，给水道束缚住了的缘故。而这环城的运河，连同城内河道，即是伍子胥筑城时所凿，足见二千四百年前我国水利工程是如何的优越。

对当时有人提出拆除古城墙的建议，顾颉刚坚决表示反对：

近年有人倡议拆城以便交流，意思固然很好，可惜拆了城墙，大河当前，势不能予以填平，把水运改为陆运。到那时为了便利行人，依然只能造桥。既已造桥，只须在几条桥堍上多开几个城门就是，若把整个城墙拆掉，岂非浪费了人力物力！所以我希望，由我们这会议决定，这城墙永久不拆，已毁的雉堞也修好，替中华人民共和国保存一个历史上具有重大价值的古迹。市内河道两岸缺少树木，也是刹风景的事。应就隙地多栽杨柳、梧桐，使它充分发挥出幽雅的面貌。苏州本以画舫驰名，画舫的俗名是'小快船'，抗战后已见不到，如已无存，应由市人民政府照样制造，按照时间租赁使用，使得外国嘉宾和他地游客可以尽量欣赏这江乡水国的风趣。

当得知《计划书》被苏州市政建设委员会通过时，顾颉刚欣喜若狂。他在日记中写道："予计划书中力主不拆城，一致通过无异议，此为予对于苏州古迹一大功也。"可惜，尽管如此，古城墙还是没有逃脱被拆除的命运。大炼钢铁时期，城墙变成高炉，残迹余灰，荒草丛生。直到21世纪初才被改造成了古城风貌保护带，而承载了厚重历史的古城墙却仅存零星。2011年，苏州市政府开始启动尝试性恢复古城墙工程，但此城墙已非彼城墙，1958年拆除苏州古城墙的失误已无法弥补。

顾颉刚心里一直有个愿望，那就是整理苏州乡邦文献。1952年，60岁的顾颉刚被苏州政协聘为苏州市建设委员会文化建设组委员，他准备写一本《苏州小史》，提纲都列好了，但是因为身体原因和资料繁多，兼之赴京到中国科学院历史研究所任研究员，此事遂罢。1986年，根据顾颉刚近50年所作的读书笔记编辑而成的《苏州史志笔记》出版，该书涉及苏州的历史、经济、地理、民俗，以及人物著作、地方文献、文物考古、故事传说、戏曲歌谣等各个方面，考证严谨，史料全面，是顾颉刚留给苏州地方史志的珍贵礼物。

1980 年 12 月 25 日，是顾颉刚生命的最后一天。上午他感到浑身无力，下午还为写约稿坚持阅读《十三经注疏》；晚饭后，顾颉刚又向女儿顾洪说起第二天要写有关黄侃的回忆录。不料半个小时后，因心脑血管发病，溘然长逝。享年 87 岁。值得一提的是，顾颉刚遗嘱将其遗体献给中国医学科学院，供解剖研究之用。

第二天，女儿在医院整理遗物时在一张信纸上看到了父亲的手迹："黄侃，湖北蕲春县人"，"五四运动前，先在北大教中文系，后到中央大学教中文系"，"1936 年病卒，年 50……"

1993 年，为纪念顾颉刚 100 周年诞辰，顾颉刚先生学术研讨会在苏州举行。胡绳、费孝通、雷洁琼、钱伟长等文化名人都来苏参加了这次盛会。而今，当年参会的这些先辈也都已驾鹤西去。

清末状元洪钧与赛金花遗事

洪钧故居(桂荫堂):位于悬桥巷27号。悬桥巷在平江历史文化街区北部,临顿路东侧,与因果巷相对。明代魏忠贤在巷内造真馆,为安全计,跨河建桥一座,得名悬桥。

洪钧(1839—1893年):字陶士,号文卿。苏州人,外交家。第三房如夫人赛金花(1870年或1864—1936年),祖籍安徽,生于苏州,人生颇多传奇。

卅六鸳鸯馆

苏州状元多,私家名园也多。状元们的墨迹自然少不了被搜寻来为园景锦上添花。拙政园在晚清时归卖扇子起家的富商张履谦所有。园中最华丽的鸳鸯厅是园主会客的地方,厅堂分隔成南北两部分,一边供男主人正襟危坐与客人叙茶闲话,另一边则是给女眷寒暄家常之用。南厅名十八曼陀罗馆,北厅叫做卅六鸳鸯馆。这两个厅的匾额就是出自苏州两位状元的手笔:"卅六鸳鸯馆"是同治七年(1868年)状元洪钧手写;"十八曼陀罗馆"则是同治十三年(1874年)状元陆润庠所题。前者是历朝状元中唯一被派遣出国担任公使的,后者则是末代皇帝溥仪的老师。

巧合的是，这对同朝的状元还是一对儿女亲家，陆润庠的女儿嫁给了洪钧正房夫人之子洪洛。园林主人请他们题匾，还正好暗含了谐音红（洪）与绿（陆）的含义。

二

在平江路历史文化街区西北部，与因果巷相对、临顿路东侧有一条东西向的小巷，名叫悬桥巷，巷内 27 号有一幢保存较完好的清代建筑——桂荫堂，它就是清同治戊辰科（1868 年）状元、兵部侍郎洪钧的故居。这座故居，并不是洪状元的出生地（洪的出生地在平江路历史文化街区中部偏南的北张家巷），而是他官场发迹后所建。桂荫堂第宅坐北朝南，占地总面积约 3000 平方米。后门临河，原有廊桥，过桥即菉葭巷，可惜河道已于 1958 年填没。整个第宅可分三路：西路是主轴线，共有七进，前有照壁，依次为门厅、轿厅、花厅、大厅、堂楼、上房、下房。第四进大厅“桂荫堂”已拆除，花厅前庭院内的亭子、旱船、假山、桂花树也已不存。堂楼与上房连以厢楼和旱桥，末进下房通后门。中路前为洪氏祠堂，亦即桂荫义庄，有门屋和享堂，左右以两庑相接，呈四合院布局。享堂面阔 3 间 11 米，进深 8.6 米，扁作梁，前船篷轩，外檐施斗拱，梁枋作浅浮雕。东西两庑各 6 间。住宅包围祠堂西、北两面。西路与祠堂之间有避弄，到享堂向北东折，再北转，贯通中路及东路。中路在祠堂北，前为楼屋 3 间，连东西两厢，其后还有上房一进。东路有花厅及两进上房。赛金花在苏州时，曾住西路第五进堂楼。

洪钧故居

游人来此凭吊的倒不是洪状元的辉煌政绩，而是他与赛金花的一段情缘，还有赛金花在近代史上那段不让须眉的壮行。说来惭愧，洪均作为晚清的一名能臣，却要靠女子扬名，这实在是做男人的悲哀。但是这个院中的女主人之一赛金花的传奇身世与遭遇，确实叫今人无法不对她产生强烈的好奇。她不仅是清代四大谴责小说之一《孽海花》中状元金雯青与傅彩云故事中女主角的原型，还是近代以来报章杂志上的话题人物。

先来看看洪钧是何许人也。

洪钧字陶士，号文卿。出生于苏州的一个商人家庭，父亲经商维艰，迫于生计，只得叫已念了几年书的洪钧中断学业，到别家店铺做学徒。已经懂事的洪钧自幼便有远大的志向，他不愿意在计较锱铢中终了一生，便向父亲恳求让他继续学业，幸得其父应允，由是便更加珍惜学习机会，到僻静几无人迹的西山岛上发愤攻读。洪钧毅力超强，智力也很非凡，寒窗苦读很快就有了好成绩：18 岁时就考中了生员，并补为县学生。同治三年（1864 年），25 岁的洪钧在江宁考中甲子科江南乡试的举人，4 年后的三月中旬参加在京师礼部贡院举行的会试，到四月中旬“杏榜”放榜时，洪钧成为贡士。四月二十一日，由年仅 12 岁的同治皇帝主持，两宫皇太后垂帘听政，在保和殿举行殿试，洪钧一举成为科举制度下的幸运儿，在戊辰科殿试中以一甲第一名进士的成绩状元及第，授翰林院修撰，这一年洪钧 29 周岁，正是年富力强的黄金年龄。之后的洪钧仕途顺畅，历任学政、翰林院侍讲学士等职，侍奉的皇帝也从同治换成了光绪。

光绪八年（1882 年）九月，翰林院侍读学士任期满后，洪钧即告假回苏州省墓，在家乡小住了三个月。光绪十年（1884 年）三月，中法战争爆发，主战的洪钧上书历陈御敌机宜，并推举云贵总督岑毓英指挥中越边界的抗法战事。不料岑毓英指挥连连失利。几乎与此同时，法军又在福建马尾对中国宣战，而福建会办大臣张佩纶也失职。云南和福建两省的抗法战争失利的责任官员都系洪钧好友，由此洪钧成为众矢之的，被指荐人不当。洪钧无奈之下，只得以奉养年迈老母为由请假回乡，回到苏州后洪钧侍奉母亲力尽孝道。第二年，母亲病故。洪钧续假丁母忧。长居乡里，闲极无聊时便结识了傅彩云（即后来的赛金花）。

赛金花，原名赵彩云，跌入娼门后，为不辱家门，又讨吉利口彩，就改姓傅（与富同音)，名彩云。根据她本人的自述，她祖籍安徽歙县，母亲潘氏为苏州吴县人氏。同治十一年(1872 年)赵彩云生于苏州的临顿路周家巷(一说在城东的葑门横街)。她和洪均之间，一个是身居高位的显赫状元郎，一个是烟花场里的一代名妓，似乎彼此都借了对方声名，而又彼此各有事迹。两人结合后，有好事者还曾附会出了一段传闻。据说，赛金花从小爱吃一道家乡风味特产——状元红，就是用猪油炒红色的苋菜拌米饭。里人乡亲便调侃道：彩云姑娘爱吃状元红，将来一定也能嫁个红(洪)状元。

傅彩云幼年时家庭条件不好，十三四岁时父亲不幸弃世，留下寡母和一对姐弟。为了养活一家人，傅彩云便沦为妓女。正值豆蔻年华的傅彩云长相美貌，聪明伶俐，喜欢打扮，又热衷交际，很快就在苏州烟花圈里走红，有人戏称她为花榜状元。也正是欢场生涯才使出身低贱的傅彩云与朝廷高官洪钧有了接触的机会。

洪钧手迹

在苏州丁母忧两年后，洪钧的假期将满，准备回京复任，朋友带他去山塘的花船上喝酒，结果与还是清倌(卖艺不卖身)的傅彩云结识。洪均对傅彩云可谓一见钟情，很快便为她的绝色风韵所倾倒，并对之留恋不舍。而傅彩云也为能认识这位虽已步入壮年、但仍风流潇洒的状元郎而欣幸。洪钧受身份所限，不便出面，就叫朋友约了傅彩云到洪府打牌。朋友见两人都彼此歆慕，自然乐意从中撺掇，玉成好事。但是此时洪钧已有一房正室(南京王氏)和一房偏室(扬州女子)，赵彩云要是嫁给洪钧便是第三房姨太太了，赵家祖母十二分的不甘心，偏偏洪钧对赵彩云喜欢得紧，加上自家能力也强，财力更不必说，便对赵家提出的条件一一应允，若干回合之后，赵家总算允婚。光绪十三年（1887年）正月十四，状元府第张灯结彩，洪家用绿呢大轿，挑着两排状元灯笼，吹打着喜乐隆重地把傅彩云迎娶进了门。49周岁的洪钧与16周岁的赵彩云结为夫妻，人称金榜男状元娶了花榜女状元。为了表示与过去的烟花生活告别，洪钧还为爱妾重新起了名字，赵彩云也就变成了洪梦鸾，洪家上下都叫她"新太太"。大概是洪钧丁忧在籍已离开权力角逐的核心圈两年，在苏州除了与朋友享受闲情逸趣之外并没有参与太多的政治活动，所以他在服丧期间娶妾，虽是贺客盈门，高朋满座，却也无人告发。而按照律例规定，在国丧以及服父母丧期间婚娶宴乐是要被严厉处罚的。

少女赛金花

洪梦鸾自打从良嫁与状元公之后，整个生活发生了翻天覆地的变化。当年4月，洪钧携洪梦鸾进京；五月，清政府委派洪钧出使德、俄、荷、奥等欧洲四国。彼时出洋在国人眼里被当做苦差事，洪钧的正室王夫人要留在府中经管家务，不愿随洪钧远赴西洋，二太太体弱多病经不起远行颠簸，便命刚做新娘子的赛金花随洪钧出国，王夫人还把只有正室才能穿戴的诰命服饰给了赛金花。因此，赛金花得以以公使夫人的名义出使四国。

洪钧夫妇搭乘法国"萨克逊"号邮轮从上海起航，首站是德国柏林。在柏林居住数年，还到过俄国的圣彼得堡、奥地利的日内瓦等地。因是大清公使的身份，在出使期间，生活上尽享奢华，与他们交往的都是欧洲上流社会人士。德皇威廉二世和皇后曾经接见过洪氏夫妇，皇后还与洪梦鸾合影留念。赛金花非常聪敏，有极强的语言天赋，在德国的时间虽然不长，可是勤于交际的她已学会了德语的日常会话。克服了语言障碍后，洪梦鸾以大使夫人身份拜见德国的铁血宰相——

俾斯麦。在德国出访期间,她与后来攻入北京城的八国联军统帅瓦德西相识,也正因此,若干年之后也才有了状元遗孀挺身而出向瓦德西求情勇救北京城的故事。野史喜欢津津乐道洪梦鸾在德国期间就与瓦德西有染,其实都是附会虚构。瓦德西与洪梦鸾初识时已是花甲老人,比洪钧还年长好几岁。何况洪梦鸾是保守的大清国公使夫人,对方的身份和地位都使他们的行动根本不会造次,那些绯闻都是好事者臆想自娱罢了。

出使欧洲的日子有点像是洪钧与爱妾的蜜月之旅,应该也是赛金花一生中最幸福快乐的时光。在柏林居住期间,赛金花与洪钧生有一女,取名德官(19 岁时早夭)。

1890 年,洪钧任满回国,他根据自己对欧洲考察的体会对慈禧太后说,不出十年,欧洲将爆发战争。他还分析了俄国、奥国、英法等国的局势,并提出了中国应该采取的措施:对内要明修政事,对外要加强戒备。可惜,腐朽的慈禧正醉心于权力之争,哪里有心思制定外交策略。

回国三年后,64 岁的洪钧暴病身亡。洪钧的辞世与他在出使时捅的漏子有关。出使欧洲期间,洪钧有机会见识到了浩繁的元蒙典藏,由此产生了研究元史的兴趣。他根据一张俄文地图绘制了一幅中俄边境地图。由于不懂外语,地图标识都是请人翻译填制,误将帕米尔高原的许多哨卡画入俄方领土。这张错绘的地图被觊觎中国国土已久的俄国公使收集起来,作为处置清朝与俄国边界冲突的证据。这一失误虽经排解最终得到澄清,但洪钧还是遭到了多名官员的弹劾。

光绪十九年(1893 年)阴历八月二十三日,受到地图事件打击的洪钧因病辞世。傍着洪钧出尽风头的洪梦鸾护送载有洪钧棺柩的船只南返,行至京杭大运河苏州段的接官亭,即被前来迎灵的洪府家人言语相讥,洪梦鸾心知自己出身微寒,无力与洪府前两房夫人相争,只得凄然把德官交给洪家,孤身一人到上海谋生。不久在上海生下洪钧遗腹子,可惜这个孩子仅活了十一个月就夭折了。

洪均临死前,曾遗嘱留下 5 万银元,叫其堂弟洪銮交给洪梦鸾,但这笔钱被洪銮悉数私吞。身无分文的洪梦鸾无奈,只得重操旧业。1894 年,她在二马路鼎丰里旁的彦丰里租了房子,买了几个姑娘,挂牌书寓,自己改名赵梦兰,花名傅彩云。1898 年又从上海辗转至天津、北京,以状元夫人和公使夫人的招牌在官场名流中周旋谋生。

1900 年，八国联军攻进了北京城，傅彩云以妓女的身份发表了“国家是人人的国家，爱国是人人的本分”的演说，让须眉们为之一震。更令他们弹落眼睛的是，赛金花又发挥自己会说德语并与瓦德西有旧交的优势，与侵略者头子瓦德西协调，终于使北京城免掉了一场毁灭性的灾难。民间敬佩地称她为“护国娘娘”，又因她曾与卢玉舫结拜，行第二，称她做“赛二爷”。这一时期的赛金花焕发了她人生中最亮的炫彩。

北京事件平息后，赛金花在李铁拐斜街胡同重张艳帜，继续她的脂粉生涯。但是，灾祸很快就降临了。1903 年 3 月，赛金花用 1200 两银买了武清县的一个女子到自家书寓做妓女，取名叫“凤铃”。不料这个女孩并非雏儿，先前是在小李纱帽胡同茶室里混过的。有个熟客要出八百两银子为她赎身脱籍，没有办成。茶室方面怕二人私奔，白损失一大笔，就急急地脱手卖给了赛金花。凤铃早已染上鸦片烟瘾，见脱籍无望，就吞了鸦片自尽，等到赛金花发现为时已晚，凤铃家来人说凤铃是被赛金花虐待致死。此事被人告到官府，4 月，作为班主的赛金花被巡城御史勾捕，刑部以虐待妓女罪将之打入牢狱，赛金花出狱后被遣回原籍。

班主赛金花

据传，赛金花的牢狱之灾与陆润庠有关。前文已述，陆润庠的女儿是洪钧的儿媳，妓女出身的赛金花进了洪府之后备受宠爱，风头远远压过了这位出身高贵的千金少奶奶，陆润庠心中更是难咽下这口气。虽说在赛金花扶灵南下时已遭受难堪，但是想到她所占的风头和荣耀，陆少奶奶始终耿耿于怀。其父陆润庠是京城高官，左都御使，工部尚书，当朝一品，对于宝贝女儿被妓女出身的庶母压过风头早已心生不满，原先是碍着前辈状元洪钧的面子不便发作。洪钧去世后不久，光绪二十四年(1898 年)夏天，陆润庠就曾经与上海知府共谋，强迫赛金花离开了上海。这次得到赛金花犯事的消息，更是发挥京官的能量，背后运作，直至将其逐出了京城才算是出了一口气。

赛金花南下后又在苏州、上海一带流转，继续靠金花班谋生。1936 年 12 月 4 日（一说 11 月 17 日），65 岁的赛金花在穷困潦倒中凄惨地度完了后半生，在北京去世。京城名流们出资将其安葬于陶然亭慈悲庵附近的锦秋墩上，并争相刻录碑文以纪念这个一生传奇的妓女“护国娘娘”。刘半农曾作《赛金花本事》记录赛金花的一生；张大千为之绘《彩云图》；樊增祥则为之题有《前彩云曲》和《彩云后曲》长诗。可惜，这些文物尽皆散佚。

赛金花注定是要进入历史的。她在临去世这一年，曾指定沪上当红演员王莹在话剧《赛金花》中扮演自己，二流影星蓝苹为争演此角色而与王莹反目成仇。在蓝苹成为江青多年后“文革”发生，江青自然不会放过王莹这个当年的竞争对手，王莹受尽折磨，于 1974 年被迫害致死。此已是题外话了。

范烟桥：被遗忘的江南才子

范烟桥故居：位于温家岸17号。温家岸在旧学前东端北侧，东傍临顿河。也曾叫温家岸下塘和老虎弄。

范烟桥(1894—1967年)：乳名爱莲，学名镛，字味韶，号烟桥，别署含凉生、鸱夷室主等。吴江同里人，现代作家，进步民主人士。

提到范烟桥这个名字，像一个久远的梦，烟水迷离。

“金嗓子”周璇有一首名曲《月圆花好》，歌的开头一句“浮云散，明月照人来”，清婉绮丽，浮云散尽，清辉氤氲，意境全出。这首歌打动人心，不仅仅是歌者唱得好，更在于词与曲的相得益彰，珠联璧合，只不过歌者更为有名，也就掩去了词曲作者的光辉。《花好月圆》的词作者便是范烟桥，曲作者是严华。严华与周璇曾经有过婚姻，周璇成为这首歌的首唱也就有了缘由。

和《月圆花好》一样有名的是那首《夜上海》。《夜上海》的词作者，还是范烟桥。

范烟桥生于清光绪甲午(1894年)之夏，原名镛，烟桥是其号，取姜夔(白石)“回首烟波第四桥”之词意。范烟桥不单是词作家，这个上世纪30年代背负“江南才子”雅号的文人，早期卖文为生、教书为涯，晚年成为新中国的文化干部、民主人士，一生颇为传奇。

一

范烟桥和周瘦鹃同为鸳鸯蝴蝶派的代表作家，只不过范烟桥一直不太承认自己是鸳鸯蝴蝶派的，因为他的作品不像徐枕亚和周瘦鹃们那样，“大旨不过谈情”。有研究者把范烟桥列入新派武侠小说作家群，因为他曾写过《孤掌惊鸣记》《江南好汉》《忠义大侠》和《侠女奇男传》。当然，除了第一本，其他的都无人见过了。

和周瘦鹃不同，范烟桥没有留下像紫兰小筑这样有名气的私园。但是，在今天苏州繁闹的观前街附近，还是能觅得范烟桥的遗踪——临雅旧宅。

1922 年，29 岁的范烟桥随父亲从吴江同里古镇移家苏州，在温家岸买了一处宅院。范烟桥的父亲号葵忱公，所以范家买下来这座宅园后，便取葵心向日之意，给宅园取名“向庐”。“向庐”原地曾为清初诗人顾予咸的“雅园”遗址一角，范父就把门楣自名为：邻雅。

跨过临顿河，走进温家岸，斜对着菉葭桥，可以看到范烟桥居住过的老房子大半结构还在，门楣上镌刻的“邻雅旧宅”几个字被新漆过了。红色的木门上，挂了块“范烟桥故居”的铜牌。不过，因为岁月变迁，老屋的一半已经被拆为平地，旧居里的旱船、廊屋早都没了，花木也不见了踪影，只有花园里残存的两块太湖石，落寞地证明着故居昔日的丰采。对于邻雅旧宅，范烟桥曾有诗记之：

一角雅园风物旧，海红花发艳于庭。

范烟桥一生喜爱“烟”和“酒”，他给自己的书室定名为“鸱夷室”，“鸱夷”是一种皮革制的盛酒器。抽烟，看闲书，和谈得来的朋友们一起喝点小酒，再写点小文章，那不就是今天文化小资的追求嘛！

临雅旧宅

前几年，范家后人还生活在原地翻建的平房里。有人还看见范烟桥 90 多岁的女儿范慧静老人躺在床上，和来访的人聊父亲以及父亲那个时代的往事。范慧静年轻时是一名妇产科医师。范烟桥的 7 位子女和第三代子孙中大多从事理工医等学科的工作，居然没有一个是从事文艺工作的。这对于出身旧派文人、曾当过解放后苏州首任文化局长、又曾饱受摧残的范烟桥来说，也许是一桩幸事，至少他的子孙自此不再因文生祸。

范烟桥这一支范氏族裔为宋代名臣范仲淹从侄范纯懿之后，明末从苏州古城中心的吴趋坊迁至同里生息繁衍，至范烟桥已历十世。范烟桥的父亲范葵忱为乡试举人。

范烟桥年幼时生活在同里古镇，受到的自然是传统教育，但是范烟桥并不喜欢四书五经，他偏爱读母亲严云珍藏着的弹词和小说。当时正是新旧思想以及文化的交替之际，市民文艺的萌芽初长。正如鲁迅小时候蒙着纸偷偷描绣像小说一样，为不让父亲知道，范烟桥经常利用早晚时间在枕边偷读弹词小说。这个用眼不当的读书习惯使得范烟桥过早地戴上了深度近视眼镜。有人猜测这是范烟桥喜带墨镜的原因。不过，范烟桥戴墨镜的样子，真还不像一个文士，更不像江南斯文男人，而是多少增添了几分江湖气。

二

范烟桥做过一个才子所能做的几乎一切事情，简直是全能型选手。他做过小学教员，中学校长，大学教师，副刊编辑。他又写过小说，编过教材，擅长行草，能绘墨梅，懂美食，嗜茶酒，为电影公司写剧本，填歌词……

在苏州和上海，当时有三个人的名字几乎是连在一起的：周瘦鹃、范烟桥和程小青(《霍桑探案集》的作者，苏州籍文人)。除了侍弄盆景，周瘦鹃主要是创作情感小说，程小青是中国白话侦探小说的发轫人、福尔摩斯探案小说在中国的主要传播者；而范烟桥则涉猎庞杂，小说题材涉及侦探、武侠、言情、社会、历史等领域。据说他能够日写数千字，供给苏沪各大报章杂志，最高产的一年居然有百万字以上文字发表。倚马千言，立等可待，大概就是他被称为才子的原因。当然，当时新文学初起，能够纵横新旧文学营垒、文锋奇健的作者很少也是个因素。范烟桥以鬻文为生，但是稿酬却并不高，当时稿费高的每千字五六元，低的两三元，他好像还排不上前几位，写着玩玩，聊作抽烟喝酒之资罢了。

范烟桥书法扇面

值得注意的是，在《鸳鸯蝴蝶派研究资料民国旧派小说名家小史》中，为范烟桥写传的严芙孙曾提到：

> (范烟桥)不肯作言情小说。有以此相质者，君曰："言情之乐者近乎荡，言情之哀者近乎伤。荡则为青年蛊，伤则为青年鸩。况近之世，堕落无状，与其消极讽刺，不若积极鼓励。"

"荡则为青年蛊，伤则为青年鸩"，看来对于文章对社会风气的导引作用，范烟桥是十分清醒的。

20 世纪三四十年代的文化人喜欢结社，当时比较著名的社团有语丝社、创造社、太阳社等，还有文学研究会之类。范烟桥在苏州和自己同道的一帮朋友玩的是另外一类。

在迁居苏州之前，年轻的范烟桥因仰慕同乡陈去病、柳亚子等人成立的南社，便也与徐平阶、张圣瑜等人在吴江同里先贤袁龙复斋共创了"同南社"。这个社名语含双关：第一层意义是要表明该社是同里人主办的以文会友的文学团体；第二层意义是说明结社的意旨与南社相同。"同南社"虽不及"南社"影响深广，但也吸引了大江南北如上海、无锡、盐城、海宁等地入社者 500 余人。

其实，早在 1912 年范烟桥与朋友游汾湖(今吴江境内)时，就曾偶遇柳亚子，并由柳亚子介绍加入南社，这一年他才18岁。范烟桥曾撰文记录《南社文学》，并选了一部分文章登载在沪上《申报》《新闻报》等报纸上，还留下了一本约9万字的手抄本。晚年的范烟桥还写有《南社琐谈》，为后人研究南社历史留下了宝贵的资料。

1922年迁居苏州后，范烟桥的文化活动更加丰富了。他与赵眠云组织了谈文论艺的文学团体“星社”，还发行三日刊《星报》。开始时星社仅有社员9人，很快就发展至100余人。1923年，范烟桥将自己的随笔《烟丝》交由文新公司出版。范烟桥酷爱猜灯谜，他在《星报》上开辟专栏，和文友谜友交流。在苏州大公园西亭内还结有“西亭谜社”，社员有程瞻庐、朱枫隐、陆澹庵（又作陆澹安）、王戟髯、高伯瑜等。

在“星社”结社十周年的时候，范烟桥在自己主编的《珊瑚》半月刊上撰文回忆道：“我们星社始终能精神团结，比旁的文艺团体悠久而健全，社友们这几年来在文艺工作上都能相当的努力。”这番感慨也是有缘故的，因为范烟桥还曾经创办过“青社”“云社”等，但都没有星社维持时间长久。

八骏图

范烟桥办社团的热情一直不减。20世纪四十年代，范烟桥一度曾寓居上海，与梅兰芳、周信芳、吴湖帆等文化名流过从甚密。巧合的是，这些文化名流当中有20位都是属马的，1943年，是他们的“知天命”之年，20位名人的岁数相加正好

1000 岁。于是，朋友们在上海霞飞路的魏家花园举行了名为“千岁酒”的盛宴，还成立了“甲午同庚会”（马在农历干支中与午对应），并有“千里马”纪念章分赠给与会人士。席间一时兴起便约法三章，其中“一章”是与会者每年正月十五和八月半都要准时团宴。沪上八位名家还将此雅事绘成《八骏图》，借以留芳后人。

其实，结社也好，猜谜也罢，都是文友唱和往来的交流平台。在苏州，范烟桥、周瘦鹃、程小青等文人墨客经常小聚，聚会的地方有时在范烟桥的观前酒楼，有时在范烟桥的临雅旧宅，有时在周瘦鹃的紫兰小筑。周瘦鹃的家人烧得一手好菜，紫兰小筑也就成了他们雅集并大快朵颐的好地方。范烟桥人长得胖，胃口也好，朋友们说笑时，他只顾闷头吃。周瘦鹃夫人上菜时见状便笑道：“范先生，你尽管吃，没有人同你抢的；他们讲的话，你听到没有？”沉浸在美味中的范烟桥只顾忙着伸臂夹菜，满口猛嚼，哪里有心思应答，他胡乱点头直说好，常引得众人大笑。范烟桥究竟是讲究食趣的文人，他能因吃生雅。据友人回忆，有一次在周家，吃白水粽蘸玫瑰调料，他突发灵感，脱口吟诗一句：“一抹朝晖掩雪峰”，令在场人绝倒！

范烟桥、周瘦鹃、程小青三人晚年号称“苏州三老”，是真正的“吃客”——美食家。年纪比他们小好多的陆文夫早年在苏州市文联工作时和三老交往很多，耳闻了不少美食经，这些美食经为陆文夫写《美食家》提供了很多独特的美食经验和素材。

三

或许是从小受家庭熏陶打下了弹词小说的底子，早年范烟桥在文坛获得声名，还是以创作过弹词崭露头角的。18 岁时范烟桥向上海的《时报》副刊“余兴”投稿，副刊主编包天笑很赏识范烟桥的才华，于是约范烟桥写些弹词。范烟桥很快就写出了十回书弹词《家室飘摇记》，故事的主题是以一个家庭的琐事讽刺袁世凯称帝，很有趣味和时代性。造化常常弄人，1950 年，已经是苏州市文联副主席的范烟桥转而研究太平天国史，他为评话演员唐耿良写了《太平天国》脚本。为适应当时的政治宣传形势，还写了反映新人新事的短篇评弹与开篇，后辑成《人民英雄郭忠田》；1955 年又创作了以太平天国领袖忠王李秀成的事迹为题材的《李秀成演义》。

除了创作小说和弹词，范烟桥还是知名小说评论家。不过，范烟桥留下来最有价值的文字，恐怕要算他将历年笔记整理成的专集《茶烟歇》了。对这本自己最得意的书，范烟桥的题辞是：

酒力醒；茶烟歇，卅年闻见从头说。

等闲白了少年头，讲坛口舌；文坛心血。

《茶烟歇》中的文章辑自范烟桥在《珊瑚》杂志所辟的专栏，1934 年由中孚书局正式出版。1989 年上海书店曾以影印的方式重新出版，只印了 1500 册，受到许多书友的追捧。书中各篇文章文笔精致，收合有度，有清末笔记小说的味道，但内容芜杂，辑录了范烟桥近 40 年的人生见闻，两百多篇随笔，谈的多是人物轶事，如况周颐、石达开、胡雪岩、苏曼殊、汪笑侬、毕倚虹、吴湖帆等；另有小说家言，如《孽海花》《三笑》《珍珠塔》《儒林外史》《品花宝鉴》等；还有江南饮食，述碧螺春、鸡头米、状元糕、鸭馄饨与喜蛋等苏州风物——果然是茶烟过后小歇的文化谈资。也许是趣味相投的缘故，《茶烟歇》的编者郑逸梅对它的评价很高：《茶烟歇》是"范烟精萃之作。所叙述的，均彼数十年亲自经历的事情，足资今日的证考。又多涉及南社风流，说林轶趣，尤属娓娓动听。"范烟桥本人对之则用"讲坛口舌；文坛心血"来形容，可见敝帚自珍。《茶烟歇》结集出版时，范烟桥还请了章太炎、吴湖帆题字。章太炎好古字，他把"茶"写成了"荼"，因为茶的本字就是荼。叶兆言曾作文叙述此事：

这是三十年代初期的故事，当时的左联文学和大众文学运动，正闹得如火如"荼"，这种书蠹似的复古，照例是要受攻击的，出版社因此不能接受，这不仅不通俗，而且等于在封面上印了一个有争议的"错"字，于是和范烟桥反复协商，将太炎先生的字移到了扉页上。太炎老先生是否生气，不得而知，反正一两年后，老人家就骑鹤仙去。

柳亚子也曾写诗为这本书《茶烟歇》捧场：

茶烟歇候鬓丝青，娓娓清言入杳冥，

不学羽琌孤愤语，珊瑚击碎有谁听。

一次，范烟桥到金松岑在苏州的家里请老师题字。这位当年教过范烟桥的老师略作沉吟后，写了八个字："扬帆千里，速不求工"。范烟桥若有所悟，他将"速不求工"刻成印章，用以警醒自己写作和书法中的不足。据说得到金松岑指点后有一段时间，范烟桥连毛笔小楷都写得非常工整。

1936年，范烟桥应邀到上海明星影片公司任文书科长，开始了电影剧本的创作生涯。此间，范烟桥曾把国民党元老叶楚伧所著小说《古戍寒笳记》改编为电影剧本《乱世英雄》，又将著名传奇故事《西厢记》《秦淮世家》《三笑》等改编为电影剧本，这些电影剧本情节性比原著更强，再加上有周璇等明星加盟担纲主演，为影片增色不少，拍成电影上映后，部部卖座。前文所述的歌曲《月圆花好》就是范烟桥为电影《西厢记》所写的主题歌，这部电影里的插曲《拷红》在国内也十分流行。他创作的剧本《陌上花开》被拍成电影《长相思》，《夜上海》就是这部电影的主题歌，经明星周璇演唱后，更加脍炙人口。这些歌在当时不知吸引了多少影迷、歌迷，唱片也在热卖排行榜上居于前茅。如果在今天，范烟桥一定是国内炙手可热的音乐人。

范烟桥50岁那年，写有一首自传体述怀诗，读来让人十分感慨：

何须五十始知非，生不逢辰已见微。
自分芳华随逝水，未容寸草报春晖。
纵看桃李都成荫，岂有文章能疗饥。
一柱擎天惟傲骨，江湖满地我谁归。
卅年南北等流萍，未许人间一眼青。
敢以牢愁传说部，漫将琐尾托银屏。
倘逢佳酿何辞醉，自琢新词已倦听。
知己天涯能有几，心期寄语慰飘零。

四

《民国以来旧派小说家点将录》把范烟桥比做天损星浪里白条张顺。释文说：

含凉生（范烟桥）爱花而每失其时，误伊憔悴。好填离亭燕，上海滩之流行曲，多其词笔。于本寨中，技艺既强，掌故尤多，与郑逸梅伯仲之间。

说范烟桥是浪里白条，不知道典出何处。但是，在20世纪40年代，他在“孤岛”上海的表现确实有着旧式文人的骨气。1941年，因为不愿意与日本人合作，范烟桥暂时放弃了如日中天的电影创作事业，到东吴大学主讲小说课，次年东吴大学附中改组为正养中学，范烟桥被公推为校长。日伪时期苏州是江苏省省会所在地，也是日伪势力肆虐的重灾区。为了对中国人实行奴化教育，日本人指定的中学课本充斥了奴化内容，范烟桥和教师们尽量不用日伪的课本。他们自编了国文课本，选的都是杜甫的《春望》和《闻官军收河南河北》及岳飞的《满江红》等爱国主义作品，师生读来慷慨激昂，血泪满胸。

据一位在正养中学就读的学生回忆，这一时期的范烟桥是这样的行状：

> 范先生则总是穿中式服装。他短发已花白，个儿较高大，视力不好，总戴一副茶色墨镜，显得老态，冬天时还爱戴一顶土耳其式高高的黑羊羔皮帽子，围一条鼻烟色围巾，来上课时总提一只装得鼓鼓的公事包。我当时常想像着他那包里肯定装得有电影剧本。

1949年后，范烟桥被所在的东吴大学附中（后并入苏州中学）推选为苏州市第一届人民代表大会代表。遭遇过社会和时代剧变后迎来了新中国，到处百废待兴，除旧布新，出身旧文人的范烟桥内心肯定是复杂的。在他71岁时的回忆录《驹光留影录》有这样的记载：

> （一九四九年）学习马列主义及毛泽东著作，思想渐得进步，参加社会活动，遵守并贯彻中国共产党政策、方针，努力自我改造，新我故我思潮不断斗争，余有诗云：“吾于解放得更生”，盖此时为吾一生之转折点。

新中国《土地法》颁布后，范烟桥拿出了实际行动，他主动上缴多余的粮食，把一些抵付自家田租的牛、船等物还给了农民。因个人态度好，政治表现积极，范烟桥还被任命为吴县土地改革委员会委员，接着又担任苏州市文化处处长一职。1956年，加入了民主促进会，担任副主任委员，苏州文化处改文化局后，他任文化局局长，之后还担任江苏省文联副主席之职。

在负责文物管理工作后，范烟桥为苏州做了两件事情：一是修整文庙，与顾公硕、陈涓隐等人筹建苏州地志博物馆，并着手征集文物。1960 年，苏州地志博物馆改称苏州博物馆，从文庙迁到忠王府。为了充实苏州的文物收藏，范烟桥亲自到南京交涉，讨回了原属苏州的沈周的名画《西竹堂寺》和李根源先生的旧藏文物等。范烟桥做的第二件事是 1958 年柳亚子去世后，范烟桥到北京找到柳亚子夫人郑佩宜，接受了柳亚子的许多文献，并在苏留展。

范烟桥（前排居中）与友人合影

其实范烟桥早就开始做文物的收集整理工作了。1935 年秋，南社社员公葬陈去病，大家公推范烟桥编纂陈去病遗著，范烟桥从《国粹学报》上辑录了陈去病的《五石脂》，因为抗战爆发，此书未能付印。几经战乱迁徙，范烟桥却一直保存着书稿，即使是在“文革”风雨中，他在假山洞里焚毁了凝结着自己数十年心血的大部分手稿、日记等，陈去病的文稿犹在。陈去病的这份文稿在“文革”后经人发现，1985 年与另外两本他人笔记合为一册正式出版。

不过，陈巨来在《安持人物琐忆》中记载了一段陈对晚年范烟桥不以为然的逸事。陈与范本是旧识，范烟桥有个习惯——他到上海一定要到著名画家吴湖帆家长谈，每次见到陈巨来，总是“熟络异常”。范烟桥的儿子娶了陈巨来的妻弟之女，范、陈二人也算姻亲。陈巨来的记载是这样的：1953 年，苏沪文艺界人在上海大厦设宴公祝平襟亚、陆澹安二人七十岁生日，陈巨来与范烟桥均在，但是分坐二席。陈因与范既是老友，又是姻亲，故特趋前问好。哪里知道，范烟桥突然呆若泥塑之老爷（像一个小庙中土地老爷），对陈置之不理。陈大窘而退。陈巨来还听说，自从范荣任局长后，对普通朋友，一概疏远了。陈巨来在文中直言范烟桥为“势利人”，虽然有个人恩怨因素，但是否也反映了新中国成立初期范烟桥内心欲与上海旧派文人划清界限的心态？今天已经不得而知。

1966 年 8 月 31 日晚上，苏州有三个家庭同时遭到了有预谋有组织的暴力袭击和抄家，受害者便是著名的苏州三老。自此，范烟桥开始接受批斗、进学习班写检查、一遍遍地被逼认错，备受摧残。有一次他无意中吟诵了一句诗“夜来风雨声，花落知多少”，竟被告发，于是对他疾风骤雨般的批斗接踵而来。1967 年 3 月 28 日，肉体和心灵都被严重摧残的范烟桥复发胃溃疡，三天后，突发心肌梗塞去世，终年七十三岁。

在当时文艺界一片人人自危的气氛中，老友中只有周瘦鹃采了自家园里的鲜花携夫人到范家祭奠。看到范烟桥的遗容，周瘦鹃痛哭失声：“桥兄，不料你先我而去。”一年后，周瘦鹃在紫兰小筑投井自尽。

1948 年夏天，上海市面上卖的纸团扇很走俏，它的一面印的是仕女和自然风光，另一面印的则是一首流行小曲《三轮车上的小姐》：

三轮车上的小姐真美丽，眼睛大来眉毛细，
张开了小嘴笑嘻嘻，浅浅的酒窝叫人迷。
在他身旁坐个怪东西，年纪倒有七十几，
胖胖的身体大肚皮，满嘴的胡子不整齐，一身都是血腥气。
你为什么对他嗲声嗲气，她凭什么使你那样欢喜。
这究竟是什么道理？真叫人看了是交关惹气。

这首小曲的词作者是范烟桥。

梅边吹笛：曲学大师吴梅感怀

吴梅故居(奢摩他室)：位于蒲林巷35号。蒲林巷在人民路北端西侧，东出人民路，西至河沿下塘。巷口原有蒲老桥，旧称蒲菱巷。

吴梅(1884—1939年)：字瞿安，号霜厓，江苏长洲(今苏州)人。戏曲理论家和教育家，诗词曲作家。

谈起吴梅，他给人的印象有点像旧宣纸上的一大块墨痕，深刻、凝重却又陈旧。借用姜白石的几句词来描摹吴梅的一生或许较为恰当：

旧时月色，算几番照我，梅边吹笛。唤起玉人，不管清寒与攀摘，何逊而今渐老，都忘却春风词笔。

“都忘却春风词笔”，这不仅是曲学大师吴梅的悲哀，也是昆曲的悲哀，更是薄情时光的悲哀。

一

光绪十年(1884年)七月初一午时，吴梅出生在一个家道中落的书香世家。曾祖父吴锺骏是道光壬辰年状元，入翰林院任检讨官至侍郎，做过湖南的主考官，两次任浙江督学，门生有何绍基、黄体芳等。吴锺骏60岁时殁于福建学政任上。吴锺骏有二子，长子吴清彦、次子吴清蔚。吴清彦乡试中举后，沾父亲的光一直做到了刑部员外郎，可惜在42岁即去世，留下了四个儿子吴国楠、吴国梁、吴国棒、吴国榛，吴国榛便是吴梅的父亲。吴国梁和吴国榛都是黄体芳的学生，黄体芳科举时是吴锺骏的门生，因此对吴家兄弟特别关照，吴国

吴 梅

榛县试和府试时都名列前茅,吴国梁名次略后一些。

也许是天妒良才,吴家男丁虽多,但是都不长寿,吴梅的父亲22岁时就因病去世了,这时吴梅年仅3岁。年岁稍长后,他才从亲戚们那里知道父亲是一个勤奋好学的人,而且也有不少著述。可惜因为家贫,这些书稿都不知流落何所,只有残存的十余页《甓勤斋诗集》算是留给了吴梅一点念想。

到了7岁时,吴梅时常会梦见一个很奇妙的场景:那里有亭台池沼等景物,煞是可爱。梦中的吴梅趴在池边的石驳岸上悠闲地数着游来游去的鱼儿。有趣的是,吴梅一个月里都要做上十来次这个梦,而且情节也没什么太大的差异。吴梅便作了一首诗来记录自己对这个梦境的感受:

一夜天风动碧城,嬷姗臀予舞衣轻。前身合往陈芳国,金粟轮餐证后生。

1891年,8岁的吴梅作为嗣孙被过继给了叔祖父吴长祥,因为他的父亲是过继给吴长祥做儿子的。吴长祥也是博学的读书人,吴梅从他那里学到了钻研学问的本领。嗣祖母蔡氏生有一女,不到30岁即亡故。吴梅还有个只比自己大13岁的嗣庶祖母李氏。

迫于生计,吴长祥19岁就辍学经商。不巧没多久发生了太平天国战事,苏州城里的不少店铺都毁于战火。好容易等到战事平息,吴长祥又开始了经商的生涯。在吴长祥的苦心经营下,家中的温饱问题终于得到了解决。可惜,过继到叔祖父家两年后,吴梅的母亲就去世了。幼年怙恃尽失,给吴梅留下的悲伤多年后都未消除。1936年,吴梅在日记中还记道:"今日为先慈忌辰,弃予小子四十三年矣。"又作诗云:

吾母励清节,盛年鬓鬟斑。茹荼垂十载,抱恨入一棺。时余才十龄,积苦身益孱。悍悍达十龄,慈母复下世,卵翼荷祖庭,如获温饱地。

到了12岁时，吴梅开始跟随来自河南荥阳的潘少霞习举子业。不过他对这方面并无兴趣，每到作文时，便请潘少霞之子潘养纯代为捉刀，偏偏养纯作文时喜欢引用史实，潘少霞拿着吴梅交差的文章提问，吴梅自然是无以应对，于是被罚重写，无可奈何的吴梅只得秉烛熬通宵，潘养纯取笑吴梅，吴梅也不觉得难堪，只是相视一笑而已。倒是潘少霞实在看不下去了，他劝吴长祥尽早让吴梅去学生意，理由是吴梅不是读书的料。幸亏吴长祥没有盲从潘少霞的建议，否则中国近现代文学史上就会少了一个风格独特的曲家和雅士了。

过了一段时间，也许是吴家的读书基因开始发挥作用，吴梅突然对写作科举文章有了感觉，他主动要求先生潘少霞给自己出题测试，果然大有长进。光绪二十五年(1899年)和光绪二十九年(1903年)吴梅两次参加科举，却因写的“羽”字不合规范，惨遭考官瞿文慎的斥责。科举失利给了吴梅很大的打击，转而到上海东文学社学习日文。自此他懒得再费劲搞八股文章，也再未进过科场，桐城派古文大家方苞成了他的偶像。这一时期，与吴梅交往密切的是盛霞飞，盛霞飞的外祖父亢绸卿是苏州古文名家，盛的古文功底即来自于外祖父。吴梅常常拿了自己的文章向盛请教，盛也坦诚地指出他的成败之处。到晚年时，吴梅还感念自己的古文章法离不开盛霞飞的帮助，在《遗嘱》中说自己“诗得散原老人，词得疆村遗民(朱祖谋)，曲得粟庐先生，从容谈燕，所获良多，顾不如霞飞之勤且久也”。

1898年，清廷统治集团内部发生了戊戌政变，以慈禧为核心的“后党”与以光绪为核心的“帝党”之间决战的结果是慈禧一方再次攫取了核心权力，康有为、梁启超避走海外，谭嗣同、杨锐、康广仁、林旭、杨深秀、刘光第等戊戌六君子被杀于菜市口。这场血腥政变给了吴梅巨大的震动，他以此事为蓝本作十二折传奇《血花飞》(又名《苌弘血》)，黄振元为之作序。由于传奇态度鲜明地指责清廷，言辞激烈，吴梅的嗣祖父担心会招来灾祸，连夜把这部文稿焚毁，《血花飞》因之失传。

光绪三十一年(1905年)春，吴梅应同乡冯自春、高梓仲的聘请，主持郊外蠡墅小学事务。当年秋天，即由欣赏他的黄振元介绍到城东的东吴大学任教习。两年后，在上海张园加入了吴江柳亚子创办的文学团体“神交社”，与祝秉纲、陈去病、叶楚怆、胡蕴玉等进步文人交往频繁。1909年，南社成立时，吴梅也是其中的成员。此后的吴梅多从事教书职业，也到开封做过一段时间的幕僚。

二

1911年10月10日，湖北武昌发生了惊天动地的武装起义，这场起义如同推倒了一副多米诺骨牌，早已革命潜流暗涌的全国各省闻风而动，纷纷易帜宣布光复独立，2000余年的帝制终于被从根本上撼动了，这在中国是破天荒的事。苏州城里的蒲林巷也迎来了喜事，吴梅费尽半生心血筹建的新楼落成了。10月11日，吴梅一家喜迁新居。

吴梅的嗣祖父家本在十全街的滚绣坊，在太平天国战火中被化为灰烬后，全家不得不在葑门西街多贵桥赁居四十多年。嗣祖父常常慨叹“葬身有地，托身无所”，为没有私宅发愁。吴梅有了稳定的教职后月薪省俭，加上历年积余，终于在城西蒲林巷内买了一块不足一亩的宅基地。毕竟是读书人不擅理财，还被中间人抬高了土地价格，单买地就花光了吴家所有积蓄。吴梅不得不把祖上传下的百亩水田卖掉才得以建造房屋。吴梅在《遗嘱》中有“鸠工幸苟完，仓皇已易代”，抒发了有家可居而已改朝换代的感慨。又有诗云：

飞飞燕子恨无家，辛苦衔泥感岁华。莫笑巢泥鸠计拙，北风吹暖玉梅花。

吴梅觉得“儒有一亩宫，此外何它求”，文人手中摇着一支笔，能为家人遮蔽风雨，再有间自己的书斋，就十分满足了。

吴梅的四个儿子成年后相继结婚，房子日显狭小。1929年，吴梅又把教余积攒拿出来，拆除部分房屋扩建成两层五间楼房。这所住宅，至今犹存，就是昆曲界都熟知的蒲林巷35号，当时是蒲林巷9号。

吴梅故居坐北朝南，有门屋一间，入门折西为三间楼厅与东西厢楼组成的三合院。厅旁有一小门，可导至东首大名鼎鼎的书楼“奢摩他室”。室宽仅一间，前后为天井，专藏一般书籍。吴梅把所藏的珍稀曲本校勘整理辑成《奢摩他室曲丛》初集和二集，即以此室命名。奢摩他是佛教用语，禅定的意思，也有止息一切杂念之意。北有堂楼与楼厅前后隔院相对，楼下外设雀宿檐，内置一枝香鹤颈轩。楼上东部为书房“百嘉室”，专门收藏罕见的善本精本戏曲著作。此楼前以花岗石板铺地，还凿有水井两口。院南辟石库门通楼厅，上砌砖额镌刻吴梅自题的“乐居安天”四字。1949年后，此宅前部略有变动，后部尚称完整，堂楼上下海棠格长短花窗犹存，现散成民居，共有住户十多家。

吴梅故居

三

吴梅和王国维被并称为20世纪中国的曲学双璧。从个人学术的宽度上，吴梅或许不及王国维，但是在对元曲的研钻深度和传承上，吴梅对元曲的贡献可能更大些。更为突出的是，和王国维相较，吴梅在元曲的音律和韵律研究上更有特色，因为他懂音律，能自度曲，会演唱。这一点王国维就略逊一筹了。

据郑振铎1951年写的《记吴瞿安先生》回忆：二十多年前，他还不认识吴梅。有一次，他在苏州和几位朋友乘船游天平山，前面河道里有一只船，在缓缓的荡着。有一个人合着笛声在唱曲，声音高亢而圆润。郑振铎便对朋友说道，苏州真是风雅的地方啊。朋友说：是瞿安先生在那艘船上呢。郑振铎问，刚才是他在唱吗？朋友说，是的。郑振铎真想追上吴梅的船，但是因为自己乘的船也是缓缓地荡着，听了一路的曲子也没能追上。所以，他当时很遗憾和吴梅没有机会谋面。

就是在蒲林巷吴宅的书房内，吴梅开始了他的藏曲生涯。吴梅自十几岁就耽溺于搜求戏曲典籍，能买则买，能借抄则借抄，积三十年之艰辛，收藏曲籍五六千种，计两万多册，可谓“架上日丰，箧中日啬”。他所藏的戏曲古籍大都是精本、善本、孤本。其中明嘉靖本即有百余种，最珍贵的当数元刻本《琵琶记》。

1936年，吴梅统计自己所藏书目，亲手编定了《瞿安藏书目》上下册。和国内大的藏书家比起来，吴梅的藏书量还远不能及，但是就戏曲类书籍的专业收藏而言，他可列当时国内首屈一指的藏曲大家。吴梅藏书主要来源有三个方面：一是南北教学奔波之暇，除去家庭日用，他把薪资都用在藏书上。正像他日记中描述的那样：“嗣后授徒北雍，闻见日广，琉璃厂、海王村、隆福寺街，几无日不游，游必满载后车”。其次是抄写，从朋友和同事那里看到珍本、秘本或者孤本，财力乏匮的他就亲手抄录，像《风云会》《蓝采和》《后四声猿》等都是这样搜集而来的。还有就是来自朋友的赠送，知其所好的亲友看到好的曲本往往会买来送他。

吴梅是继毛氏父子汲古阁后的私人藏曲大家，但是他却不私美。除了将其整理出版外，吴梅对自己的弟子也倾其所有毫无保留。在收藏近百种明代嘉靖刊本的书房百嘉室里，他把最好的书给弟子卢前观阅，还让卢前在吴宅吃住，一住就是半年，卢前得到了吴梅的戏曲真传。

1928年，吴梅精心校勘、编选的《奢摩他室曲丛》，由商务印书馆出版。1932年，上海“一·二八”事变发生，商务印书馆收藏善本书的涵芬楼被日军炮火炸毁，《奢摩他室曲丛》的部分珍贵底本被焚，吴梅的另一本专著《辽金文学史》也惨遭劫难。数十年收藏心血毁于一旦，吴梅痛心疾首，他在《瞿安日记》中记道：“二十年奔走南北，仅此数卷破书，苟付劫灰，吾心亦灰矣！”后来他又在《饮虹簃所刻曲》一书的序言里提及此事，感慨地说：“曲也者，不详之物也”，“曲益工，则天之忌也益甚。忌之甚，则扑灭之唯恐不尽……”对一个藏书者来说，能道出这样近乎迷信的痛心之语，可见其爱元曲之入骨。

吴梅生活在新旧交替、战乱频仍的清末民初，正值西风东渐、白话初起之时，即使有那么多的遗老遗少、国学精英在操着文言，循着传统，也不能改变昆曲的式微。

1930年代，吴梅曾任教于南京中央大学，学校走廊里有沙发专供教授休息。有一次，著名教授黄侃发现吴梅坐在沙发上休息，于是问：“你凭什么坐在这里？”吴梅理直气壮地答道：“我凭元曲。”

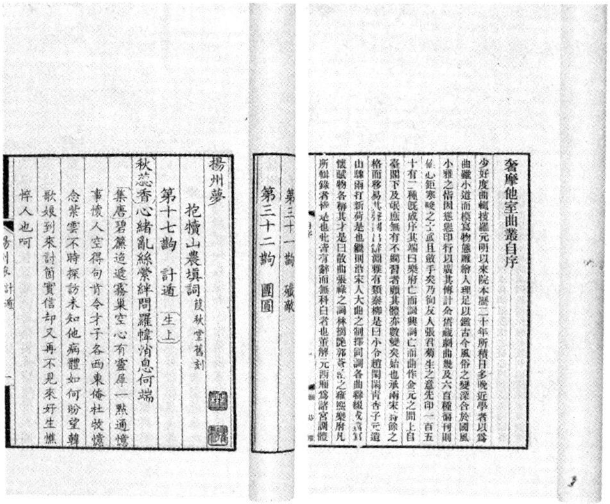

《奢摩他室曲丛》书影

有“黄疯子”之称的黄侃曾讽刺曲学为小道，其实有此观念的不独他一人。吴梅以《顾曲尘谈》一书被蔡元培延揽至北京大学国文系教戏曲时，就曾受到报章和其他教授的嘲笑，认为北大不研求精深有用之学，可见这时虽风气渐开，戏曲教育却仍被认为末流。幸而时任北京大学文科学长的陈独秀振臂一呼，力辩元曲不是亡国之音，给了吴梅有力的支持。但即便如此，吴梅独步一时的曲学理论最终仍成了广陵绝响。

吴梅的曲法来自“江南曲圣”俞粟庐，俞粟庐独创的“俞家唱”源自长洲叶堂，而叶堂则继承了昆曲正统魏良辅的唱法。吴梅一生除读书授徒外无他爱好，唯有唱曲。他经常携一管长笛与学生一起拍曲。课上唱，课下也唱；喜悦时唱，抑郁时更唱；在曲会上唱，回到家时还是唱。那管竹笛也因使用频繁，被磨得铮光发亮。

吴梅还参加曲社，与弟子们一起唱曲。九如巷张氏姐妹组织的幔亭曲社社名便是吴梅所题。有一次在南京百雷曲社串演，他虽然喉咙有恙，还一个人饰演了老生、老旦、净等六个角色。

年逾古稀的吴梅孙女吴锦女士对祖父的唱曲仍有记忆：“有时吃了晚饭，奶奶就带着大家坐在饭厅里围着大圆桌拍曲子。奶奶、爸爸、妈妈都会唱昆曲，他们哼得津津有味，我们却在一旁听得直打盹，所以小孩子们都把昆曲叫做‘睏曲’。”

吴梅一生共创作了十四个剧本。1933年，吴梅为庆祝自己的50寿辰，把自己三十多年创作的作品结集成《霜崖三剧》。这些剧本里有前面所述《血花飞》，歌颂女革命者秋瑾的《轩亭秋》，还有品评白居易的《杨枝伎》。虽然有评论认为吴梅作品刻板而且说教气较重，但是在音律和词句的斟酌上，吴梅的剧作仍然是经得起考验的，有些也能做到案头和场上并重，这在清代中晚期后昆曲走向没落、花部皮黄盛行的时候，实属难能可贵。毕竟花费若干心血，吴梅敝帚自珍，把《霜崖三剧》当做生平得意之作，他在去世前叮嘱卢前一定要把剧作与其他的《文录》《曲录》《诗录》和《南北词简谱》一同编校付梓，以期流传后世。

在北京大学教书时，吴梅还作为学者和当红曲家一起参与了戏曲的改变与创作。1917年，梅兰芳先生搞戏曲改良，编演《木兰从军》《黛玉葬花》等新戏，吴梅参与剧本的润色，还亲自教演员演唱。

在南方，吴梅对昆曲最大的扶植莫过于支持昆剧传习所，他亲自示范指导了一批"传"字辈的演员。1921年8月，苏沪两地爱好昆曲的缙商票友穆藕初、张紫东等出资在苏州办了昆剧研习所。这时吴梅还在北平和南京两地任教，但每逢假期回苏，他一定会到传习所交流指导，从吐字发声到收音归韵，都口授心传。甚至他还把《霜崖三剧》中的《湘真阁》交给学员们排练，后来成为传字辈演员的顾传玠、朱传茗、施传镇、倪传钺都参与了演出。吴梅还促成了穆藕初资助俞粟庐录制昆曲唱片，留下了珍贵的"俞家唱"资料。与此同时，吴梅还积极参与了其他几个曲社的演出和指导。

实际上吴梅直接培养的学生继承戏曲研究的并不多，但是在古典文学和词曲研究上却屡出大家。为人所熟知的王季思、唐圭璋、钱绍箕、任讷等以及集成曲学的卢前和汪经昌，都是吴梅的得意高足。当代在国内戏曲界研究的权威和泰斗中也多以自己是吴梅的再传弟子为荣，足见先生之风山高水长，泽被后世。

1938年底，吴梅携全家为躲避日寇战火，辗转到云南投奔弟子李一平，次年三月在云南大姚因肺病恶化，不幸病逝，终年仅56岁。

此前3年，吴梅在南京中央大学任教时，就开始得病，咳嗽，肺喘。1935年，他写了一首《高山流水（自题霜崖填词图）》的词：

半生落落守寒毡，写风怀弹尽商弦。无路诉相思，霜灯梦入壶天。

惊心处锦瑟华年。旗亭去，还记双鬟按笛，累咽尊前。似深秋戒露，独鹤唳荒烟。　　停鞭，欢场忍回首，花月地换了山川。衰鬓倚西风，水国饱听啼鹃。抱灵修几误婵娟。白门便，重问乌衣影事，陋巷凄然。算春愁病酒，哀乐付枯禅。

古调虽自爱，今人多不弹。梅边月下，我们已空闻笛声，不见人影了。

踏雪扫叶:两个医生的传奇

叶天士故居:在渡僧桥下塘48—54号,是位于广济桥北堍、东至渡僧桥的一处建筑群。内有种福、眉寿二堂。

叶天士(1667—1746年):名桂,字天士,号香岩,别号南阳先生,晚年又号上津老人。江苏吴县(今苏州市)人,清代名医,四大温病学家之一。

薛雪(1661—1750年):字生白,号一瓢,又号槐云道人、磨剑道人、牧牛老朽。江苏吴县人,吴中名医。故居在南园俞家桥,今已不存。

苏州自古文士多、书画家多,名医也多。

清初苏州的叶天士和薛雪是闻名当时的良医,关于他们,在苏州的坊巷里至今还流传着很多有趣的医事。

一

先来说说江南名医叶天士的治病传奇:

第一个医案是,某大户人家的小姐因为受惊吓,两只手举到空中放不下来,看了好多医生都没有办法。叶天士知道后却宣称能立即治好她的病。他把这位小姐安排到一个人多的公共场合,只见这位叶医生一不把脉、二不看舌,而是手持一把剪刀,在出其不意间突然咔嚓一声剪断了小姐的裙带。随着一声尖叫,小姐下意识地赶紧放下双手紧紧地护住了裙子,她的病也就不药而愈了。

第二个故事就简单了,一个孕妇因肚子痛来找叶天士看病。叶随手丢了一把豆子在地上,对孕妇道:“你把它拾起来给我。”孕妇忍着痛照着叶天士的吩咐捡起了那些豆子，起身果然觉得身体舒畅了。原来，叶天士发现她腹痛是因为胎位不正，而捡豆子是最简便的孕妇体操，他没有用药就帮助孕妇顺好了胎位。

其实，关于叶天士妙手回春的传说还有很多，清代的《吴县志》《清稗类钞》等志书和笔记中多有记载。苏州的老百姓也喜欢传讲叶天士的故事，状元石蕴玉甚至把他比做再世的扁鹊。

叶天士的故居在阊门外渡僧桥下塘上津桥畔。那是一所十分残破的老房子，一半曾经做过医药公司仓库，一半散住了不少居民，但仔细辨识，当年的规模构造、厅堂居室等大致格局尚在。其中落第二进大厅面宽三间，前后置翻轩，四壁下部均用水磨贴砖，梁柱枋板缀以木刻浮雕，图案则以灵芝瑞云为主，似乎可以看做当年主人的生活遗迹了。

西叶家弄

据苏州中医学会的金庆江考证，在叶氏故居的旁边有一条叫叶家弄的小巷，其得名便与叶氏有关。这条小巷的南段叫水叶家弄，有个码头直通运河。这里曾经是叶天士的私人专用埠头，既便于出诊，又便于运送药材和货物。当时阊门是各业商贾云集之地，在叶家附近有几片大的南北药材行，生意兴旺。

一个医生做到了有专用码头的份上，叶天士的医术自然不用多说，他在江南享有盛名和被附会出数不清的民间传说也就可以理解了。吴中百姓尊敬叶天士，至今在天平山后山还有一座庙供奉叶天士，俗称其为药王，香火一直鼎盛。

二

叶天士，晚年自号上津老人。其侄叶大椿为其整理的《痘学真传》凡例中记

叶天士

述这一支叶氏系唐代越国公后裔，到叶天士的高祖叶封山时，自安徽歙县迁居苏州。叶天士的曾祖父叶饎山是明末的诸生，但是去世较早。祖父叶时，字紫帆，是有名的孝子。叶时也颇懂医道，做了 40 多年的医生，最擅长儿科，对医圣张仲景的《伤寒论》也有独到的心得。

叶天士的父亲叶朝采，字阳生，比叶紫帆的医术还要高明，而且善治的病症也不仅仅局限在儿科。叶阳生不仅是名医，还是一位雅士，他与名士汪琬常有唱酬。其他文士也知道叶阳生的雅名，常常邀约他一起饮酒赋诗。可惜的是，叶阳生却未能尽享人寿，康熙十九年(1680 年)不到 50 岁的他就离开了人世，而这时叶天士尚是年方 14 岁的少年。

家里失去了顶梁柱，原本无忧无虑地读书准备科举的叶天士只得放弃学业，跟父亲的门生朱医生学医。朱医生把自己所学悉数传授给了叶天士。叶天士受父亲的熏陶，耳濡目染，幼年时就爱好医道，他自己在《本事方释义》自序里记述幼时即在"习举子业，丹铅之暇，喜涉猎岐黄家言"，"自《素问》、《难经》及唐宋诸名家所著书靡不旁搜博览，以广见闻"；弃学后既有父亲高足悉心传授，加之他天资聪颖，悟性出众，到 18 岁时就已经拜过 17 个老师研习岐黄之术，医术长进神速。成年后的叶天士在从医之余将前朝名医家李时珍、张景岳、李士材等的医嘱作为案头必读书，并随时记下自己的从医和研读心得。兼收并蓄、广泛吸纳后，叶天士医道日精，不到 30 岁就已名满江南。沈德潜在《叶香岩传》中评述他："名著朝野，即贩夫竖子，远至邻省外服，无有不知叶天士先生者。"

叶天士的医术来源总体来说是开放式的，只要能医好病人，同业的长处他都愿意吸收并化为己有，而无门户之见。清代清凉道人的《听雨轩笔记》有这样一段记载：有一次，叶天士的母亲病了，请了不少名医来医治都没有效果。万般无奈之下，叶天士对仆人道："苏州还有没有学问深但是还没名气的医生？"仆人道："有倒是有的，就在后街，他平常最喜欢自夸医术比您还高明，不过真找他看病的也没几个。"叶天士道："也许他是真的有才华呢，请他来试试吧。"仆人将这个姓章的医生请到叶家后，章医生只在叶天士的方子里加了一味黄连，就治好了叶母的病。叶、章二人切磋医技时，叶天士道："我想开黄连，但是又担心母亲身体吃不消。"章医生道："其实令堂的身体基础比较好，还是能够经得起黄连的。"叶天士后来还亲自带了厚礼到章医生家去道谢，章医生反而谦虚地说："我只是和你所见略同，不值得劳驾亲自来谢的哇。"从此，两人便成了同道好友，叶天士也会推荐一些病人到章医生处就诊。

三

叶天士的医术高明，沈德潜说他是："桂切脉望色，听声写形，言病之所在，如见五脏之症结"，而且叶天士还能"于无病时预知其病，或预断数十年后皆验，病之极难捉摸者，一经诊视，指示灼然。"

叶天士最擅长治疗痘疹，神奇的是，他通过闻味道，老远就能判断出生痘者能否治愈。叶天士有三个宝贝孙子，长孙叶堂、次孙叶坤、三孙叶坚。叶堂和叶坤幼年时都得过痘疹。叶坤出痘卧床，叶天士掀开帐子看了一下便叹息道："唉，爷爷也治不好你的痘疹啦！"他摇摇头悲伤地走出了孙子的卧房，没过多久，叶坤就因痘疹不治夭折了。长孙叶堂也得过痘疹，不过他比弟弟幸运得多，刚发烧就被叶天士诊断出是"闷痘"，心忧如焚的叶天士急忙开出方子叫伙计赶紧熬药，叶堂服下疏导发痘的药后终于转危为安。多年后，叶天士临终时还握住长孙的手千叮万嘱："看你的脉色应该能够长寿，不过你一定要记住，千万不能服凉性药剂。"数十年后，叶堂也到了古来稀的年纪，有一次他生了一点小毛病，便服下了羚羊角、连翘等凉性药，药服下不一会就出汗神智不清，他突然想起了爷爷的临终嘱咐，赶忙改服温性药剂，这才治好了小恙。

叶天士的外孙在一岁时也出过痘疹，而且是闷痘，病情非常凶险。叶天士的女儿只得抱着儿子回娘家向父亲求救，叶天士看了几眼外孙后并不作答，在女儿的再三哀求下，他为难地摇头道："看来又是难救啊。"女儿急火攻心，用头撞父亲道："您常说痘疹不是死症，可是外孙得了痘疹您却救不活。不如让我和他一起死了算了！"说完拿起剪刀就要自尽。叶天士被女儿缠得无奈，在房间里来回踱步良久才长叹一声："罢了，我就姑且一试吧。"他把外孙脱光衣服放在空屋里，自己却出去跟徒弟们打闹着玩。女儿放心不下，几次想进屋看幼儿，可是偏偏门打不开，她几次派人去催促父亲赶紧回家，可是叶天士跟徒弟们玩性正酣，根本不想回家。女儿见父亲如此，越发伤心，哭得几乎晕厥。直到半夜时分，叶天士才兴尽而归，打开门一看，小外孙的痘疹已经全部发出来，如同一粒粒的珠子一样。再一看，空屋内好多蚊子都已吸饱了血，飞不动了。叶天士的女儿这才明白，原来父亲是利用空屋里饿极了的蚊子叮咬幼儿来帮助发痘。小外孙终于挽回了生命，一家人皆大欢喜。叶天士的女儿也很懊悔自己的莽撞，险些搭上自己的性命。

叶天士能望闻问切预知生死的故事多见于文人的轶闻记录。据乾隆年间进士王友亮的《叶天士小传》记载，有一次，叶天士徒步回家，途中暴雨冲坏了道路，叶天士雇了一个人背着他渡河。叶天士趴在背夫的背上劝道："你赶紧去治病吧，否则到明年的今天你肯定会病死的。"那个背夫身强体壮，哪里听得进陌生人的劝告。可是果不其然，第二年他的头上生了烂疮，痛苦不已，这时候才想起叶天士的劝告，叫家里人抬着到叶家求救。叶天士拿了一些银子给他道："你已病入膏肓，熬不过明天酉时了。"第二天，这个背夫不治身亡。这个故事有点类似于扁鹊见桓侯的情节，而且这样的情节叶天士确实遭遇过不少。

当然，作为医生，叶天士最为传奇的地方还是他高超的医术。有一个富户家新娶了一房媳妇，这个媳妇很漂亮，可是却好像得了痴呆症一样，请了好多医生、喝了好多药都不见起色，听说叶天士医术超群就请他来诊治。叶天士到了富户家不多一会儿就做出了奇怪的诊疗：他叫富户的家人在一间空房子里挖了个坑，倒了很多粪便在坑里，又叫人在坑上搁上木板，让新媳妇躺在木板上。不多会，新媳妇就发出了声音。第二天天亮后，叶天士叫人把新媳妇抬到内室，新媳妇很快恢复了神智，和原来一样爱说爱笑了。富户家人很好奇地问叶天士如此治疗的原因，叶天士笑道，“你家媳妇太爱美啦，她那么喜欢闻香气，反而因为太香冲晕了神智。我用粪水是为了去掉那些浓重的香气啊。”

四

叶天士至今还能为世人广为传颂，并为医道同仁所敬仰，除了高超的医术外，还在于他有多种著述留存于世，为后人研习吴门医道留下了珍贵的资料。

前文已说过，叶天士是在准备科举的中途因父亲病故而放弃举业的，他自幼就打下了良好的文化基础，和他的父亲一样也兼有一些文人雅士的爱好。比如叶天士在诊病的闲暇喜欢治印，有“俭德瑞芝印”留世，刀法虽不及文彭等名家之作，但却也合乎治印章法，另有一种独特的美。

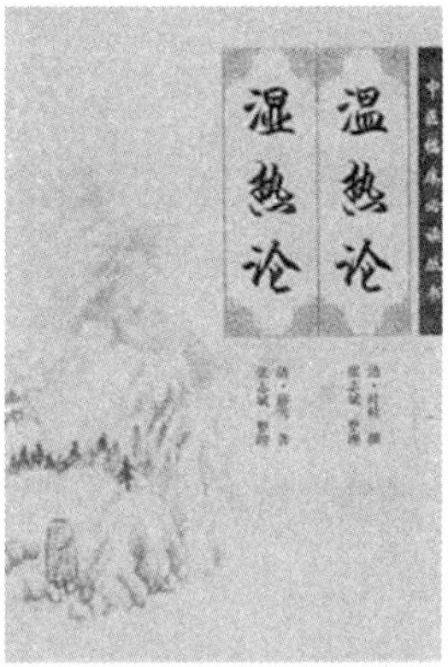

《温热论湿热论》合集

叶天士在世时著有《本事方释义》，乾隆十年（1745年）他已写好了自序，可惜就在要付印时却因病去世。这本医学宝典直到1803年才由其曾孙叶钟等校勘印行。

叶天士广为收徒，其得意门生之一顾景文在他晚年时跟随前后，陪同先生游遍了洞庭山。在游历期间，叶天士把自己多年积累的关于治温病的一些独到经验悉数传授给顾景文，顾景文笔头很勤奋，把这些宝贵经验一一记录在册，后来又整理成书，起名《温热证治》，纳入唐大烈《吴医汇讲》中刊印。叶天士在无锡的门生华岫云将这本书收录入自己编的《续选临证指南》，并改名为《叶天士温热论》。华岫云还编录了《种福堂公选良方》，这是对叶天士所用药方比较全面的整理和记录，为后世中医诊疗留下了宝贵的参考。

在叶天士之前的医士中杰出者虽不少，但是对温热病却缺乏确切的见于记载的治疗手段。叶天士是中国最早发现猩红热的人，他在前人的基础上提出了温病学说，他的《温热论》阐述了温病由浅层到深层转变的一般规律，根据温病病变的发展，总结出了一整套以“卫气养血”为代表的治疗理论，并将之作为辨证施治的纲领；在诊断上则发展了察舌、验齿、辨斑疹、辨白疹等方法，填补了温病治疗方面的空白。中国医学史是这样评价叶天士温病学说的价值的:温病学说从病因病机到辨证施治有了较完整的理论体系,成为一门与伤寒并列的专门学说。在中医发展史上,叶天士可以算得上是能够与张仲景比肩的为数不多的人物之一。

乾隆十一年(1746年)春,80岁的叶天士安详地离开了人世。他留给儿孙的忠告是:“不可轻易从医,必须是天资聪颖、悟性极强,又读过万卷书,有了各方知识积累者,才可习医,以医道济世。如果没有这些资质而轻率从医的话,那些药饵就好比是刀刃,是要伤及性命的。我死之后你们一定要慎重选择从医啊!”

也因为此,他的后代子孙都对医道怀有一种敬畏之心,而不轻易从医。比如长孙叶堂就选择了钻研昆曲艺术的道路,而且也有所成就。叶堂,字广明,号怀庭,是著名的昆曲曲家。他在昆曲方面的造诣也不下于祖父在中医上的成就。经过将近50年的钻研,叶堂的唱曲艺术已经自成一家,编订有《纳书楹曲谱》二十二卷留世,还附有《西厢记曲谱》二卷。晚清时期昆曲曲家多有宗叶堂唱法者,俞振飞的父亲俞粟庐即得叶堂唱法精髓,并精炼出“俞家唱”,成为昆曲界的一枝奇葩。

叶天士的三孙叶坚以及曾孙叶铨、叶钟、叶钧等都是读书人。叶铨亦医亦儒,他还做过中书,可惜英年早逝。叶钧则主要从事整理曾祖遗著的事业。叶天士的元孙也投身到这项事业中,参与校勘和整理,使叶天士的“温病学说”得以流芳后世。

五

叶天士被很多人关注,还和一个逸闻有关,那就是他的书房踏雪斋的由来。巧的是,有人从叶天士的踏雪斋里索隐到了另外一位苏州名医的影子,他就是比叶天士小几岁的薛生白。考证的依据便是薛生白的住所叫扫叶庄,踏“雪(薛)”和扫“叶”,貌似含着一种冤家相对的恨气:一个立意要踏雪(薛),一个立意要扫叶。

薛生白家住苏州南园俞家桥,今已难寻到原住所。据记载,他的住处花竹林泉,落叶封径,门首上书有对联:

九重天子垂请问,一踏先生卧白雪

这副对联颇有月明林下的高士之志,薛生白的雅士性情也可一目了然。

薛生白名雪，号一瓢，又号扫叶山人。学养深厚，娴习医典，熟读《素问》《灵枢》《伤寒论》《金匮要略》等医书，并根据自己的从医经验将之重新梳理，删繁就简，去伪存真，新著成《医经原旨》印行，使古代医经更具有实用价值，对望问闻切等医术实践更有指导意义。

此外，薛生白和叶天士都是吴中名医王子接的高徒，王子接是迁居苏州的太仓人，著有《绛雪园古方选注》《伤寒古方通》和《本草翼》等医书，有这样的名师，叶、薛又勤奋研习，医术自然很高超了。叶天士擅长治疗风温、湿温，薛生白擅长治疗湿热病，二人医道可谓各有千秋。薛生白在中医发展上也有建树。他沿着温病研究的路前行，把得病的根源与江南一带地气溽湿相联系，并从经络学上区分了湿热与温热，开创了湿病学说。他所著的《湿热论》被看做《温热论》的姊妹篇。

薛生白还对当时的著名诗人叶燮执弟子礼。薛生白不仅诗文频作，还画得一手好墨兰。因此，同时代人评价：“二君皆聪明好学，论人工则薛不如叶，天分则叶不如薛。”叶天士被定位为时医，薛生白则被定位为儒医。

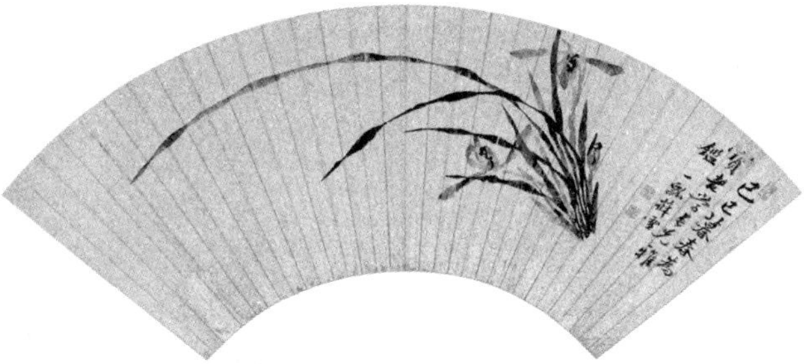

薛生白兰花扇面

大诗人袁枚和吴门医派有着不解之缘，他和薛生白是好朋友，今人可以从袁枚的著述中觅得薛生白的一些风雅轶事。

《随园诗话》曾经记述了这样一个传奇：有一次，袁枚的厨师得了重病，袁枚延请薛生白来诊治。正当厨师已经闭目气绝、家人准备掩棺时，薛生白来了。当时天色已晚，薛生白叫随从掌烛。在灯下，他看了病人的脸后笑道：“人已经死了。不过，我这个人就喜欢和鬼神争功，让我试试吧。”薛生白从容地从药箱里拿出了一粒药丸，用石菖蒲汁调和，叫身旁的轿夫撬开病人的牙齿把药汁灌了进去。说也奇怪，药汁灌下去不久，就听见病人喉中汩汩有声。到天亮时，病人居然已经能开口说话了。站在一旁等候的袁枚都看得呆了，他由衷佩服薛生白的医术高明。

自古文人相轻,大概医士也难免俗。民间盛传叶、薛不睦,说两人在医术上互争高下,不能相容。最早记载叶、薛不睦的是清代陆以恬的《冷庐医话》。但是研究吴门医史多年的金庆江搜集叶天士资料多年,认为叶家只有种福堂和眉寿堂两个堂号,并未在别的著作中发现踏雪斋的记载。叶天士年长而性格敦厚,薛生白年少而放诞风雅。金庆江分析叶天士的行止有直率之处,可能在看病开方中无意开隙于薛生白,却不自知。相传有一个村民找薛雪看病,薛雪察看病情后对村民道:"你的病很重,已经没法治了。"绝望的村民离开薛家不远就遇到了叶天士。叶天士为他诊脉、开方后宽慰他:"你的病不是太严重,吃几服药就会好,不用害怕。"偏偏这一切都被薛雪看在了眼里,薛雪因此觉得叶天士是在薛家门口故意显本事让他难堪,立即返回家中把自己的书房改名为"扫叶庄"。叶天士知道后心中也十分不快,并针锋相对地把自己的书房改为"踏雪斋",作为对薛雪的回应。

踏雪斋究竟是否存在过,今已无考;扫叶庄是实实在在存在过的,但是叶、薛不和的传说实在值得怀疑。《清史稿》上说薛有名士风范,"每见桂(叶天士)处方而善,未尝不击节也",而叶也是大家气度,而且有合作精神。《苏州府志》记载:有个富人睡觉、饮食都很正常,可是突然患了失音症,用了好多药都没有效果。叶天士诊断后的结论是:"这是因为有痰淤塞在肺管里阻碍了发音,不过痰实在太多了,单凭药力远远不够啊。"征得病人家属同意后,他请来擅长针灸的尤松年医生,尤医生在富人的肺腧穴刺了一针。不一会儿,随着病人的一声猛咳,一个痰核吐了出来,病人也终于能够发出声音了。

俞家桥的扫叶庄庄址今已荡然无存,但沈德潜的《扫叶庄记》明确记录了"扫叶庄"得名的原因:

> 扫叶庄在郡城南园,薛徵君一瓢(薛生白的号)著书所也。地在俞家桥沿流,面城,树木蓊郁,落叶封径,行人迷迹,宛如空林。呼童缚帚扫除,静中得忙,久矣成课业矣。昔有元时俞叟石涧隐居,注《易》于此……今瓢注《易》,又能补俞《易》所未及,屡定屡更,芟汰疵漏,与扫除落叶相似,则'扫叶'颜其庄者,意成在斯乎。

沈德潜比薛雪小6岁,两人是横山叶燮门下的师兄弟,沈与叶、薛都是好友,他关于扫叶庄名字由来的记载应是信史。想象一下,薛生白在这样极富野趣的环境里写诗、画兰，开方、诊病，闲暇时还研究周易，不是最有情调与禅意吗？哪里还会在乎什么争与不争的名和利呢？所谓叶、薛不睦或踏雪（薛）、扫叶的传说是好事者的八卦也就无疑了。

好事者也是向善之辈，因为在传说里，叶、薛最终还是和好了，二人关系的转机缘起于叶天士母亲的一场病。叶母得了伤寒，叶天士仔细斟酌后为母亲开了处方，可就是不见好转。薛雪知道后便议论道："这种病要是换了别的病人，叶天士早就用白虎汤了，可是对自己的母亲他就不敢用了。她这病有里热，正是白虎汤的适应症，药性虽重，但是要救命还是非得用这个药不可。"这些话传到叶天士耳朵里以后，叶天士就给母亲用了白虎汤，叶母很快就痊愈了。经过这件事后，叶天士觉得名医应该有大气度，互相尊重，互相学习，便主动去薛雪家登门拜访，两人遂重归于好。

以一则冷笑话给本文作结：在叶天士家附近有个懒汉，不事劳作，平日多靠乡邻救济为生。邻居不堪其扰，便请叶天士帮助想个办法。叶医生找到这个懒汉，给了他一些银钱，叫他买来一些橄榄苗栽种，并告诉他一定能凭此发财。橄榄苗很难栽培，懒汉倒也单纯，为了发财，他在这些橄榄苗上花了很多精力，橄榄苗也没有辜负懒汉，都茁壮成长。没多久，苏州城里不少富家子弟都来找懒汉买橄榄叶，每次不多不少，就三片，价钱给得也高。白花花的银子不断进账，懒汉大受鼓舞，更加积极地育苗，慢慢地就发迹了。他想起叶天士的话，便好奇地去问叶天士为什么橄榄叶这么好卖，叶天士微微拈须笑道："我在每副药方上都写了要用三片橄榄叶做引子。"

这位号称天医星下凡的医生真是神了，连懒病都能治。

辉映君子之光的专诸巷

专诸巷：南起景德路金门口，北至西中市阊门口。明隆庆元年(1567年)因有人认为专诸为谋杀之士，对民风不祥，曾改名为"迁善巷"，清末民初又谐音作"穿珠巷"。

专诸(？—前515年)：亦称鱄诸。春秋时吴国堂邑(今江苏无锡)人，著名刺客。

要离：春秋时吴国人，家在无锡鸿山北。著名刺客，义士。

顾二娘：生卒年不详，约活动于清雍正至乾隆之际。苏州人，清代女制砚工匠。

陆子刚：生卒年不详，活跃于嘉靖至万历年间。江苏太仓人。明代著名玉器工匠。

苏州以人命名的巷子不少，专诸巷就是其中最古老的一条。

对历史感兴趣的人大都知道鱼肠剑专诸刺王僚的故事，这个刺客故事发生在春秋时的吴国。故事的主人公有吴王僚、公子光和专诸。吴王僚是吴王寿梦的长庶子，按照嫡庶地位有别、权位继承资格更是天壤之差的规定，出身低贱的僚原本并无王位继承权，可是由于本该继位的季札放弃了王位继承权，远走他乡，僚便有幸做了吴王，幸运使他戴上了王冠，却也为他招来了杀身之祸。刺杀僚的便是专诸，他被历史定格为义士。据说专诸死后被厚葬，他的墓之所在即为专诸巷。

一

和近代吴地吴侬软语、温文尔雅大不同的是，春秋时的吴人尚武，干将莫邪神冶的传说便出自苏州，吴钩越剑天下闻名。专诸在《吴越春秋》中的形象是：眉骨突出，虎膺熊背，一身义侠气质。他之所以能以一介平民武士而能参与吴国王室的内部斗争，和伍子胥有关。伍子胥，名员（音同"云"），楚国贵族，识文习武，勇而多谋。因父兄遭费无忌谗讥，被楚平王杀害，伍子胥逃亡吴国。吴王僚五年（前522年），惨遭楚王追杀的伍子胥正在从楚国逃亡吴国的路上，他看到专诸正要和人打架，"其怒有万人之气，甚不可当"，可是就在专诸要动手开打时，妻子的一声呼喊居然使他立即放弃了格斗收手回家。伍子胥感到十分惊奇，便问专诸是何缘故。专诸说："夫屈一人之下，必伸万人之上"。父兄被杀、急欲复仇的伍子胥觉得专诸并非仅有匹夫之勇，而是有着远大抱负，立即对专诸青眼有加，并悄悄与之结交。

到吴国后，伍子胥追随公子光。公子光以诸樊嫡长子的身份却未能获得王位，便对僚心怀妒恨。他认为如果按照寿梦遗命，该是季子札继位，季子札放弃后，就该轮到自己继位，总之僚是没有继位资格的。于是他一直在寻找机会刺杀僚，以谋得王权。伍子胥对公子光的前途十分看好，为了帮助光夺得王位，便将专诸隆重地推荐给了公子光。大家密谋要除掉吴王僚。据说吴王僚好美味，尤嗜烤鱼，于是专诸花了三个月的时间去太湖边学习烤鱼技术。专诸掌握了专投僚的口味的烹饪技术后，又等了好几年，机会终于来了。

公元前515年春天，吴王僚利用楚国有国丧的机会派兵伐楚失利，吴兵被楚兵断了回国的路，僚心力交瘁，这给了光除掉僚的大好机会。他在家中安排好武士，邀请吴王僚赴宴。僚的母亲知道公子光对儿子继承王位早就心

《鱼藏剑》书影

怀不满，担心在宴会中有变，便提醒僚多加提防。吴王僚听从劝告多加防范，光铠甲就穿了三层，并且在赴宴的路道两旁和酒席旁布满了手持长戟的侍卫。光安排好武士后借口脚上有疾，便躲进了地下室。专诸按照原定计划在进献食物时，将特制的鱼肠短剑放在烤鱼的腹中举在头顶进献给僚，一到僚跟前，勇力过人的专诸就疾速从鱼腹中抽剑猛刺王僚，尽管僚的卫士们很快也用长戟同时架住了专诸，但锋利的鱼肠剑已经刺穿僚的三重铠甲，贯穿了僚的胸背，做了十年吴王的僚当场殒命。与此同时，专诸也被在场的武士刺杀。

公子光如愿即位，他就是在吴越争霸中赫赫有名的吴王阖闾。

在公子光成为吴王后，专诸之子被封为卿，分享其父亲受到的尊崇。埋葬专诸的巷子也享受了这份荣光，被命名为专诸巷。

二

在这条以专诸命名的小巷里，还长眠着另外一位英雄——刺杀王僚之子庆忌的侠士要离。

僚在位时曾派公子庆忌到卫国收兵。庆忌人高马大，有万夫莫当之勇，他能够追赶上飞奔的野兽，擒获正在飞翔的猛禽，还曾经降服过兕虎，在吴国堪称第一勇士，也是不少青年膜拜和追随的偶像。父亲被公子光以非正常手段弑杀后，他只得滞留在卫国招兵买马，立誓要为父报仇。由于庆忌在法理上是僚王位的合法继承人，因此赢得了大批的响应者，招募的复仇军队很快就有了规模。阖闾获悉此事后忧心忡忡，勇猛而有武装反攻号召力的庆忌成了他挥之不去的梦魇，阖闾日夜寻思除去这个心腹大患，伍子胥便又向阖闾推荐了壮士、有勇有谋的击剑高手要离。家住阖闾大城附近的要离以捕鱼为生，今无锡鸿山东的要家河、要家墩即为当年要离捕鱼晒网之处。要离身材不过五尺有余，腰围仅仅一握，相貌也鄙陋。在应召拜见吴王之前他刚刚折服了声震吴国的勇士椒丘䜣，赢得了勇士的威名。事情的经过是这样的：

在一次宴会上，要离当众奚落椒丘䜣，使椒丘䜣很失颜面。回家后，要离把此事告诉了妻子，然后就无所畏惧地敞开大门，披头散发地躺在床上，似乎在等着椒丘䜣的到来。果然不出要离的预料，当天夜间椒丘䜣就提剑来到要离家中，他用剑抵住要离的喉咙低声道："你当众羞辱我，实在无礼！而且还开着大门等死，你必死无疑了！"要离从容应道："你的所作所为实在太不像侠士。我当众羞辱你，你为什么不敢当众还击呢？趁着我家大门未关潜入我家，还偷偷地用剑威胁我，这就更不像侠士的作为了。如此不光明磊落，倒还好意思自称侠士？"椒丘诉被要离质问得羞愧不已，当即掷剑叹息道："真壮士也！"

初见要离时，阖闾并未看上他。听说要离折服了椒丘诉，阖闾才开始真正关注起要离来。而经过与之深谈后，这位弑兄取而代之的吴王便将斩草除根、彻底消灭王位威胁的重任交给了要离。

从卫国传来的信息是，在卫国一心伺机复仇的庆忌对吴国防范甚严。经过精心策划，要离决定采用苦肉计以取得庆忌的信任。他先是故意在朝堂上公开与吴王阖闾发生冲突，并用言语刺激吴王发怒，吴王依计大造声势地叫兵士砍掉了要离的右臂，并将之打入大牢。在要离按照预定计划越狱投奔庆忌后，阖闾还杀掉了他的妻子，将尸体在闹市示众并焚烧。要离与吴王之间矛盾深重并有杀妻焚尸之仇的事情被传得天下尽知。不过，最初庆忌并不信任来自吴国的要离，但探得虚实后，庆忌认定要离与自己一样对阖闾有不共戴天之仇，便对要离深信不疑，并视为心腹，把训练士兵和修造战船等军事重任都委托给了要离。

《刺庆忌》书影

经过三个月的精心准备，庆忌出征吴国，要离对庆忌道："公子如果坐在战舰船头，会更加鼓舞将士的斗志，而且还有利于指挥作战。"庆忌不设防地依言坐于船头，要离"忠诚"地手执短矛侍立在庆忌身边。夜晚月黑风高，战船被大风吹得摇晃不定，庆忌也无法坐稳。在上风的要离趁庆忌在船头摇晃不定、毫无防备之机，先顺着风势以矛钩住庆忌的帽冠，再以独臂执短矛猛刺庆忌，矛直透庆忌心窝，穿出背外。庆忌回头还击时定睛一看，原来行刺者是深得自己信任的要离，内心震惊不已，至此他终于明白了要离投奔自己的真正目的，可惜为时已晚。已受重伤的庆忌依旧臂力过人，他单手倒提着要离三次把他沉溺在水中，然后又将被江水呛得的半死的要离放在膝上，大笑道："天下竟有如此勇士敢于刺我！"此时左右卫兵举刀欲杀要离，庆忌摇着手阻止道："此乃天下勇士，怎么可以一日之内杀死两个天下勇士呢！还是放他回国，以此来表彰他的忠诚吧！"说完他将要离扔在甲板上，用力拔出刺中自己的短矛后血尽而亡。

庆忌的卫兵没有再为难要离。然而船行至江陵时，要离并没有逃离。侍从便问个中原由，要离凄然道："我把自己的妻子杀掉来侍奉自己的国君，这是不仁；为了新的国君而弑杀旧国君的公子，这是不义。我如果贪生逃跑，也是无义。无仁无义的我如果再苟活于世，还有什么面目见天下之士?!"说完便投江自尽。被随从救起后，要离无奈地叹道："难道我连求死也不得了么?"随从劝他放弃自尽的念头，因为回到吴国后就会加官进爵了。要离道："我毁家自残，绝非为了爵位与金钱，只是为了报答吴王对我的知遇之恩，你们把我的尸体运回吴国后，国君会重赏你们的。"说完自断其足，引颈自刎而亡。

要离的尸体被运回国后，吴王阖闾根据要离生前的遗愿，令伍子胥将要离葬在专诸墓旁。

后人对于要离魂归何处颇多争议，历代也有要离墓在专诸巷内的记载。晚清江苏巡抚端方曾经以二百两银酬金的高价，在专诸巷内觅得一块墓碑，碑上只剩下"要离之"三字，残旧的古字依稀可辨，默默地证明了要离及其忠诚之举确有其人其事。端方之后，此碑便流落到了民间，民国年间还有人在北京的琉璃厂购得此碑，并辗转将其归于苏州的沧浪亭图书馆，只可惜，这块碑后来就不知流落何处了。

三

随着时间的推移，中原文化的几次南迁给吴地文化带来了优秀的基因，吴人由尚武向文质彬彬转型，到明清时，状元已成了吴地核心城市苏州的特产，笔墨纸砚文房四宝代替吴钩而成了吴地士人的爱物，专诸巷也跟着由义士的朝圣地向文人爱物的荟萃地转型。

清代中期的专诸巷出了一位奇女子，那就是制砚妙手顾二娘。顾二娘本姓邹，住在专诸巷，因为嫁到善制砚的顾家，所以就被称做“顾二娘”。顾二娘的公公是当时著名砚工小道人顾德麟，顾德麟会写诗，有一定的文化修养，所以做出来的砚台与众不同，颇具文人气。顾德麟死后，其子继承了父亲的手艺，可惜早逝，不幸的邹氏只好继承顾家砚业，她虽是女流，但因为砚琢得好，又懂得鉴赏石头，所以名气渐大。

顾二娘很会鉴赏砚石，不论是端石还是黄石，只要她用脚尖一踢，就知道品质好坏和能否雕琢成一块好的砚台。

顾二娘圭璧合体端砚

顾二娘名气虽大，但生平所制砚品还不满百方，所以弥足珍贵。其传世砚大多是用端石制作。一般都是几寸大小的小品砚，雕工纤巧精细，风格朴素雅致，有典型的江南女性清秀细腻的艺术特色。苏州市文物商店藏有一方顾氏砚品，圆形，形状好似农家盛米的筐箩，砚四周都刻作篾条样子，十分精细，还有田园之趣。砚底题款为“吴门顾二娘造”。此外别无一铭，朴素干净。

顾二娘总结的雕砚经验很多，她主张追求明代宣德炉的艺术境界，崇尚高雅之美，而反对过分雕琢，认为那样会破坏天然美：“砚系一石琢成，必圆活而肥润方见镌琢之妙，若呆板痪硬，乃石之本来面目，琢磨何为？”

顾二娘和当时著名的砚台收藏家黄任有过一段知音佳话。

黄任（1683—1768 年），字于莘，康熙年间举人，本是福建永福县（今福建省永泰县）的才子，擅长书法和写诗，曾任广东高要和四会知县。高要即是古端州，境内有端溪，以产好砚材著名。听说苏州顾二娘的制砚技艺好，罢官后的黄任专门携带了一批好的砚石到专诸巷来寻顾二娘。顾二娘果然没有让黄任失望，很快为他雕琢出“青花砚”和“洞天一品砚”。这两方名砚现藏于北京的故宫博物院。

出自顾二娘之手的“青花砚”雕工秀丽大方，环绕砚池四周雕飞凤流云纹图。砚背刻有黄任的一首诗，诗中流露出对专诸巷内奇女子的感念之情。诗曰：

一寸干将切紫泥，专诸门巷日初西。如何轧轧鸣机手，割遍端州十里溪。

黄任在诗后并有小注，记述了寻访顾二娘特制该砚的经过：

余此石出入袖将十年，今春携入吴门，顾二娘见悦焉，为制斯砚，余喜其艺之精，而感其意之笃，为诗以赠，并勒以砚阴，俾后之传者有所考焉。铭曰：出匣剑光芒射人，青花砚文章有神，与君交，若饮醉，纪君寿，如千春。

黄任又字梓田，为官不治资产，平生只蓄藏顾二娘雕琢的珍砚十方，还因此将书房命名为“十砚轩”，自己亦称“十砚老人”“十砚翁”。他白天亲手把玩、摩挲这些砚台，晚间又命自己的小妾怀抱着砚台与自己共眠，谓之为“养砚”，图的是使砚台更为柔润滑腻。这十方砚台也有十个诗意的名字：美无度、古砚轩、十二星、天然、生春红、著述、风月、写裙、青花、蕉石。

由于顾二娘名气响，仿冒、假托她作品的人很多。不少砚台上因为有“吴门顾二娘”字样就卖得很好，让后人真伪难辨，至今福建民间仍有多方镌有“吴门顾二娘造”字样的砚台流传。顾二娘去世后，不少文人十分伤心，似乎少了一个知己。黄梓田洒泪作凭吊诗道：

古款遗凹积墨香，纤纤女手带干将。
谁倾几滴梨花泪，一洒泉台顾二娘。

四

除了精于制砚的顾二娘外，专诸巷的玉雕业也是名闻遐迩。

明代嘉靖至万历年间（1522—1620 年），专诸巷出了一位琢玉名师陆子刚。子刚也称“子冈”，苏州府太仓州人（一说吴县横塘人）。他独创“昆吾刀”的雕刻技法，能够随意流畅地在刚硬的玉石上雕刻诗文铭款，雕刻精雅，手法细腻，为明代文人所推重。张岱在《陶庵梦忆》中把陆子刚和另外几位工艺名家称为“吴中绝技”。张岱说，这些人的技艺之高在上下百年间肯定无能与之匹敌者，原因在于他们的“技也而近乎道矣”。

把民间艺人的手艺上升到道的概念，可见陆子刚等人的技艺水准非同一般。《太仓府志》对陆子刚制玉这样记载：

陆子刚玉雕

用刀雕刻，遂擅绝。今所遗玉簪价，一枚价五六十金。子冈死，技艺不传。

陆子刚曾琢玉水仙，玲珑奇巧，明代才子徐文长有题水仙诗五首，其中便有“昆吾峰尽终难似，愁煞苏州陆子刚”之句。陆子刚的作品有玉蝉、玉水中丞、玉印池等，大都落“子冈”“子刚”“子冈制”等款，其中尤以子刚佩最为名。这种长方形的玉珮也称为子刚牌，传世真品不多，价格自然不菲。

陆子刚时期，苏州的玉雕已经以其精良细灵巧名闻全国，而专诸巷一带则成了玉器加工和交易市场。冯梦龙在白话小说《醒世恒言·张庭秀逃生救父》里便有天库前(西端与专诸巷相通)的王员外就是开玉器铺子这样的叙述。比陆子刚稍晚的宋应星在其所著《天工开物》中曾盛赞：“良玉虽集京师，工妙则推苏郡”。

清朝乾隆年间，在今天的专诸巷、天库前和周王庙附近分布有琢玉和卖玉的店铺有数百家。因为乾隆皇帝爱玉，所以每有好的玉材，就被从新疆和田直接运到苏州专诸巷来雕琢。可以说，那时的专诸巷是中国最重要的玉器加工场所之一。这一点，有乾隆的诗句为证：“相质制器施琢剖，专诸巷益出妙手”；“专诸巷里玉匠纷，日出新样无穷尽”。

三百年前比户可闻的沙沙琢玉声而今在专诸巷内再不可得。专诸巷从太平天国一把火后，玉器业就衰败了。到了民国时巷子里都是做眼镜的铺子。

沿专诸巷向前，可以看到一口清末民初时期市民公社的四眼井，进得天库前巷不远转弯就到了周王弄。周王弄里有个周王庙，弄以庙名，当年是玉器同业公会所在地。里面供奉的原来是周宣灵王，传说是玉器业的保护神。今天的周王庙早就成了居民住宅，但大殿的最后一进没有人住。院子里有个石香炉，上面写着“周宣灵王”几个字。早先庙里的供桌上有一只三脚玉金蟾。每年九月十四日到十六日三天，玉器行会就会在此祭祀周王，举行隆重的仪式，大家抬着这只碧玉蟾蜍满街游行。那一天，所有玉器匠人和铺子里都把自己最好的玉器展示出来，摆在阊门吊桥上，自由买卖，阊门吊桥也因此被称做玉器桥。

今天的专诸巷也好，周王弄也好，都再也找不出更多与玉有关联的东西了。苏州的玉器业依然很兴旺，只是已转到了城东的南石皮弄和相王弄。沙沙磨玉声还在，不过已换成了电动机械。

或许是历史的巧合，那些古之侠者如专诸、要离，技艺精者如陆子刚或者顾二娘，他们身上或多或少都有玉的某些品质。专诸有巷名作纪念，要离还有荒冢，顾二娘存有几方古砚台，陆子刚有供后人把玩追思的子刚牌——物是主人，人倒成了客。小巷里的秋草枯黄，在斜阳里摇曳，只有长长的影子，给人留下无限的寂寞。

有空，到苏州阊门，一定不要忘了，到专诸巷走走……

盛康、盛宣怀故居：在天库前48－1、48－2号。天库前位于阊门内。留园路338号的留园在近代亦为盛氏父子所有。

盛康（1814—1902年）：字勗存，号旭人，别号待云庵主，晚号留园主人。江苏武进人，著名绅商。

盛宣怀（1844—1916年）：字杏荪、幼勖，号次沂、补楼。江苏武进人，中国近代著名的政治家、实业家和慈善家。

民国六年（1917年）农历十一月十一日早上七八点钟，从盘门到石路是人山人海，沿途都是看热闹的人或做生意的小摊小贩，各家买卖、茶肆、酒店生意火爆，像过节一样热闹。到了十一点钟，盘门、阊门、金门这几个城西的出入口已被人流、车流挤得水泄不通。这种闹猛（苏州方言：热闹），只有在农历四月苏州"轧神仙"的时候，才会出现。那么，今天又是为了哪般？

盛宣怀

原来，这一天是盛宣怀灵柩抵苏的日子。

1916年4月27日，73岁的盛宣怀在上海静安寺路盛家老公馆病逝，他一手创办的轮船招商局下半旗三日致哀。按照家乡常州的风俗，盛宣怀的灵柩要在公馆停放一年半后，才正式出殡。1917年的冬至日，是农历十一月初九。盛宣怀的第二任夫人庄德华决定风风光光地为一生辛劳的丈夫举办葬礼。葬礼的场面之大，耗银之多，人数之众，影响之广，在当时的上海滩是首屈一指，无人堪比。《申报》《民国日报》等大小报章都连篇累牍地报道盛家出丧的情景，说盛宣怀死后备极哀荣，光银子就花了30万两。

据当年参加过送葬仪式的盛承业(盛宣怀的曾侄孙)回忆，送葬的先头队伍已经抵达外滩折回了，而老公馆里的后续队伍还未出完，亲友三人乘一辆马车，除了自家亲戚朋友，还有招商局、汉冶萍、电报局、慈善机构的队伍，浩浩荡荡，从盛公馆出发走了整整一下午才到江边码头，然后再由码头移船改往苏州。

直到十一日的早上，盛宣怀的灵柩才到苏州。

苏州这边城南盘门附近苏纶纱厂的码头上早就搭好了巨大的芦棚作灵棚来迎灵。盛况空前的仪仗队伍成了苏州市民最好的眼福，围观的市民指点议论，蜂拥尾随，一直到灵柩迁入城西北留园边上的盛氏义庄(家祠)里。盛宣怀的灵柩到了石路闹市后，因为五福路(今留园路)太窄，还专门拓宽了马路方便出殡队伍行进。盛宣怀在苏州的"生前友好"纷纷赶来哭丧，灵前跪拜者络绎不绝。因为人多拥挤，有一个人不小心从戏台上跌了下来，还引发了严重的踩踏伤亡事故。

这次葬礼如此浩浩荡荡，不是国葬，胜似国葬，风头甚至压过了一个月前的民国纪念日庆典。《民国日报》也因此评论说"不哭盛宣怀而哭民国"，因为盛宣怀与民国的诞生之间是有故事的。1911年辛亥革命发生前夕，四川商绅民众集资修建川汉铁路，而身为邮传部尚书(相当于交通电信部长)的盛宣怀则建议清政府将铁路收归国有，从而激起了四川民众愤怒，引发了大规模的保路运动。清廷急调湖北新军入川镇压，导致武汉空虚。武汉三镇革命党人抓住时机发动了武昌起义，清廷的权威被彻底摧毁；于是摄政王载沣迁怒于盛宣怀，将其罢官，盛远走日本，家产则被查抄没收。

盛宣怀声名显赫，一生毁誉参半，但对于推进中国的现代化进程却是功不可没。他做事干练、处世精明，自从得到李鸿章提携后，从控制全国电报开始，又独揽轮船、银行、铁路、煤矿、纺织大权。李鸿章特别欣赏盛的才干，夸他是："一手官印，一手算盘，亦官亦商，左右逢源"。

盛宣怀长袖善舞，影响巨大，是"处非常之世，走非常之路，做非常之事的非常之人”。但在政治风浪的裹挟下，强人如盛宣怀也难逃晚景凄凉的宿命。在民国军阀和政府的挤兑下，他的家产几次被罚没充公，经多方申讨才部分归回。

留园是盛家的产生，但是盛宣怀在世的时候其实并未在留园多住，家人让他在此停灵长达3年，也算是满足了他酷爱园林的心愿。直到1920年农历2月21日，盛宣怀的棺椁才被庞大的船队载到江阴马镇老旸岐的盛氏祖坟安葬。

二

苏州留园明万历年间为进士、太仆寺卿徐泰时所有。当时留园名为“东园”（徐泰时在归元寺旧址又建有西园，其子舍宅为戒幢律寺，即今西园寺）。清乾隆五十九年（1794），吴县东山人刘恕从广西官任上告病回乡，购得“东园”。经过植松砌石，修屋治桓，面貌初具，并更名为“寒碧山庄”，时人称之为“刘园”。不过，“刘园”的知名度远胜过“寒碧山庄”。

咸丰十年（1860年），太平天国战事中城西名园唯刘园得以幸存。同治十二年（1873年），盛宣怀的父亲盛康还在湖北布政使任上，他以5000两银子购得刘园，并花了3年时间修缮刘园。怀着希望此园能长留天地间的心愿，盛康取“刘园”音而易其字，将“刘园”改名为“留园”。盛宣怀与李鸿章是志气相投的好友，而李鸿章与俞樾都是曾国藩的门生，于是盛家与俞樾也就有了密切往来的理由。光绪二年（1876年），俞樾作《留园记》，称“凉台燠馆，风亭月榭，高高下下，迤逦相属。”光绪十四至十七年（1888—1892年），盛康亲为擘画，添辟东、西两部，建鹿笼鹤亭；又在西部筑小蓬莱土山、十景花坞、蔬圃、草地（名射圃）和花房。东部即冠云峰一带，该峰原峙立在民宅内，刘恕没能拥有。经太平军与清军之战，阊门内十屋九毁，冠云峰所在民宅

仙苑停云

也荒废,光绪十七年(1892 年)盛康购得峰前地块,于是连冠云峰一起都纳入了留园园墙之内。据包天笑《钏影楼回忆录》,其花步里祖宅在太平军后被夷为瓦砾场,田契尽失,也为盛氏所得。盛又建“东山丝竹”戏台,在临街西侧建祠堂及部分宅屋。经过一段时期的经营,留园占地已有 40 余亩之广,比昔日刘园更增宏丽。后来又购进程家祠堂地块,建了四进大宅(今五福弄及程福里民居址)。盛康将留园作为自己的终老之所,院内东北部的待云庵是盛家家庵,盛康也自号作待云庵主,并为庵书楹联曰:

儒者一出一入有大节;老僧不见不闻为上乘

盛康在留园度过了人生中最为洒脱愉悦的时光,他常邀约好友顾文彬、李鸿裔等一起来园中游赏,兴起时还会一起乘船到虎丘,诗酒之间酬唱之间不胜快意。光绪三年五月十七日,盛康邀请怡园主人顾文彬到留园赴宴:“旭人与幼亭在留园请客,余先拜吴先生,请其教课孙辈。送怡园记纸与荫甫。巳刻,到园。坐客:少仲、香严、仲复、退楼、小舫。”不过,这次顾文彬的记载是,留园的荷花开得“不及我园远甚”。

1902 年盛康去世,留园归其长子盛宣怀所有。此时,盛宣怀因在李鸿章幕府办事得力,被推荐做官,官至工部左侍郎。盛宣怀接手留园后,继续对留园进行修葺。从盛康购得到清朝末年,历经 30 余年的修缮维护,耗费无尽巨资的留园变得富丽秀雅,正厅五峰仙馆均由楠木建造,开间敞亮,陈设华贵,揖峰轩、冠云峰、小蓬莱以及围廊里的书条石等无不引人入胜,其他如假山池沼、泉石草木组配不一而足,都美到极致,盛誉一时。

辛亥革命发生后,民国肇建,清帝逊位,因盛宣怀在清廷的地位和影响,留园一度被革命军没收,但很快又被袁世凯政府发还。民国十八年(1929 年)3 月再被查封充作官产,还一度对外开放。民国二十一年(1932 年)淞沪抗战时,园曾充宁沪警备司令张治中的高级教官室。6 月 1 日园经整理后又开放。次年 10 月 13 日再发还盛氏。

今天的留园大门实际上只是当年盛家的一个“侧门”,而在留园正门右侧的老屋则是盛家家眷的住宅。盛宣怀虽已成为中国现代化进程中的主要操盘手,但他内心的最柔软处却是给留园留着的。辛亥革命爆发后,流亡日本的盛宣怀在给朋友的信中表达了这样的愿望："归国后故园独处，书画自娱，如梦初醒，不欲知秦汉以后事"。

盛宣怀一生置业无数，盛家在苏州的产业，除了留园外，据郑凤鸣先生统计，主要集中在城西闹市：一是家产置业，计有留园和留园旁边的公馆，西中市盛许氏和盛富氏公馆（盛许氏和盛富氏均为盛康之妾），幽兰巷住房等别墅公馆；另外，盛宣怀在天库前有 99 间房子。这些房产主要用于自己和亲族居住。二是房地产业，计有胥门外盛家弄（弄也因盛氏而得名）房屋 56 所，苏州电报局的大批房屋，天成银楼房屋，东百花巷地皮，盛氏义庄名下田地 2400 多亩，这些地产业大部分用来出租。三是金融和工商产业，计有济大典当及其分号，高师巷久大典当，万年桥堍同赐茂南货号，东中市同福利洋货号等。这些金融和工商产业有的自己经营，有的则与人合伙开设。

另据盛宣怀的曾孙、苏州科技学院教授盛承懋说："（盛宣怀）在临顿路也有房产和典当，连我的父亲也不知道，倒是我父亲一个姓董的管家，比我们清楚些"。

二

盛康、盛宣怀父子是亦官亦商，曾任武昌盐法道的怡园主人顾文彬和他们一样也有着逐利的爱好。同治九年（1870 年）年底，盛康、盛宣怀父子和网师园主人李鸿裔、曾任苏州知府的金石家吴云以及怡园的主人、书画鉴赏家顾文彬在苏州合办典当。做生意难免貌合神离，顾文彬也很提防炙手可热的盛氏父子，他认为盛康"名心太炽"、盛宣怀"骄盈太过"，担心与这对父子合作前景难料，更怕遭到不测。同治十年（1871 年）十一月二十二日，顾文彬给儿子顾承写信提醒道："旭人加衔得意，名心未净之故。杏荪所为骄盈太过，父子如此举动，恐非持盈保泰之道，与之合伙，甚可危也。"不过，提防只是暗里的小动作，毕竟盛氏父子手里还是掌握着很多能够以钱生钱的资源，顾文彬也就与盛氏父子继续着合作关系。

同治十一年十二月十六日（1873 年 1 月 14 日），李鸿章在上海借官款创办了轮船招商局，精明能干的盛宣怀被李任命为会办。招商局的官款并非投资，名义上是官本，但官方只取官利，不负盈亏责任，实质上仍属存项性质。同治十二年（1873 年）春，盛宣怀按照李鸿章的指令，仿外国洋行的操作模式，招集商股 50 万

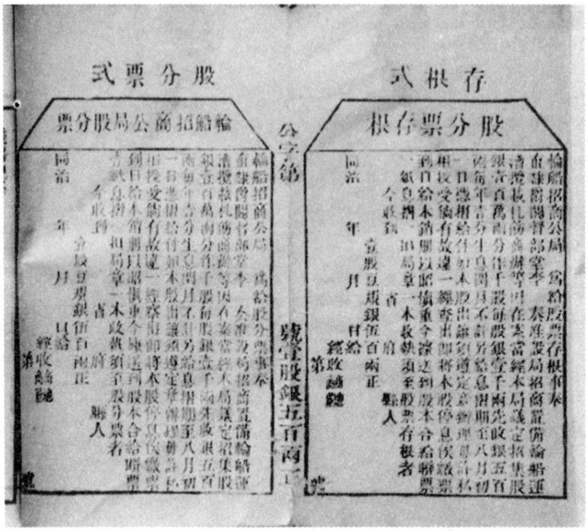

轮船招商公局股票

两,每 100 两为 1 股,以股票为凭。同治十二年(1873 年)四月十九日,李鸿章要浙江巡抚杨昌浚在浙江发动官方人士参与认购轮船招商局股票,顾文彬得到了认购“两竿“的任务。顾文彬知道在官场混绝对不能断然回绝上级的指令,只得即日照数支付款项。他虽并不看好这次招股的结果,但是又觉得经办人、轮船招商局的会办朱其昂不至于会亏欠上司参购的股本。谨慎的顾文彬写信叫儿子顾承在苏州留意寻找能够帮他分摊那两竿股本的人,哪怕能够分掉其中一些亦可。而这时都在传盛宣怀已经领取了 50 万,至于他是如何具领的旁人无从问津。从常熟刚到苏州没几天,盛宣怀又去上海领另一笔巨额官款。不久前,盛宣怀刚将从天津运回的 50 万串官款存入这些典当行,具体是如何操作的典当的其他股东并不知道;此次,又从上海领回 30 万串,同样存入典当行。如此频繁的资金进出,搞得典当的合资人顾文彬非常不安。资金紧张后风险明显加大,盛康表示愿意立字据独担风险,但是顾又彬觉得果真资金链断裂,就算写一百张议据也已无益,顾家有大半资财投在了盛氏在苏州的三家典当铺和常熟的两家典当内,万一盛家破产,顾家也会遭殃。儿子顾承写信劝父亲反不如尽早抽出资金,情愿历年吃老本,也不能被盛家套牢。顾氏父子在宁波相见后,顾文彬嘱咐儿子:“盛康旭老病后,诸事全归杏荪一手经理,就算他有三头六臂也会照料不周。常熟两典既归我家轮管,对于如何打理、与何人接手你都要仔细谋划。”

同治十三年(1874 年)六月初一,顾文彬在给儿子顾承的信中表示对盛氏父子独揽典当大权十分不满,他觉得盛家既开钱庄,又开分当,东移西补,处处可占便宜,而顾家接管后都严格按照约定一眼三板地把进出款项一一告知股东。不过顾文彬这样做并没有得到股东的拥护，有的股东还表示厌烦，于是顾文彬决定自今以往也学盛氏擅专之法，专挑便宜路走，事事与几个主要股东细心斟酌，因而颇有进账。他判断盛氏正在全盛之时，不至于会发生倒账等事故，如果能够陆续收回所有存款，暂时合作也无大碍。但他终究觉得与盛氏父子的合作风险太大，便打算在自己卸任归田后，另作计议。

同治十三年（1874 年）六月初十日和十九日，顾文彬见盛康病重且不自爱惜，而盛宣怀又更加靠不住，为免遭不测，更坚定了尽早拆分出自己在典当内的资金的想法。在顾文彬的一再坚持下，光绪元年（1875 年）十二月二十一日，典当行终于拆账，顾文彬、李鸿裔、吴云的股份与盛氏分开，顾家在济兴典当所出股分约亏钱数百串。这点损失对于顾家来说也只是九牛之一毛，如果顾文彬贪恋盛家生财的资源，等到盛宣怀因保路运动一事被革职查抄时再抽身而退，那损失就不只是几百串银钱了。

光绪二年（1896 年）二月十七日、光绪四年（1878 年）正月初五日、光绪五年（1879 年）正月廿五日，身为晚辈的盛宣怀先后到怡园看望顾文彬，并谈及经商、开矿事宜。不再是合作关系后，顾文彬推心置腹地给了盛宣怀不少善意的提醒。

三

盛家在上海滩都是一等一的豪门望族，在苏州更是首屈一指的大户。上世纪 90 年代初，中国人会为家里装上私人电话而倍感自豪，因为私人电话在那时还是奢侈品。而早在光绪年间，盛宣怀在天库前的家里就安装了私人电话，盛家的这部私人电话在当时绝对是前卫与时尚更是实力的象征。根据电信的史料记载，苏州最早的电话局是光绪二十四年（1898 年）由湖南人马伯亥创办的。那时候的电信局设在阊门内下塘泰伯庙内，名叫苏州德律风公司。由于条件所限，电信局里只有一部 24 门磁石式交换机，接线生与电信工人加起来只有 7 个人，懂通讯的马伯亥自己担任工程师。

苏州电话的第一批用户当然是官府了。那时候，只有江苏巡抚衙门、藩司衙门、臬司衙门、苏州织造府和苏州知府等几十个中上级衙门，以及苏州商务总会、电报局等才装得起电话，私人家里安装电话只有天库前盛宣怀住宅一家。这时的电话机是手摇式的,一个手拿着听筒,一个手拿着讲话机。因为安装用户少,通话时只需向接线生报出对方户名即可接通。也就是说,巡抚衙门要找盛老爷,只要让仆役向电话公司的接线员喊请接盛宅就可以了,不必担心打错。接线服务只在上午7时至下午7时,其他时段就算有天大的事,也只能派人步行传话了。

石路时钟

盛宣怀在苏州留下的印记还有石路。今天的石路已经成为苏州城西最重要的经贸中心,商业发达,卖场林立,人流如织。而在百余年前苏州尚未有铁路时,阊门外石路地段因久经战火和兵燹,已经荒败。关于石路的得名,苏州方志上的记载是:石路是清末“会办商约大臣”盛宣怀为方便居住在天库前的家眷来往私家花园(留园),连通老阊门外上塘街与大马路修建而成,因路面铺有碎石而得名。同时,盛家还修筑“五福路”(今留园路)将留园与广济桥大马路(今广济路和阊胥路)连通,这样无论是从私宅到留园或火车站、码头都很方便。盛家修路,周边的居民跟着沾了光,石路一带的商贸也因交通的改善而得以复苏。

实际上,盛宣怀修筑石路也未必全是私心,可能公私兼顾。近来有研究者认为,石路的建造与1895年《马关条约》中苏州等四城市被增列为通商口岸有关。为了补救中方损失,两江总督张之洞与丁忧在籍的苏州状元陆润庠等人密商,决定抢先在阊门外、胥门外、盘门外三处各设商铺或工厂,提前开发。此举得到了已在苏州置业的盛宣怀的大力支持,所以才有了筑路之举。

2010年,在纪念石路建成百年之际,苏州科技学院教授、盛宣怀曾孙盛承懋在谈到这个事情时曾说:“光绪三十四年(1908年)沪宁铁路告成,苏州火车站经阊门、胥门、盘门外修建环城大马路时,曾祖父修筑了自阊门吊桥堍鲇鱼墩至姚家弄口大马路的石子马路，石路由此得名”。

四

聪明过人如盛宣怀也不会想到，他苦心经营半生的家族事业，竟然没能逃脱“富不过三代”的魔咒。其实盛康早就告诫过盛宣怀，只能留点房子给子孙们，他们守着吃点利息已经是福气了，要是留钱给他们，养出的一定是一堆纨绔子弟。此话信然！

盛宣怀去世前，好不容易借亲家孙宝琦（也是袁世凯的亲家）的关系打通关节把被清政府没收的大部分家产讨了回来。在盛宣怀去世后的第二年（1917 年）春，按照盛宣怀的遗嘱，盛家请李鸿章的长子李经方主持清理盛宣怀遗产。在李经方的协调下召开盛氏五房及亲族会议，遵嘱成立愚斋义庄，愚斋是盛宣怀的书房名。经过两年半的清理，到 1920 年 1 月，最终认定的盛氏财产总额为白银 1349.3868 万两，其中除偿款及提存各款 183 万余两外，实际应分财产为 1160.6014 万两，折合 1624 万银圆。这些钱是盛氏晚年在被清廷没收、民国强捐等多方损耗后所剩的总额。

盛宣怀身后共有五房儿子为法定继承人：第二、六、八子早夭不在内；长子盛昌颐当时已死，以其子盛毓常为代表；三子盛同颐当时也已死，以其子盛毓邮为代表；四子盛恩颐，五子盛重颐，七子盛升颐。按盛宣怀遗命，五房儿子均分遗产 580 万两，每房各得 116 万两，另外总遗产的五成即 580 万两捐入愚斋义庄。义庄的财产中四成用于慈善事业，六成为盛氏家族公用；当时约定，任何时候只准取用利息，本金永远不许动。

可惜，在盛宣怀去世后 12 年盛家后人就闹起了遗产纠纷。1928 年 2 月，最后一任留园主人、盛宣怀四子盛恩颐提出盛家五房平分义庄本金。因为这时的盛家几房后代，早就坐吃山空了。盛宣怀的七女儿盛爱颐按照民国男女平等的法律，为自己争取继承权，最终，盛恩颐五房瓜分义庄的计划没有如愿，还被盛爱颐分走了 50 万银圆。

这个盛恩颐人称“盛老四”，是盛家在留园的最后一任主人，也是一夜豪赌丢掉盛家在上海北京路、黄河路一带 100 多幢物业故事的男主角。他是盛宣怀夫人庄德华的亲生儿子，娇生惯养，挥金如土，在一干坏朋友的引诱下，还染上了赌博的习气。

在苏州，辉煌时期的盛恩颐也摆过一次排场。有一年他正巧在苏州过生日，便从上海请了一帮朋友来，包下了观前北局的整座新苏台旅馆。此时适逢秋高气爽，众人便簇拥着盛恩颐吃蟹赏菊，一时间去留园的马车排成了长龙，领头的马车已到了留园门口，而末尾的马车却还没出阊门。看热闹的市民们都搞不懂：到底是苏州城太小，还是马车队伍太长？

解放初期，坐吃山空的盛恩颐再也无力管理留园，只得将之捐给了国家。1954 年，留园经过整修后正式开放，当游人路过留园门口的盛家老宅时，经常能看到一位相貌清瘦的老者，穿件半旧的蓝绸长衫，呆呆地坐在旧藤椅里，默然地看着游客进门把竹签（门票）扔到门口的那只木箱里。他就是盛恩颐。这时的盛老四已经繁华褪尽，成了一介平民。新中国规定一切私人占有的土地必须交纳高额地价税，盛家在苏州的天库前就有房屋 99 间，再加上留园，地价税根本交不起，最后那些房子都折算成地价税划到了公家的房产簿上。苏州政府的经办人将留园门口的四间盛家祠堂算作祖产，留给盛家使用。1957 年冬，盛恩颐 3 次中风后被送回苏州，在盛家祠堂养病。3 个月后，他因突发性脑溢血在盛家祠堂病故。前来为他送殡的人连同家眷也只有 10 来人。盛恩颐被葬在苏州西郊的七子山，那里安睡着最疼爱他的母亲。

尾　　声

盛家人其实一直都有留园情结。

盛家兴旺时，留园是盛氏家族挥洒人生乐趣的好所在；而到了盛家衰微时，留园则成了他们心头挥之不去的痛。盛家人总是念念不忘留园，留园也总是能给他们各种灵感。盛恩颐有三个女儿：大女儿毓青，小名冠云，以留园的冠云峰命名；此女和三女名瑞云和岫云，得名于留园内的瑞云峰和岫云峰。

盛家第三代人中，商业上最有建树的要推盛恩颐的二儿子盛毓度。他曾经在就读的南洋师范学校组织了一支小足球队，取名“留社”，“留”便是为了纪念盛家的祖业——留园。盛毓度东渡日本后在东京创办了著名的高级饭店——“留园饭店”。

改革开放后，在上海陕西南路和淮海路交界处也有一家留园饭店，那是盛宣怀的曾孙、盛毓邮的长子盛承洪与朋友合办，以高档精美的上海菜及香港式服务闻名，深受海外华侨和港台美食家的欢迎。

香港的湾仔骆克道也有一家留园饭店，为盛宣怀的孙子盛毓凤在 20 多年前创办，主营上海菜和粤式美食，是在港沪人时常聚会的场所。

留园与盛氏家族的故事终于如盛康所愿，长留天地间。

陆润庠：状元办厂

陆润庠故居：阊门下塘街10号，苏州控制保护古建筑第21号。

陆润庠（1841—1915年）：字凤石，谥号文端。元和（今江苏苏州）人，同治十三年（1874年）状元，苏纶纺织厂和苏经丝织厂创办人。

陆润庠是洪钧的苏州老乡，比洪均小2岁，出生在一个医生家庭。他的七世祖是康熙乙丑科状元陆肯堂，曾祖、祖父、父亲三代通医。父亲陆懋修（字九芝）曾在官学学习，是恩贡生。太平天国运动时期，陆懋修随家人到上海避战乱，窘困之际便以行医为生，号林屋山人，是上海有名的医家之一。

道光年间，陆九芝在镇江寓居，道光二十一年（1841年）在学舍里生下陆润庠。因为镇江别称润州，学舍又称庠，陆九芝便给儿子取名润庠。学舍里有宋乾道二年（1166年）的《熊克凤石图赞》，石头上镌刻有一个"凤"字，陆九芝又给儿子取字凤石。

一

陆润庠自幼聪明异常，10岁就读完了九经，而且还潜心研习家传医术。同治九年（1870年）考取元和县优贡生；同治十三年（1874年）在全国337名进士中脱颖而出，中了传胪一甲一名状元，是清朝的第一百零一位状元，也是苏州出产的最后一位状元。在高中状元这一天，陆润庠即受到了同治皇帝的亲切接见，同治还恩赐他御用冠服，授职翰林院修撰，掌修国史，这样的荣耀令同人艳羡不已。陆润庠刚入仕途即深沐皇恩,也为他在清帝逊位后成为留守旧臣、乃至于抑郁而终埋下了命运的伏笔。

陆润庠中状元有两个传说,一个和苏州的民俗有关。每年农历四月十四是苏州百姓“轧神仙”的日子,庙会上所有卖的货品都被冠上了“神仙”的名号,如神仙糕、神仙草、神仙帽、神仙鞋等。这一天,全城民众老老小小都挤到南濠街(今南浩街)一带撞好运,希望能够遇到吕洞宾那样的神仙点化自己,从此过上好日子。这个好运据说就被陆润庠撞到了。陆润庠在上京赶考前夕也出门散心,他刚出门就看到一个老乞丐躺在路边,手里托着一个紫砂茶壶悠然自得地喝着茶,天资聪颖的他见乞丐将壶嘴与口相接,正是一“吕”字,便脱口而出:“你就是神仙吕洞宾吧?”乞丐被陆润庠一语道破天机,狠狠地白了他一眼:“你这个末代,本事像个状元啦!”说完就不见了人影。果然,时隔不久陆润庠就中了状元。

陆润庠

还有一个传说是关于朝廷高层的。据说专权的慈禧太后觉得苏州的状元出得太多,可能是因为苏州举子的文章书法功底都特别好,于是传了一道旨意,下令甲戌科取进士只论文章,不论书法。可巧,陆润庠的八股文章出类拔萃,就是书法欠些火候。他正担心自己书法不好入不了皇帝的龙目呢,结果偏偏取了个第一名!其实这绝对是附会,陆状元的书法绝对不差。他的行楷,意近虞世南和欧阳询,工稳端庄,雍容有度。陆润庠状元成名后,上海的老字号药店“童涵春堂”请他题字,四个字光润笔费就给了陆一百两银子,够当时小户人家大半年的生活费了。

陆润庠还曾为苏州名刹寒山寺题联一副,是继唐代诗人张继之后,关于寒山寺不可多得的遗墨之一:

近郭古招堤,毗连浒墅名区,渔水秋深涵月影;

傍山新结构,依旧枫江野渡,客船夜半听钟声。

陆润庠在苏州所留墨迹甚多,拙政园中“十八曼陀罗花馆”匾额即为其所题,落款为“陆润庠书于郾寓小怀鸥舫”；又为“远香堂”写有52字之长联一副，曰：

旧雨集名园，风前煎茗，琴酒留题，诸公回望燕云，应喜清游同茂苑；

德星临吴会，花外停旌，桑麻闲课，笑我徒寻鸿雪，竟无佳句续梅村。

陆润庠的性格平易随和，不喜与人争短长，生活也俭朴得一如寒士。工作上更是稳妥务实，恪尽职守，具有典型的苏州人性格。他从户部侍郎做到督察院御史，仕途一路平顺。光绪年间，因在顺天乡试随从两宫扈跸有功，还被赏穿黄马褂，赐紫禁城骑马。

1911年辛亥革命爆发。1912年初，清帝逊位，深感皇恩浩荡的陆状元留在毓庆宫，当了逊帝溥仪的师傅，像前清时一样入直授读。《德宗实录》修成后，陆润庠受太子“太保”衔，一心一意为逊清皇室尽忠。这一时期的陆润庠几无人生快乐可言，他根本不能理解和接受民权与革命，心情十分压抑，整天闷闷不乐。久之竟抑郁成病，临死前几天，“竟日危坐，瞑目不言，亦不食”，他可能是用这种方式为给他带来荣耀与光辉的清廷政府殉葬。民国四年（1915年）八月十八日，陆润庠在北京病逝，逊帝溥仪赏赐其“太傅”衔，谥号“文端”。可以说，陆润庠是尽心尽责地为清廷服务了一辈子。

二

苏州的红绿（洪、陆的谐音）两位状元各有特色：洪钧在丁忧期间发生了艳遇，娶到了聪明伶俐、魅力超凡的傅彩云，而陆润庠在丁忧期间却奉清廷之命在苏州办起了现代化的工厂。

1894年7月25日，中日之间爆发了甲午战争。1895年4月，中国战败，李鸿章被迫与日本首相伊藤博文签订了丧权辱国的《马关条约》，至此，中国民众所遭盘剥更为惨重，清廷的财政状况也是捉襟见肘、入不敷出。根据《马关条约》规定，中国政府增辟沙市、重庆、苏州、杭州四座城市为通商口岸，日本政府有权派遣领事官在以上各口岸驻扎，日本轮船也可驶入以上各口岸搭客装货；日本臣民可以在中国通商口岸城市自由从事各项工艺制造，并可将各项机器自由装运进口，其产品免征一切杂税，享有在内地设栈存货的便利。

两江总督兼南洋大臣张之洞反应非常迅速，为保护中国利权，他在合约确立后与江苏巡抚赵舒翘急商，第三天即上书总理各国事务衙门："中国工商生计从此尽矣！"上奏折吁请朝廷抓紧开办中国自己的民族工业，作为《马关条约》失利后制衡日方和补救中方利益的措施。在两次奏折中，张之洞推荐了张謇和陆润庠，要求"振兴苏州商务，开办丝、纱两厂"。光绪皇帝在第二次奏折上朱批道："知道了，钦此。知照军机处查照可也。"在张之洞等的强烈呼吁下，清政府决意兴办纺织企业，谕令各省"招商多设织布、纺绸等局，广为制造"，派丁忧在籍的国子监祭酒陆润庠留在苏州经营苏州商务局，张謇（光绪甲午年恩科状元）经营通州商务局，两位状元办厂，在清末轰动一时。拿惯笔杆子的陆润庠心中虽然十二分地不情愿办商务，可是抗旨不遵是要有杀身之祸的，他硬着头皮接了这个差事。历史也证明在经办商务、创办实业方面，他这个货真价实的状元确实比不上帝师翁同龢一手打造的恩科状元张謇。

性急的张之洞等不及向总理各国事务衙门备案，就命陆润庠将甲午战争时从苏州商家处筹借的有息军费60万两，又加上地方财政经费23万两银，成立了苏州商务局苏经苏纶股份有限公司。"经纶"二字出自《易·屯》："云雷屯，君子以经纶。"原意是整理过的蚕丝，引申为筹划治理国家大事。以此二字给厂命名，可谓寓意深长。

奉旨办厂的陆润庠将苏州城内外仔细考察了个遍，最终选中了南门护城河外、盘门外相王庙对岸的青旸地。青旸地大致在今人民桥至吴中区团结桥一带，原名北底坛、南底坛、长腰坛，为明朝弘历年间埋葬的官地，盘门一带被民众称做"冷水盘门"，乱坟成堆，荒冢遍地，极为荒凉，地价低廉，交通却又较为便利，适宜辟为工厂用地。更重要的是，青旸地与东面的日本租界和公共租界仅隔一条马路，可以阻挡日本与美英列强进一步西进的企图。工厂占地四十二亩九分，厂门朝北，出门便是大马路，紧靠大运河，西濒大龙江，向南可到东太湖；省内可通无锡，省外直达浙江。

苏纶纺织厂大门

苏经丝厂大门

办厂总是艰辛的，书生办厂经历的困难更可想而知。苏州商务局苏经苏纶股份有限公司仓促成立之时就已埋下了经费的隐患。前文已述，股份公司有60万银系甲午战争时从苏州、常州、江阴、丹阳等地民间典当业商户处所筹措的有息借款，这笔款项被作为苏州商务局的股份，却没有把借户作为股东，典当业主和官绅们得知此事后一致反对，要求商务局还本。可当时借款已用于建厂，根本无法归还，在短时间内要另招商股也几无可能，加上在筹建过程中估计不足发生资金短缺，陆状元被借款一事搞得焦头烂额，幸而他有官场背景，得到接替张之洞的新任两江总督刘坤一的鼎力相助，将此事上奏光绪皇帝，以官方名义进行干预。经多方努力，终于筹措到兴建丝、纱两厂总资本白银100多万两。这笔款项有三种来源：一是备荒所用的水利积谷公款文银23.5万两，不能投作资本，需逐年归还；二是苏省藩司（江苏省的财政机构）筹垫20万两，匀年拨本还清；三是官方出面向苏州、松江、常州、镇江、太仓五地典当主原息商借（年息七厘），其中200两以上者为股东，分作5576股，实收银54.76万两。经过新的一轮筹措，苏纶和苏经两厂的办厂经费和起初相比发生了很大变化，官费所占比例仅占一小部分，性质也就由官办变成了官督商办，仍由官方的代表陆润庠任公司经理。

几经周折，到光绪二十三年（1897年），苏纶纱厂厂房终于落成，内设花线、轧花、清花、纺纱等工场。由于湖北生产的纺纱机已被同时受命办厂的张謇买走，陆润庠便向英国洋行购买由“道勃生”公司生产的18200锭全套纺纱设备，这是当时世界上最先进的纺织机器。英方为之提供800马力的引擎作动力，陆润庠并聘请了英国技师和机匠指导工人安装和维修管理。开工前夕聘请6名外国纺纱技师专门对招录的2200名纺纱工人进行培训。

为了防止火灾，陆润庠引进了3台德国产直流发电机，由德国技师安装，供厂内照明，苏纶纺织厂可以算得上是江苏最早用上直流电的工厂。

这一年7月，苏纶纺织厂终于投产。这是苏州最早的民族工业，也是江苏省最早的纺织企业。不久,苏经丝厂也建成投产,占地33.31亩,计有意大利缫丝车208台,翌年增至336台,工人也由建厂时500余人增至857人,聘意大利人皮杜纳为总工程师。亦由陆润庠任经理。

陆润庠故居局部

陆润庠执掌苏纶和苏经初期,苏纶和苏经发展势头比较乐观。由于官府并不入股,在没有利益相关的情况下,也就不过问盈亏,而当时原料价格和工人工资这两块也比较低廉,官府在原料上也给予免税的优惠。这样的好形势给了两厂比较好的发展机遇。据1898年的《官书局汇报》记载,苏纶厂开办初已有18200只纺锤,每日工作20个小时,分两班轮班,礼拜天停工休息,每年可出棉纱线14000捆(件)。官方和业界对开办苏经、苏纱两厂都予以高度评价:“从筹建到生产,仅用一年半时间,速度之快,实属罕见”,“苏州丝、纱两厂所出的丝纱,足与上海有名厂相埒。”有人更撰文称苏纶厂是“中国纱业之先进,亦新工业之前导也”。

但是由于建厂之初经费就先天不足,加之纺织行业毕竟微利,参与投资的商人们颇为不满,就算陆润庠想再招股扩大再生产也是心有余而力不足。1897年,洋纱大举进入中国,它的质量明显高于国产纱,苏纶和苏经厂的市场受到洋纱的挤压,偏偏这时工价和原料价格也急剧上涨,苏纶和苏经两厂盈利剧减。本来就是“拉郎配”奉旨办厂的陆润庠是传统保守类型的知识分子,实务、商务在他心目中还是末技,他并无实业救国或者实业强国的理想,也没有张謇那样的热情和雄心,做大清王朝的忠臣才是他的终生追求。如今两家厂子都是岌岌可危,陆润庠心里已灰了不少,有了从商界撤退的打算。

1898年6月,丁忧已满的陆润庠回京述职,从此离开商务,重返仕途,历任内阁学士、工部尚书、吏部尚书(相当于今之中央组织部长)、东阁大学士(相当于副总理级）。

时世和命运总是难以预料，如果陆润庠跟张謇一样，奉旨办厂就一发而不可收，也许苏州的历史上又多了一位实业家和商界精英。若果真如此，也许陆润庠就不会那么早地将自己困在清帝逊位后的紫禁城里，伴着清朝的遗老遗少们，郁郁而终了。

陆润庠的故居在苏州阊门内下塘街崇真宫桥东。20 世纪 40 年代，宅前还保存有两根旗杆石。现在已经湮灭为民居。

井中出奇书 铁函藏心史

承天寺前：位于东中市东段北侧，南起东中市，北至保健路。巷内原有承天寺，曾名承天寺巷。

郑思肖(1241—1318年)：原籍连江(今福建省境内)，14岁随父自杭州迁居苏州，宋末元初时期的爱国隐逸诗人。

明崇祯十一年(1638年)，苏州地区遭遇大旱。因为天旱，很多人争相汲水，居然把苏州城里不少井都抽干了。

郑思肖

这一年冬月初八，城西北的承天寺疏浚庙里夏天枯竭掉的一口井，在井底发现一块像砖头一样的硬块。淘井的和尚是狼山房的僧人，名叫达始。达始和尚把硬块起出，洗净泥水，发现原来是个铁函，函上有一行字："大宋铁函经"。僧人们争相传看，以为佛祖示律，大家出于敬畏，没有人敢打开铁函，就把它供奉在佛龛前。承天寺的枯井里挖出宝贝一事一下子轰动了周围街巷，许多百姓都来看热闹。出于好奇，大家都撺掇和尚把铁函打开。僧人也经不住好奇心的诱惑，便打开铁函，发现函内包的是石灰，灰内还置有一个锡盒。打开锡盒后发现盒内并没有什么金银珠宝，而是被折成一卷的书，书卷完好如新。有记载说书外封了蜡，也有记载说是封了漆，总之是在书卷外做了防水保护措施。

古人著述要么藏之名山，要么刊刻流播，期待传之后世。这卷神秘的书到底是什么来头？又为何要深埋井下呢？

根据封存书卷的铁函上有“大宋孤臣郑思肖百拜封”的字样，再结合书卷的内容分析才知道，原来这部神秘书卷的作者就是著名的南宋遗民郑思肖，这本名为《心史》的著作是郑思肖一生心血和志向的记录。《心史》重见天日时，距该书被沉井下已经有356年之久。由于郑思肖的特殊经历和声名，此书一经面世，立刻受到明遗民的大力追捧。据统计，在《心史》被公之于世后，其传抄、刊刻过程中，为之作序作跋的名士竟达二十多位，其中有明末抗清领袖、后来以身投池殉国难的张国维和清代素有清誉的官员陆嘉颖等，广为传播后至少又有九十多位名士为它题诗作文，从归庄、顾炎武到吴伟业、王士祯、钱谦益等不可计数。一时间，《心史》和它的作者郑思肖成了名士们热议的话题。

一

郑思肖之所以为后世所推崇，并非因文而名，而是缘于他的民族气节和大义。

郑思肖（1241—1318年），宋末元初时期的隐逸诗人。他原籍连江（今福建省境内），14岁随父自杭州迁居苏州，以后一直生活在此，终身未娶。据苏州的文史学者柯继承考证，他初居苑桥，第二年即迁于条坊巷。条坊巷即今介于观前宫巷、人民路之间的调丰巷。10年后，他又先后迁居城中黄牛坊桥（今黄鹂坊桥）、采莲巷、仁王寺、双板桥、望信（星）桥、皋桥等地。

郑思肖原名叫什么，已无人知晓。可以确知的是，他自南宋亡后便改名思肖，思肖即“思赵”（赵宋王朝的“赵”，繁体字为“趙”）之意；字忆翁，又号所南，都是寓意怀念南宋故国。郑思肖在苏州所居屋中还高挂“本穴世界”的题额，本穴，以“本”字中的“十”移置“穴”字中，即为“大宋”两字，以寓“本穴世界”即为“大宋世界”。曾著书称“大无工十空经”，空字去工加十，仍为“宋”字，以寓其书名实为“大宋经”。

郑思肖以画兰著名。但是亡国后，他所画兰花，要么有根无土，要么无土无根。观者都不知其意，问之何故，郑思肖怆然而答道：“地都被番人（指元人）抢去了，你不知道吗？”人们这才理解到这些兰画离地露根的深刻含义：国家亡了，兰花也失去了得以滋养的土地，何况人乎？对于这种亡国的心境，郑思肖在《心史》中的一首诗这样抒写道：

纵遇圣明过尧舜，毕竟不是亲父母，

千语万语只一语，还我大宋旧疆土。

这些诗句今天看来确有狭隘的夷夏观之嫌，但从传统知识分子的节义观来看，在当时确属有节。

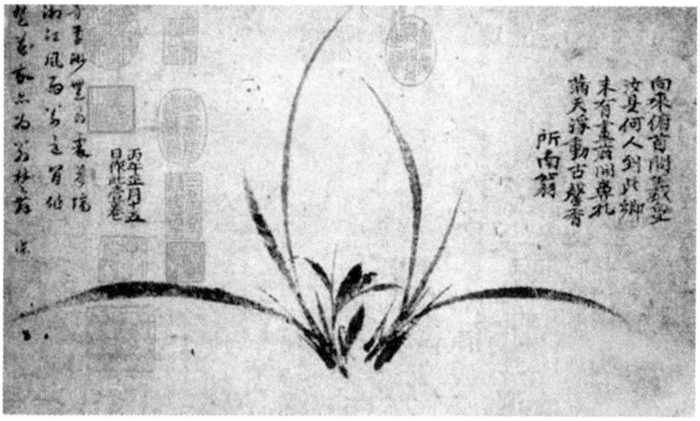

《春兰图》（郑思肖作）

因为郑思肖画兰之名日盛，苏州当地的一位元朝官员仰仗自己的权势，多次向他索画，都被断然谢绝。官员听说他有田产，就威胁要对之加重收税，郑思肖轻蔑地应道："头可断，兰不可得。"为了表示忠于南宋，他还发誓"不与北人交接"，有时在朋友聚会的时候，甚至非常决绝，一听到座中语音有北方腔的，比如用现在的话来说是讲普通话翘舌音的，他马上站起来走人。兰不予权贵，郑思肖常常把所画兰花送给普通人甚至小孩子。他在一首题菊诗《寒菊》中以"宁可枝头抱香死，何曾吹落北风中？"表达了高洁清白自守的内心世界。与郑思肖同时代、名重当时的书画家赵子昂是宋朝宗室，在宋亡后居然出仕元朝，郑思肖知道后立即与之断交。宋太祖赵匡胤的十一世孙赵孟頫在俯身事元后几次主动上门拜访，郑思肖也都拒而不见，让深得元世祖宠信的赵吃了闭门羹。

南宋亡时，郑思肖才 35 岁。自此他便"坐卧不向北"，逢到年节，就望南野哭而再拜，并常以"无力回天"为恨。临终时，他对身边的朋友说："我死后，请你给我写个牌位，上书'大宋不忠不孝郑思肖'。"

二

回过头来再来解井中奇书《心史》之谜。

《心史》是郑思肖一生奇气伟节之作的汇编，是郑思肖忠于故国、独立特行的心路记录。郑氏自宋亡后便离家出走，从此浪迹于吴中名山、道观、禅院，用40年的时间写下了大量真情实慨的诗文，又亲力将之辑录为《心史》一部。其中有《咸淳集》一卷、《大义集》一卷、《中兴集》一卷，共收诗250首，杂文4篇，前后自序5篇。元朝文网繁密，对汉族知识分子的思想禁锢尤为严苛，在这样的情势下，《心史》根本无法刊行。晚年的郑思肖将《心史》用铁函缄封好，藏于承天寺的砖井中。正因为此，才有了开头达始和尚井下得奇书的故事。《心史》在枯井中沉埋达350余年之久，从铁函封套上"大宋孤臣郑思肖百拜封"的字样，可以想象出一位行将就木的老人，怀着故国之思和亡国之恨对着书稿郑重地拜了又拜，把自己对宋王朝的一片忠贞都缄封起来，深埋井下，期待着有一天，这部奇书能再现于世，引人怀想。

《心史》的所有文字都饱蘸情感，字字看来都是血，爱恨忠奸自分明。和同时期文天祥"臣心一片磁针石，不指南方誓不休"的《指南录》相比，《心史》的忧国怀乡之情表达得更加丰富，它实际上就是一部南宋末年至元朝时期历史的实录，书中既有南宋政治腐朽没落、奸臣当道误国的史实，也有元军南下时的暴行记载，更有对爱国志士的热情讴歌。如郑思肖在《过徐子方书塾》诗中抒发道："不知今日月，但梦宋山川"；在《八励》诗中道："泪如江水流成海，恨似山峰插入天"，言辞辛酸中不失慷慨激越之气，字里行间充满了对故国的怀念和复国的渴望。

近代维新派领袖、学者梁启超从《心史》一书中也找到了精神的依托，他在废寝忘食地阅读之余，每每热血为之"腾跃一度"，发出了这样的感喟："此书一日在天壤，则先生之精神与中国永无尽也！"

明代遗民不但从心灵深处反抗异族统治，还亲自参加了抗清斗争的实践，《心史》出土后的刻印刊行，对士林鼓舞抗争的斗志起到了最大的宣传与鼓动作用。

据文史学者陈福康考证，达始和尚打开铁函发现书稿的消息一经传开，苏州文人赵均就把这件新闻告诉了陆嘉颖、陆坦父子。陆嘉颖对此事极感兴趣，可是赵均已经离开苏州远游，陆氏父子二人思来想去，才想出只有文从简、文柟父子与承天寺寺僧相熟，便请他们出面向达始和尚商量借阅。没想到达始和尚竟然想藏之名山，坚决不肯出借。交涉了三个多月后直到第二年的春天，出了一笔钱给达始后才借得稿本。于是陆氏父子与文氏父子便分头摹抄。辛苦与感佩之余，几个参与者便有了将之付梓刊行广为传播的想法，认为必须使《心史》广为流布，方能不枉郑思肖一生心血，也才能终了所南翁的心愿。为此，陆嘉颖与文从简各写了一篇跋文，并在苏州士人间传观抄本，借机募款。后来又有许多爱国文人包括复社成员纷纷为之题跋，如丘民瞻、华渚、许元溥、郑敷教、姚宗典、姚宗昌、陈宗元、朱衮、凌一槐、朱镃、陆坦等。但是，刊刻所需的经费问题仍未落实，最后抄本及诸人题跋被呈送到江南最高行政长官张国维手上。所幸张国维本身就有忠臣的心性，他读了《心史》后便被其真情和忠心所打动，并带头捐出自己的薪俸，作为印行的经费，并亲笔撰写了序文。为了造出声势，张国维还邀了自己的东阳同乡冯维位写了跋。在苏州高层官员的带领下，《心史》终于成功付梓，在江苏即刊印了两次，成了明末国难将临这一特殊历史时期爱国知识分子们抒发忧国情怀的精神依托。

张国维祠

1641 年，正是《心史》初刻的第二年，正巧吴县重修县志，《心史》得以第一次出现在官方所修史料中。这一年新修的《吴县志》便详细记载了《心史》的发现过程，还摘录了其中的不少诗作，现也摘录一首如下：

> 愁海茫茫望不穷，黄茅白苇渺阴风。凤凰高遁层霄外，豺虎横行大道中。
> 九庙倾颓郊祀废，四方祸乱国家空。於今建武重兴汉，谁是云台第一功？

三

由于《心史》是南宋遗民抒发故国情怀之作，它在刻行后的命运也十分坎坷。

清康熙中叶，在明季遗老凋零殆尽之时，学界忽然有人毫无证据又吞吞吐吐地借考证的由头指责《心史》是“伪书”，但这种“莫须有”的论调当即遭人反诘，很快就没了声气。又过了大约百年，清朝的统治已经巩固，大规模的思想钳制和文字狱更见效果，但以异族的身份入主中原毕竟是清廷的软肋，于是，一些善于揣测圣意的御用“三通”和“四库”馆臣开始旧事重提，正式判定《心史》为伪书。为了达到封杀《心史》的目的，他们并编凑出了几条所谓的理由。乾隆五十三年（1788年），官方又以军机处名义“奉上谕”将《心史》列入“应毁”书目。

对此，《心史》的资深研究者陈福康教授感叹：“伪书说”此后虽不时遭到学者甚至包括很多一流学者的反驳，但还是流毒天下，惑人甚深，而且这种效果延时颇久，连当今一些代表国家水平的大型工具书，如《辞海》《中国大百科全书》《中国历史大词典》等，也都称《心史》“或疑为后人假托”。《心史》在明末时的江苏即刊刻过两次，在今天南京、苏州的图书馆里亦有收藏，这足以证明其在士人中的影响力，即使《心史》真的如清人所说是伪托之书，从它的刊刻年代和思想价值来评定的话，也是一本珍贵的“明刻书”！

实际上，根据陈福康的《井中奇书考》以及郭建业《从〈心史〉对伊斯兰教的记载看该书的真伪》中的翔实论据和研究结果，可以确认的是，《心史》对伊斯兰教的记载与宋代其他史籍的用语相一致，这种用语为宋代所独有，到明清时已不再使用，因此，判定该书属于明清之际人士所伪托的说法难以成立。

到了清廷风雨飘摇、行将就木之际，江南爱国文人柳亚子、陈去病、高旭等组织的“南社”特别推崇《心史》。抗战期间，苏州籍的史学家顾颉刚还专门写了《郑思肖心史孤忠》的文章，用来激励全民族奋力抗击外侮的意志。

在当今信息瞬间万变的时代，《心史》仍然发挥着它独特的价值与意义。2008年3月18日，温家宝总理在记者招待会上谈及台湾问题时，也引用《心史·大义集》中“一心中国梦，万古《下泉》诗”的诗句，来表达两岸统一、千古不移的信念。从这一点上来说，郑思肖的行为更有其特别的历史穿透力。正因为此，《心史》这部井中奇书也成了中华民族心灵史的一部分。

谢家福：望炊楼访故

谢家福故居（望炊楼）：位于桃花坞大街264号。桃花坞大街在人民路西侧近北寺塔段。

谢家福（1847—1897年）：字绥之，号望炊。苏州人，近代著名慈善家。对苏州地方文化和我国电报、通信事业的创办与发展有巨大贡献。

谢家福出身苏州光福望族，家道殷实，学养亦深厚，他对苏州地方文化乃至中国电信的现代化都有很大贡献。苏州百姓称之为“大善人”，其后代也多热心社会活动，苏州振华女中（今苏州市第十中学前身）的创办人王谢长达即为谢家福之女。王谢长达之女王季玉则是民国时期为数不多的海归女教育家之一。

一

先来看看谢家福对苏州文化地标桃花坞存史的贡献。

自古园林的兴废，都和所处时世的治乱密切相关。当海内清晏太平之时，士大夫在林居之暇，往往会修建园囿池沼，以极其歌咏、饮宴、游观之乐。有的园囿池沼经过一次战火就被夷为平地化为废墟，再经过两三次破坏基本上就难以觅其踪迹了。其他荡灭于劫灰兵燹之余的园林，更是不计其数。这基本上是古今园林的共同命运。

旧时在苏州城的西北隅有五亩园，曾经胜绝一时。它系汉代张长史所置，目的是为了栽种桑树。五亩园兴而废，废而复兴，也绝非偶然。到了宋熙宁绍圣年间，梅氏、章氏也在此建立了居所，精心经营之下，园林水石之胜甲于吴中。到建炎初年，北方金兀术率兵南下

荒圮的五亩园

蹂躏苏州古城，以致南宋范成大在修《吴郡志》时，已经不知道五亩园到底在哪里了。不久伯颜率元军攻打苏州，紧接着没几年，张士诚又在桃花坞一带割据，朱元璋在桃花坞给张士诚致命打击后，桃花坞被毁坏殆尽，这一时期五亩园基本没有资料记载。明代的吕氏以及与谢家福同朝代的叶氏先后对五亩园都有所拓建，经过数代人的积累，五亩园的台榭林亭、桑麻花竹之美，号称极盛。长史姓名虽难以查考，但是他的功德泽被后世千余年。到谢家福修《五亩园小志》时，五亩园虽遭罹寇乱，湮灭殆尽，但人们对它的遗迹记忆犹新。

为了还原五亩园五百年间的历史真实，谢家福搜罗旧闻，又参考若干历史资料，比如走访城北遗民、查找木居士的遗著，到四库馆搜访秘笈，海内藏书家关于五亩园的资料几无遗漏，才辑成了《五亩园志》，从而保存了桃花坞的遗闻轶事。后人根据这本小册子可以循迹寻访梅坞、杨柳堤、双荷花池诸胜，在徘徊瞻眺之间追想当日士大夫歌咏游晏之乐，感怀张长史的高风亮节；修史志者也可从谢家福所辑录的资料中找到科考的史料。光绪十六年(1890 年)闰二月，七十四岁的老翁亢树滋还欣然给《五亩园小志》作序，吴江的凌泗也作《五亩园志余后序》，表示对谢家福的感谢和鼓励。

《桃坞名胜记》也是谢家福所撰有关桃花坞的史志类著作。他编此书可不是为了消遣，而是有感而为之。谢家福看到虞图南在《沼吴编》中慨叹金兀术率兵南犯，苏州的文物图书被焚毁殆尽，便起了编书保存史料的念头。可是到动手时却又发现范成大所撰《吴郡志》中根本没有关于桃坞的记载，《卢熊志》虽有记载，但是记得并不清楚，其中有不少谢家福都不能置信的地方。明代宋濂曾经在《府志》的序中说章悊嫌范成大与赵与筹所撰《吴郡志》不够完善，又编写了《吴事类编》,可惜宋亡后,这本书也亡佚了。元代的赵凤仪想拾遗补缺连缀补全,最终也未能成。谢家福读了卢熊删繁举要辑成的50卷《卢熊志》,也才恍然大悟:原来桃花坞的旧迹大多是在遗轶毁弃的文稿中。谢家福查找幸存的历史资料,从诸种图书中把和桃坞地区有关的奇闻逸事辑录在一起,于光绪十八年(1892年)年底终于编成了8卷《桃坞名胜记》。

有了《桃坞名胜记》,后人不用再费劲爬梳,就能了解到桃坞的不少历史趣闻和轶事。比如该书中记载,《闲亭日记》就是从范石湖(成大)的诗句"桃坞论今昔"推断出桃坞的地名不是到宋代才有的。徐大焯的《烬余录》中描述明末桃坞的地域范围涵盖了大云乡全境,地广且大,历史悠久,对于类似这种散佚的资料读者只需翻检《桃坞名胜记》就可以知道了。

二

谢家福在中国慈善史上也有一席之地,被民众称为"大善人",他赈灾所及,除了江苏所属的江、震、常、昭、昆、新、青浦等县外,他省如山东、河南、安徽、山西、直隶、广东诸省,既有水灾,亦有旱灾,既有捐钱,又帮助修筑圩岸,甚至办义塾、掩埋骸骨等,产生了一定的国际影响。

光绪二年(1876年)大旱,苏北的海州、沭阳一带发生严重蝗灾,一时间旱蝗交迫,赤地千里,庄家颗粒无收,灾民扶老携幼四散流徙,络绎过江的饥民不下数万。这些饥民沿途乞讨,大多流往苏南各城镇。谢家福在12月12日的《申报》上发表了《拟上当事筹恤淮灾书》,提出用疏河引水、修闸和御卤等工程来让灾民以工代赈,以安民心。到十二月二十八日,苏州城内已聚有灾民2万余人,谢家福和本地乡绅一起出力开粥厂留养江北灾民。

光绪三年(1877年)夏,华北陷入了空前的大饥荒,山东也在其列。谢家福多次收到朋友的书信,信中屡屡提及山东有很多遭灾的男孩被外国人收养,流转他国,如果不施手救援,这些男孩将永沦异域。事实的确如此,当时洋教士慕惟连和李提摩太是最为活跃的外籍"善人",他们率领一些传教士以行善救助为名,将不少中国男孩送到国外,其真实目的是以赈灾来笼络底层百姓的感情。谢家福看穿了洋教士赈灾的本质,愤然赋诗道:

大兵之后又凶年，国计民生孰见怜？安得赈钱三十万，管教压倒慕惟连！

他给无锡绅商李秋亭（金镛）、金少愚（德鸿）写信，商议筹款，信中写道：“东省灾后，子女流离者不可计数，为他族收养者，闻有数百名之多。窃恐人心外属，异说横行，为邹鲁之大患”，表示了对山东儿童被掳至他国“洗脑”的深深担忧。谢家福说：一旦筹得三百两银后，我便北上救赈。他在家翻检先祖父遗册时发现其中有现成的募捐方法，还配了图解，便将之告诉众人，远近的热心人士都积极响应。绅士尤春畦就表态道：“小孩饿死尚是小事，为天主教诱去，则大不可，能否引之出堂，亦宜酌量，事却甚好。”

《河南饥荒铁泪图·冻饿临盆母子俱死》

绅士们的赈灾行动启动后，在很短的时间里申江（今上海）就已集银数千两，等谢家福等人携募捐所得行抵山东后，来济助者源源不绝。谢家福分管寿光一局的救赈，另外还独自一人挑起了救赈青州留孩一事。赈济结束后，在当地设立了留孩所，还买屋设义塾，并筹经费以图久远。

谢家福们以赈灾对抗洋人赈灾收买中国人心的做法确实起到了很好的成效。光绪三年（1877年），山东昌乐县灾民“弗受洋赈“；山东乐安县灾民则“俱情愿饿死，不受洋人之赈”。河南的灾民态度最为决绝，不但不肯接受赈济，还极力宣传传教士是“心怀叵测”。他们还仿照谢家福所绘《铁泪图》，画了不少洋人虐待灾民的宣传画，揭露洋教士们的假慈善。

乱世之际灾害频发。1878年，河南又发生了旱灾，人以人为食，熊纯叔（其英）、凌砺生（淦）听到这一消息，自告奋勇地前往赈灾，金苕人（福曾）和严佑之（作霖）紧随其后也去了河南。负责筹款中转的谢家福号召各行省善士绘图贴说为灾民乞命，他从早到晚，日削牍数十通，墨干笔秃，奋不顾身，可谓通宵达旦地赶制图贴。他的这番诚信感动了很多人，不少人表示看了这些图册还不被感动的话，就是没有人性了；有的人还被感动得热泪盈眶。这些图贴号召力极强，连穷乡僻壤的地方都有人捐赠银两。谢家福自己也深受感动，从这以后，外省发生灾荒，他都积极出力。足迹遍及山西、安徽、直隶、河南等省。

光绪十五年(1889 年)，苏属江、震、常、昭、昆、新、青浦等县水灾，谢家福和族兄谢庭芝亲到灾区赈济，他发现各处暴露的骸骨非常多，便呈请方伯黄写信给江苏县丞彭锡恩让灾民通过以工代赈的方式掩埋骸骨 12000 余具。

谢家福毕竟是个凡人，他在创筹东赈之始，本来只是想尽力行善而已，并不想一直做下去，没料到天灾流行，连绵不绝，而且他的善行还得到了四方响应，并渐成风气，可谓一发而不可收。谢家福对经手的善款严格记账，认真管理，专款专用，界限分明，每项善款之间都不相混淆，他这是以诚心做善事，今天一些所谓"慈善人士"的作秀和他相比，足可汗颜了。

从光绪二年至光绪十九年间(1876—1893 年)，谢家福先后募得赈灾银两 252.2 万两有余，又自捐长(洲)元(和)吴(县)三学贫困学子经费白银三千两，还用赈灾多下来的款项创办了城西借本公所。他的这些善行在全国上下广为人知，也因此七次获得了朝廷的"传旨嘉奖"，清廷恩准他建牌坊，并准予他在坊上镌刻上"乐善好施"字样。不过，谢家福自己并不接受"大善人"这个称号，他觉得把自己的善举仅仅定位在行善上，是曲解了自己行善的本意，还多次对朋友申明自己生平最恨那些自称行善的人，并表示自己做出善举的根本用意是为了保卫国家自主权："弟之此行为敌夷，不为赈济。赈济则以仁存心，当念亲亲仁民之意，敌夷则惟知大义，虽捐糜踵顶，有所不辞"，"无所谓善事也"。

同治四年(1865 年)，谢家福等在家乡苏州发起重建了毁于战火的轮香局，他自己亲自主持轮香义塾，又在原五亩园南部建三县孤孝、接义公所、文昌宫等。并在轮香局内设殡舍，以寄放棺材所收费用弥补善款的不足。这期间，谢家福还在桃花坞西大营门创办了儒孤学舍。20 世纪 40 年代，轮香局等部分建筑被移作"城北殡仪馆"，谢家福的嗣孙谢安生是该殡仪馆的最后一任馆长。

三

虽然谢家福早在 1897 年即已病故，当时中国的电信事业尚才起步，但是他对中国电信事业的贡献已被载入史册。

谢家福正好生活在中国的洋务运动大兴时期，咸丰十年（1860 年），为避太平天国战火，他与母亲到上海暂住。为了生存，谢家福进了舆图局做各国地图的校对员。舆图局主要就是跟江河湖海、地域疆界打交道，谢家福将自己查对疆界地域的现场心得加以梳理与总结，写出了关于军事、商贸和外交方面的专著。在舆图局期间，他结识了在广方言馆任职的德籍人士金楷理，交往间向金学习西方语言，同时也学到了不少西方的科学知识，由此对西学产生了浓厚的兴趣。

光绪六年（1880 年）八月中旬，北洋通商大臣李鸿章奏准筹设津沪电报线，在天津成立官办津沪电报总局，盛宣怀被委为总办。光绪七年（1881）十一月，在津沪线完工前，正式命名为中国电报总局。津沪电线通报后四个月就发现亏损太大，于是，自光绪八年（1882 年）三月初一日起电报局改为官督商办，向社会招股集资，分年缴还官办本银（湘平银十七万八千七百余两），听其自取报资，以充经费。谢家福与盛宣怀、郑观应、经元善、王荣和等集股湘平银八万两作为创办资本，此时谢家福的身份是国子监学正。光绪七年（1881 年）四月，谢家福参与筹办上海电报分局，当年十月调到苏州电报局任分局总办。九年二月调回上海局，第二年改任上海电报总局提调。不久，因母亲病故，谢家福回苏州守孝。由于他业务能力强，为人踏实肯干，很受盛宣怀欣赏，盛曾经多次在李鸿章面前表扬谢家福，在李鸿章等的推荐下，光绪十一年（1885 年）谢家福“以知县留于直隶补用”。但是当时清廷内部对兴办电信的态度也有很大分歧，有官员直言说办电信就是白白浪费巨额经费。在这样的情势下，谢家福开展工作之难也可想而知，他的很多设想都难以施行，最终谢家福辞职

晚清电报房

回苏。

回到苏州后，谢家福在桃花坞五亩园创办儒孤学舍，既做慈善，又兼做教育。在这期间他并没有放弃自己一直看好的电报业。光绪十八年（1892年），他在儒孤学舍内创办了“苏州电报传习所”（简称苏堂），专司培训电报人才。传习所共设儒孤和中西两班，前者为初级班，从儒孤中选拔一些资质优异的子弟学习电报收发业务和文化知识，结业后送到苏州电报分局见习。中西班则学习中英文电报收发技术，毕业后保送到各地的电报局做电报值机员。小小的电报传习所为中国电报行业培养了800多名电报专业人才，是我国早期电信人才的三大摇篮之一。

1895年4月17日，李鸿章代表清朝政府，在马关春帆楼与日本签订《中日马关条约》。谢家福得知条约签订的消息，不禁捶胸顿足，忧愤交集，日夜思虑，情急之下也想不出什么良策，竟忧急得大病一场。不久就吐血，在忧愤中溘然长逝。

谢家福的墓在外跨塘西北庆字圩，今已踪迹难觅。

跋:你我的苏州

自古以来,天堂可不是浪得来的虚名。

汤国梨说:不是阳澄湖蟹好,此生何必住苏州?其实,除了阳澄湖蟹,苏州还有枇杷杨梅;还有昆曲评弹、园林街巷等,苏州之美,难以尽言。要不然,怎么有那么多的名人选择苏州,躲进小巷,或大隐于市,或小乐终生呢?

或许,苏州最不缺的就是名人了。换句话说,名城的名气,一半也得益于名人。

2007 年,在本书起笔的时候,我想到的首先是人与城的关系:苏州人原不应分新老乡寓,苏州乃爱苏州人之苏州。这个爱苏州者,既包括这里出生,也包括到这里生活,当然还包括慕名来游的人。

苏州历史名人甚多,本书不过聊尝一脔,难免遗珠有憾、挂一漏万,请方家学者不吝正之。对于地方文化,苏州研究者亦甚众,本人在写作中也或多或少借鉴和参考了诸师友的观点和材料,在此一并致谢。

与微博时代反道,本书写作原本就是过去时,写的无非是旧人旧事旧影,期待读友躲进小巷,展卷附茗。

写作期间,适逢鼠子橹橹诞生,不期而至地赶了个奥运宝宝的场。相信,他才是我成功的作品。因为,对于古城,我不过是小巷新寓,而橹橹,注定是个苏州人了。

2011 年 6 月 11 日

识于开我襟室,是日苏州入梅。